**ES MI PLAN, PORQUE...**

# ME ENORGULLEZCO

# DE

# EL SALVADOR

Mario N. López

# PROLOGO

**UN ANALISIS GENERALIZADO, SIMPLE Y HONESTO, DEL FUTURO DE EL SALVADOR.**

**UNA INTENCION EMOCIONALMENTE INSPIRADA PARA EL PROGRESO.**

Este proyecto ha sido escrito con suma responsabilidad y por ello también con entera sinceridad para sugerir medidas para enriquecer nuestra educación y el mejor deseo de sobresalir como país, si es que hemos de terminar con los años de infortunio social.

Se evita la confrontación porque cualquier controversia es negativa. Acá estamos tratando de construir una sociedad dueña de sí misma y con mayor auto-estima. Para lograrlo, se requiere un completo auto-examen y meditación absoluta de parte de toda persona responsable que se precie de ser un salvadoreño preocupado por nuestro bienestar común. Si bien es cierto buscamos soluciones, es obvio que a veces debemos puntualizar los problemas.

También es cierto que se han utilizado expresiones fuertes aunque no insultantes o faltas de respeto para nadie, al menos no intencionalmente y si así hubiese sucedido, pedimos anticipadas y profundas disculpas a los aludidos.

Dada la situación en que ha caído el sector político en el país, lleno de polarización; no podemos acá menos que insistir en las fallas que atribuimos a arena y al FMLN (particularmente después de la toma del poder por parte de los últimos) como esperanza izquierdista de un gran conglomerado nacional.

Y es increíble la desfachatez muchas veces demostrada por la derecha, Arena. Muchísimos años de aprovecharse para provecho particular, prácticamente robando al hacer cambios administrativos de acuerdo con leyes ad-hoc. Se enriquecieron más, hubo flagrante falta de respeto a la inteligencia de la sociedad e impusieron sin ninguna vergüenza la privatización de empresas del Estado así como dejaron perder bancos propios que luego fueron rescatados y comprados a bajo precio para luego venderlos a precio alto, llevando a cabo un robo "limpio".

También es muy criticable que los ex –guerrilleros agrupados en Fmln, de izquierda, hayan finalmente conquistado el poder a base de muchas promesas de cambio. Ya reclaman que los cambios han sucedido pero el problema es el siguiente: El Salvador obviamente carece de infraestructura y el gobierno del Presidente Funes ya pretende haberlo logrado pero no se han dado cuenta de la mayor urgencia, mostrar esos cambios. Solo se percibe la noción  cosmética y populista.

Lo más urgente es no hacer "lo que hizo arena en 20 años". El FMLN, sin embargo, llego prometiendo austeridad, anti-corrupción, fortalecimiento de la economía etc. etc. Y en cambio, participo de los mismos males, los cuales opacaron alguna mejoría a la infraestructura. Hubo muchos despidos en cada oficina del Estado y de allí hubo nuevos empleos (prometieron una "fábrica de empleos") que sucedió por reemplazo, excepto que con miembros del partido y parientes, ese nepotismo también es corrupción.

Jamás la Asamblea Legislativa había reservado tantos lujos y fiestas para sus componentes (o compadres), tantos viajes innecesarios, extra seguridad y extra vehículos por supuesto con extra gasolina al igual que extra computadoras que algunos miembros no saben usar. Se crearon plazas administrativas caras y oficinas sin justificación por ser un resultado de componendas (gana, pcn). Y encima de todo eso y mucho más, crearon empresas para lo cual torcieron el significado de la ley con el propósito de permitir a Alba de Chávez, la internacional venezolana, manipular nuestra economía y contribuir con los nuevos ricos de la elite de izquierda. En otras palabras, haciendo lo mismo que tanto habían criticado de "los oligarcas de la derecha".

Tanto esperó el pueblo salvadoreño por la salvación y tanta añoranza hubo aquel 1 de junio 2009 (primer gobierno de izquierda bajo un partido comunista) pero la decepción ha sido máxima porque el gran despilfarro lo han querido cubrir con medidas populistas. Cuando hacen eso, usan un lente de aumento para agrandar sus números pero les sucederá como a mí, durante mi experimento. Tomé otro lente de aumento, quise tapar el sol con un dedo.....hasta que tenía llaga, ya quemaba. Yo aprendí mi lección y no engañe a nadie ni robe ni fui corrupto. Ellos, que odiaban el dólar, ahora lo aman igual que sus camaradas odian a los Estados Unidos pero algunos viven en Washington D.C. y sus fotos mostrarían el Capitolio al fondo. ¡Cuánta hipocresía!

Las opiniones aquí vertidas no se pretende que sean de experto alguno sino una expresión sencilla, con lenguaje claro, sin dudas, que ha sido aplicado a la mayoría sino

5

todas las facetas de nuestras vidas en lo que nos afecta como nación.

Cuando un bebé nace, pronto se encuentra con futuros retos y sus oportunidades para solventarlos. Tan pronto como crece, empieza a tener aspiraciones que en los países pobres no son sino desilusiones.

El Salvadorcito, me gusta esta expresión, ha experimentado alguna mejoría económica en los últimos años, pero no suficiente. Falta mucho que lograr. El potencial existe, es real; se debe aprovechar antes que mañana.

Analizando tanta carencia de recursos gubernamentales para satisfacer las exigencias del pueblo de El Salvador aquello se transformó en una idea de cooperación, plasmada en este proyecto.

Es como una insinuación a que toda la nación se percate de la situación y simultáneamente participe en la reconstrucción moral de nuestro país. Tal actitud correctiva debe ser iniciada por el gobierno en sus diferentes campos de servicio a la población y secundada por esta misma.

Este proyecto se ha tomado la libertad de hacer observaciones pertinentes a los muchos programas de gobierno; todo con la mejor intención y a la espera de que no haya mala interpretación, aunque tal actitud de todas maneras no nos deberá extrañar…porque los detractores siempre abundan. Lo que no abunda son los proponentes de una posible solución.

## ME ENORGULLEZCO DE EL SALVADOR

A la llegada del primer gobierno de un partido de izquierda se ha vuelto imprescindible un nuevo comienzo que aleje el pasado y de una vez por todas brinde posibilidades a la gente pobre –o a la rica- de vivir en paz, con conciencia de hermandad.

Es por ello que se hacen observaciones al gobierno y propuestas a la nacionalidad. Todo depende de la interpretación a las ideas expuestas. Tratemos de engrandecer la nación y "conquistar un feliz porvenir" utilizando los medios en LA ALMUESTRA, que mejor se acomodan a nosotros porque, "en la paz de la dicha suprema, siempre noble soñó El Salvador" y nuestra generación puede lograrlo para beneficio de las próximas......aún aquéllas, tan salvadoreñas como todos, pero que están creciendo en países diferentes y lejanos. ¡SALUD Y BENDICIONES!

Mario

# ME ENORGULLEZCO DE EL SALVADOR

Fredericksburg, VA. Enero 29, 2010.

## REVERSION A LA CRONICA DEL DOLOR

La idea principal para escribir este estudio fue generada al principio del año 2009, después que el candidato presidencial presentado por el partido izquierdista FMLN ganó las elecciones en marzo. O quizás fue durante los años del bachillerato cuando me preguntaba por qué siendo el país tan pequeño, solo se construían viviendas en forma horizontal a pesar de que la prioridad debió ser vertical. Este proyecto, sin embargo, fue decidido por la urgencia de erradicar la pobreza estancada.

Un día antes de la elección había escrito una insinuación de lo que debería hacer el nuevo gobierno, aparte de si el partido ganador fuera de izquierda o derecha. La última perdió pero este proyecto estaba naciendo.

Aunque el partido ganador haya conseguido el triunfo por primera vez en este tipo de elecciones y a pesar de que el Partido Comunista y sus descendientes grupos político-militares hayan mantenido una continuidad de izquierda desde 1932 o antes, hasta nuestros días, ahora ya legalizados, han tenido por ende una larga trayectoria en el ambiente político de El Salvador. Sin embargo, está claro que durante tantos años de retórica propositiva, al llegar a su oportunidad de gobierno no contaban con un verdadero plan para gobernar.

Posiblemente para algunos salvadoreños hubiese sido mejor que el FMLN tuviera un plan de cambios radicales pero probablemente esa cantidad de compatriotas no habría sido muy alta. El Salvador no es un país comunista. A lo mejor nunca lo será pero su población está de acuerdo y consciente de la necesidad, casi desde el primer cuarto del siglo pasado, de un cambio político que trajera mayor estabilidad social y por ende, verdadero progreso económico para todos.  Un consenso universal para el cambio, sin clases.

No se pretende que este escrito sea una oferta de soluciones o panacea ilimitada. Es más, se evita darle el nombre de libro a este proyecto aunque posiblemente alguna mención de la palabra se nos haya escapado, sin la pretensión que quien escribe sea llamado escritor; eso en realidad es para los grandes, reconocidos por todos y no solo por la mamá.

Las diferentes sugerencias o propuestas hechas para las instituciones o la sociedad son solamente invitaciones a la modificación de nuestra conducta. No es este un estudio científico sino una serie de observaciones sobre asuntos que haya que mejorar porque uno por uno esos problemas son confrontados a diario por el gobierno o los medios de comunicación como algo que a alguien más y no a nosotros corresponda resolver. Existe la urgente necesidad de asumir responsabilidades, por parte de la sociedad completa. Casi como una amnistía en el sentido que empezaríamos a construir sin mirar hacia atrás.

Esto es totalmente de carácter positivo, es concientizarnos para no desperdiciar energía mental, recursos monetarios o nuestra capacidad de unificación de criterios. Cuando se unen esfuerzos y se trabaja en equipo se obtienen resultados bonancibles, igualmente satisfactorios a todos.

La forma sincera de decir las cosas no implica el propósito de ofender. Se hacen alusiones, es cierto, pero se prefieren de esa manera solo como referencia a actuaciones de personajes conocidos que hayan tenido alguna influencia negativa en cuestiones de nuestras vidas diarias; personajes quienes, a veces actuaron corruptamente, únicamente velando por sus propios intereses. En ocasiones la historia se entiende sin necesidad de nombres, lo que la haría muy controversial y las controversias no proponen soluciones.

Este proyecto propone ideas y por ser optimista y de carácter positivo, no prefiere la recriminación.

Una razón importante para el mensaje de esta propuesta es que pueda leerse como actualizada aún años después y que a lo mejor sirva como comparación para los problemas presentes y de futura época. Sin embargo, si al principio de esta segunda década del siglo XXI empezamos a concientizarnos y a actuar apropiadamente, es seguro que este proyecto ya no tendrá razón de ser dentro de unos años, únicamente ocupará espacio en el estante, su misión habrá sido cumplida y la intención satisfecha. ¿Y el ego de todos? Quiero pensar que no estuvo por acá, eso será lo mejor.

Lo propuesto posiblemente sea considerado utópico, un sueño, puro bla bla o cuando menos, improbable de llevarse a cabo. A esto se responde con el optimismo necesario y la confianza puesta en la moral del pueblo salvadoreño que ama a su patria con fervor.

La idea en general requiere explorar en nuestras propias mentes si hay validez en lo propuesto o, en otras palabras, tratar de re-educarnos sin la pereza mental que a todas luces será el primer obstáculo.

Esto no debe descartarse solo porque sí. Si fuese analizado con amplitud de criterio y sin apatía, este proyecto nos demostraría verdaderas posibilidades de obtener mejor control de los problemas que circunvalan por nuestras casas y en nuestra sociedad.

El dolor diario en nuestro país es causado por tanta irresponsabilidad en cuanto al manejo de la cosa pública o manejar un vehículo sin el respeto a leyes o gente, en atacar con arma al indefenso o atacar al político que expresa ideas diferentes; o no participar en la construcción pero si en la destrucción, tener un culto a la corrupción pero no a la educación.

La idea está ahí y no pedimos una purificación que precisamente no vendría con nuestra idiosincrasia vivaz. Bastará con emprender una ruta más corta al destino de felicidad que ansiamos pero que, como sociedad, todavía no alcanzamos por practicar demasiados excesos.

Obviamente esto es dirigido a todos y cada uno de mis compatriotas o al menos a quienes si aman y desean el éxito futuro (ambas cosas) de nuestro bello país porque precisamente todos, en  mayor o menor grado, hemos sido responsables de nuestra actitud ligera. Lleva por tanto la invitación para que otros viertan sus opiniones al respecto y de ser posible, refuercen el principio en mente lo cual significa la unificación de criterios y esfuerzos en la voluntad salvadoreña expresada en LA ALMUESTRA para acostumbrarnos a vivir, si bien con la misma idiosincrasia, al menos con una limitación de excesos.

Ello posiblemente nos parezca de poca importancia pero el desperdicio moral nos perjudica profundamente.  Se requiere tolerancia y mucha más rectitud. Opiniones negativas pueden ser omitidas, no molestan pero tampoco construyen. Las opiniones positivas ayudarían a que la idea sea adoptada por la mayoría y quién sabe, ojala seamos todos. Esto ha de ser fantástico para que consigamos…..”Un Feliz Porvenir”. Esa es la intención y para ello, ¡ATREVETE!

Si pudiéramos considerar esta idea  como algo de valor, lo cual dependerá de la importancia que le demos, habremos establecido las bases para el beneficio general.

Solamente con un compromiso de renovación íntima podríamos revertir nuestra tradicional apatía en cuanto a los

## ME ENORGULLEZCO DE EL SALVADOR

problemas endémicos que nos afectan y únicamente con el
entendimiento de que nuestra participación es importante,
podremos solucionar la vida de dolor que ha vivido
El Salvador en sus facetas social y económica.

# ME ENORGULLEZCO DE EL SALVADOR

## UN PAIS DIGNO

Antes lo he dicho pero prefiero insistir. Desde hace algún tiempo he querido proponer algunas reflexiones sobre la realidad de nuestro DIGNO país. Debo de antemano reiterar esa dignidad porque a nosotros, su sociedad que vive en el territorio nacional o alrededor del mundo; la misma dignidad con respecto a él, a veces nos hace mucha falta. Estamos probablemente esperando a que la grandeza de El Salvador nos acarree a nosotros y que su belleza nos induzca fama y bienestar…injustificadamente.

Pero eso así, exactamente, no es razonable. Somos nosotros mismos quienes debemos responder a
"El Salvadorcito" con absoluta dignidad. Es nuestro deber.

Este libro solo intenta una participación con ideas para engrandecerle, para planificar un futuro eficiente y que de felicidad al pueblo salvadoreño.

Está presentado utópicamente pretendiendo a veces el establecimiento de un gobierno del autor, no por vanidad y EGO inmenso sino porque por todos lados se escucha y lee a diario críticas a lo que el gobierno de cualquier año y partido NO hace aunque jamás proponen lo que se debería hacer. Una mala costumbre que solo sostiene  un efecto de inercia inoperativa que quisiéramos contribuir a cambiar.

## ME ENORGULLEZCO DE EL SALVADOR

Por supuesto, si alguien más viene con mejores ideas, que las demuestre pero ojalá que no vengan llenas de ese tinte venenoso de la envidia que no reconoce los méritos extraños pero si los propios. Y conste, este proyecto para mí no es un mérito sino una obligación consciente. De mi parte no habrá competición por resultados, solo la satisfacción por ellos mismos, por el bien del país porque lo que hay que hacer es una labor grande.

Hemos llamado a este proyecto "Es Mi Plan Porque…..Me Enorgullezco de El Salvador" pero pudimos haberlo llamado "¿Está El Salvador Orgulloso de Sus Hijos?" Esa es la pregunta que nos deberíamos hacer.

Partiendo de esta premisa hemos querido pretender un Plan de Gobierno en el cual el que escribe analiza y establece un programa para renovar al país. Esto sería sin más ideología que el amor por la patria; un nacionalismo de progreso basado en la equidad social.

Esto debería ser un plan evolucionario y no revolucionario. Por tantos años hemos estado recordando con tristeza o con enojo, insatisfechos o incapaces de resolver tanto problema diario porque los gobernantes llegan con fuerzas y ciertas ilusiones pero sin verdadera base moral, incapaces de terminar con el desperdicio y enfrentar la corrupción de manera real y categórica. Recientemente hubo uno que abría las puertas de Casa Presidencial para las fotos de los pobres pero de otras formas les cerró la puerta de las posibilidades.

## ME ENORGULLEZCO DE EL SALVADOR

Este proyecto no entrará directamente en esos señalamientos por dos razones: queremos solucionar y por tanto proponer el futuro y además porque no contaríamos con ninguna prueba fehaciente ni el respaldo de abogados para defender los doscientos diez y siete millones de verdades que la "Voz del Pueblo" dice conocer. No es conformismo ni condonar los errores de la hipocresía sino que será más importante construir y convencer a todos de hacerlo con mística y sin corrupción, con total honestidad, en vista del futuro.

Ahora bien, como muestra de transparencia y en cumplimiento de la ley, cualquier índice de faltante económico por intervención de algún funcionario, debe ser exhaustivamente investigado sin ninguna corrupción por las autoridades judiciales. Sera la mejor muestra de credibilidad para seguir cambiando.

Es hora que los gobernantes se ganen el sueldo y que este sea relativamente comparativo al sueldo de algún salvadoreño común, empresario o no, esto es, en vez de compararlo a lo que ganan gobernantes en otros países mucho más ricos. Aquí ya no se tratará de enriquecerse más, sino de servir.

Basta de gente incapaz e inmoral que toman un puesto como posesión. Somos bastantes y el territorio pequeño y pobre pero podríamos vivir bien con propios recursos, auto-suficientes...a base de AUSTERIDAD Y CREATIVIDAD.

## ME ENORGULLEZCO DE EL SALVADOR

Como salvadoreño, este proyecto me compromete a cumplir mi palabra y al menos NO ROBAR y si tuviese la oportunidad lo demostraría con placer. En otras palabras, pienso que ya es hora para predicar con el ejemplo. No podemos lamentarnos eternamente, hay que poner un paro a la tragedia y comenzar a reír, con una sonrisa saludable y no la de la sospecha.

Esto se llama "Es Mi Plan Porque……Me Enorgullezco de El Salvador" y hasta hoy es solo eso, un plan, puesto a consideración de un pueblo por un ciudadano preocupado y deseoso de contribuir.

No es ninguna promesa de campaña aunque podría ejecutarse como tal. Aun si el autor fuese un candidato preferiría no prometer porque lo que se necesita es trabajar con honradez bajo estos lineamientos y esa es la principal razón para que quede escrito.

La invitación podría ser inclusive para que otra persona la ejecute, toda vez que tenga el deseo convincente de llevar a cabo un plan igual o mejorado.

Se necesita acción, es todo; y al mismo tiempo se demostraría que no pensamos por interés personal y EGO. Si expongo mi poco prestigio es porque estoy seguro que este se convertiría en respeto, y esto es muy importante para la integridad y auto-estima.

## ME ENORGULLEZCO DE EL SALVADOR

En general cuando se buscan soluciones y nacen partidos políticos, estos ante todo se alinean a izquierdas o derechas sin pensar que lo que El Salvador necesita es un Gerente General que haga que "la empresa" funcione con eficiencia y ganancia que implique el bienestar de su sociedad. Empiezan generalmente pensando a quien afiliar y no en el porqué.

Buscan el "efecto y luego la causa" cuando obviamente debería ser lo contrario. Les encanta pensar si son izquierdistas, que solo ellos tienen la verdad y si de la derecha, que solo ellos son verdaderos salvadoreños. Ambos en el error.

Veo que la única solución política de nuestro futuro debe estar basada en una convicción de ser nacionalista. ¿De qué nos sirve saber lo que hagan en otros países? ¿Qué nos dejaría eso? Nada, excepto continuar la actitud de seguidores y no líderes; dependientes que descansan y no luchadores que propongan.

Esta actitud no nos llevaría a mejorar el futuro ni nuestra responsabilidad, que sería cambiar de mentalidad. A eso se debe que haya decidido escribir este proyecto, el cual reitero que en vez de ser criticado, debería ser apoyado por todos y sin banderas políticas porque un gobierno inteligente deberá contar con cualquier mente capaz y honesta, sin distinción de su inclinación política.

Reitero que nuestro país debe ser capaz de auto-sostenerse para obtener un día, el verdadero respeto internacional.

## ME ENORGULLEZCO DE EL SALVADOR

Que no nos interese mucho buscar prestigio sino respeto porque el primero puede obtenerse por consenso o propaganda pero lo último se gana a base de mayor sacrificio.

Para intentar el auto-sostenimiento debemos acudir a la CREATIVIDAD, una función muy limitada en nuestro país por falta de capitales o la "sospecha de caracteres". Es decir, no nos gusta asociarnos precisamente por desconfianza ya que no existe un verdadero respaldo legal ante una demanda porque siempre la ley se ejecuta por amistad y soborno.

Tampoco nuestros graduados en ingeniería exploran nuevas posibilidades para desarrollar algún producto innovador, sea su patente propia o patente pública. Por de pronto todo negocito termina siendo una pymes pero hay que cambiar esto y mirar hacia adelante, con grandes aspiraciones.

Por sobre todas las cosas debemos dejar a un lado nuestras sospechas personales aun si son consideradas un tanto justificadas pero no comprobadas; simplemente por el hecho que el daño constante que han causado, especialmente las últimas generaciones de políticos, no puede continuar.

No podemos permitirnos ese lujo o la nuestra será una sociedad sin futuro, un país en declive al cual, eventualmente, otros – aún los países centro-americanos- verán con vulnerabilidad e intentaran atacar e intervenir físicamente. Eso sería lo peor pero muy posible por razones económicas en la geopolítica regional.

## ME ENORGULLEZCO DE EL SALVADOR

Nos toca entonces prevenir, dejar atrás el pasado y construir un futuro excelente, el cual si trabajamos juntos y arduamente, ciertamente podemos lograr.

A eso se debe que acá haya prioridad para la producción industrial que es la que nos dejará ganancias. Sugerimos otras ideas, parte del plan, pero son simples y si este proyecto tiene algo de validez y puede usted originar algo, tómelo como suyo y ejecútelo para el bienestar de todos, sin egoísmo. No nos importa el renombre. Lo único que interesa es un cambio de actitud, formalmente.

Nadie se ha tomado el tiempo en hacer algo así y se espera que un gobernante nuevo tenga ideas fructíferas.

Es entonces cuando ellos – los aspirantes a gobernar- empiezan a expresar promesas que no sabrán como cumplir.

Acá no queremos caer en ese error. Después de todo, esto es expresado por un ciudadano común que aunque todavía vive fuera del país, lo visita regularmente tanto en persona como por información y además, pronto volverá a gozarlo de forma permanente. Reitero que es la única fórmula para un futuro de gozo.

Para llegar a tal punto de gozo total, hemos escrito este plan, el cual si es leído y comprendido con verdadero interés; será asimilado y puesto en acción de forma positiva. Insisto que es una fórmula para un futuro feliz.

## ME ENORGULLEZCO DE EL SALVADOR

Cuando hayamos comprendido tal cosa, podríamos estar en disposición de participar primero en la creación de nuestra mística nacional, LA ALMUESTRA, y luego en hacer efectiva alguna de las ideas de este plan... o al menos, algo similar si se demuestra que es para mejorar la situación de siempre.

Para prepararnos debemos evitar el pasado pues solo nos deja mayor frustración y tristeza. ¿De qué nos sirve en este nuevo ciclo pensar que la guerrilla prometió o que Arena fallo? DE NADA.

Apartemos los resentimientos y logremos una hermandad genuina. Debo mencionar, aunque no quisiera, que la actitud de continua recriminación que El Diario de Hoy mantiene con respecto al ex-presidente Duarte es absolutamente negativa primero porque el hombre creía en la democracia aunque estuviese rodeado de ineficientes y porque pasó hace ya tantos años que ya no hay razón para atizar ese fuego.

Por todo esto ofrezco una idea diferente. No podemos mantener latente esa parte del EGO, que hace daño y destruye.

En cambio, imponemos mucho sufrimiento al país porque hemos olvidado que si el pasado nos brinda fuerza para edificar un futuro sólido, es con el presente con el que en realidad construimos un FELIZ PORVENIR. No perdamos nuestra constante oportunidad, tan constante como el presente.

## ME ENORGULLEZCO DE EL SALVADOR

Guerras, fenómenos naturales de toda clase, disturbios sociales, crimen común por exceso de celebración y ahora, para colmo, crimen organizado todo lo cual nos limita la cantidad de talento disponible para triunfar.

Cada salvadoreño que muere arrancado de la sociedad con violencia es una pérdida evitable. Su talento lo extrañaremos. Hagamos, para celebrar en parte la vida, un esfuerzo por adoptar una mística nacional.

La proliferación irrestricta y a veces con corrupción de religiosos sin escrúpulos cuya finalidad es simple negocio, ha terminado confundiendo a la sociedad en detrimento de las mismas buenas  costumbres y unidad de país. Claro que hay excepciones pero aquí me refiero a esos "líderes religiosos" que se hacen de excesivo poder económico. De esto hay pleno conocimiento por parte de la gente. Es un secreto a voces.

Entonces se ha creado rivalidad ciudadana avalada por "dios" pero estoy seguro que no por Dios, el Creador de todos.

Por diferentes razones se ha permitido el absoluto irrespeto y la falta de tolerancia. Si creen que no tengo razón, escuchen a un político de izquierda y otro de derecha, totalmente intolerantes uno del otro. Que confusión, la izquierda y la derecha nacieron como distintivo del lugar que ocupaban en el Parlamento y no porque la primera fuera adepta o satélite de Rusia. Las ideas propuestas se combaten con ideas mejores y sobre todo usando la tolerancia en forma de consenso.

La verdadera meta debe ser el bienestar de una sociedad y no de una porción suya.

Los esfuerzos comunes permiten el desarrollo completo de un país. Si no son así el desarrollo es limitado y las consecuencias, una sociedad insatisfecha y sin habilidades; por tanto incapaz de proveerse un mejor nivel de vida.

Obviamente hay que erradicar la corrupción en todo nivel, con mayor énfasis en el gobierno pero también la idea sería aplicable, como una derivación, a la forma como uno y otro nos decidamos a compartir responsabilidades para construir El Salvador en un mayor nivel, eso es, para ser dignos hijos de nuestro país.

Nuestro estilo de vida ha fallado por los excesos acostumbrados: La fiesta que deja deudas, la familia inestable, hijos no reconocidos ni por aquella noche de placer, la irresponsabilidad fiscal, el despilfarro gubernamental aún en forma de "partida secreta" o bonos exagerados, la irresponsabilidad profesional, la falta de ahorro familiar, y tal vez más importante aún, la falta de altruismo. Pero quizás más relevante es nuestro desprecio por la vida de nuestros compatriotas. No todos pueden matar a otro pero desgraciadamente, casi cada uno puede hacer caso omiso del caído, sin compasión. Entonces, si no nos gusta ver caídos, evitemos que caigan.

## ME ENORGULLEZCO DE EL SALVADOR

Claro, la respuesta para cualquier mal social es la producción industrial, agrícola y modernamente, la cibernética; que producen los bienes necesarios para la educación y la salud.

Para esto tengo un plan que he de compartir en este escrito pero deseo que sea analizado de manera responsable. Me encantaría compartir ideas libremente pero existe una clase política desleal que solo ve su beneficio personal. Me hubiese gustado compartir ideas antes de la elección presidencial 2014 pero prefiero evitar usurpaciones. Estaría bien compartir ideas pero no que sean plagiadas.

Los salvadoreños en el exterior contamos con un intangible valioso. Es la nostalgia y ella conlleva un deseo grandioso de apoyar al país que nos enorgullece.

Algunos sectores de la diáspora, cuentan con dinero y otros con ideas. Hay una conjunción de factores positivos que no nos permitirían, a la mayoría, ser deshonestos como algunos políticos actuales. Si algún día un residente del exterior se convierte en político nacional, estamos seguros que se conformara con su sueldo, sin necesidad del desfalco pues ya habrá vivido en cierta comodidad, tendrá ahorros, retiros, propiedades o negocios. Esa idea de desarrollo será presentada en otras páginas, acá mismo.

Por de pronto, lo importante es presentar la otra solución, de carácter místico. La he llamado ALMUESTRA. Es la unión de dos conceptos valiosos: ALMA y NUESTRA.

## ME ENORGULLEZCO DE EL SALVADOR

Personalmente tengo la obligación de ser amable y amante del prójimo, ser honesto y tolerante; mejor con virtudes que con vicios extremos y por sobre todo, respetuoso de La Ley de Dios en Sus Diez Mandamientos. Cumpliendo con esos preceptos, mi alma estará más limpia con lo cual estaría yo escalando y aumentando en el plano vibratorio de mi espíritu. Esa sería la función de mi ALMA individual en el aspecto de comunicación horizontal, hacia los demás. Es una forma de atraer abundancia o amor ya que al efectuar actos amables o caritativos se es prácticamente recompensado.

Ahora bien, ha quedado demostrado durante alguna crisis que la oración conjunta resuelve situaciones difíciles siendo que la atracción antes aludida es mayor. Esa es la razón propia por la que necesitamos una acción constante. Esta debe incluir un cambio de conducta en cada acción individual y colectiva. He allí el factor más importante para convertir "mi" acción individual en "nuestra". He aquí como nace la ALMUESTRA por ser una representación de la conducta colectiva que afectaría el ALMA NUESTRA o ALMUESTRA.

No propongo algo complicado. Es sencillo pues solo se solicita un cambio nacional de actitud que incluya el respeto a Dios, el respeto al prójimo, la tolerancia, la justicia, honestidad, fortaleza y la prudencia.

Ni las pandillas ni los narcotraficantes podrán vencer la voluntad espiritual del pueblo salvadoreño, DIGNO del país, hijo de El Salvador del Mundo.

## ME ENORGULLEZCO DE EL SALVADOR

El Salvador esta triste pero podemos, con esfuerzo total, devolverle progreso y felicidad genuina. De esa forma, El Salvador sentirá orgullo por cada uno de sus hijos. ¡ATREVETE, SALVADOREÑO ATREVETE!

Sinceramente,

Mario N. López

# ME ENORGULLEZCO DE EL SALVADOR

## EUFORIA INCONVENIENTE

El Salvador en sus diferentes épocas históricas se ha caracterizado como un país feliz, eufórico, mas no sin alguna expresión de tristeza debido a su pobreza.

Cuando han sucedido situaciones adversas y tristes o después de ellas, y ¿Cuántas ha sufrido el pueblo salvadoreño? Incontables; ha habido razones suficientes por parte de la población salvadoreña para hacer uso del buen humor y Fe espiritual que le motivan y le conducen a momentos de triunfo, como un antídoto aún más valioso mientras representa reconquistar el aspecto emocional ante una dificultad catastrófica.

Las lágrimas han sido vertidas de manera constante durante tantos años por los ojos de El Salvador pero la tristeza no se ha postrado sino que, por el contrario, la fuerza de carácter y máxima voluntad se imponen cuando esas circunstancias ocurren.

Los terremotos, que suelen ser devastadores, han causado millares de muertos y miseria material, han producido retroceso económico para el Estado o las familias y han sido en parte unas de las causas de pobreza o un aliciente de conciencia y por tanto vinculo regenerador de energías internas basadas en esa Fe espiritual que es alimentada por creencias religiosas o simplemente por el amor a Aquel Ser Divino, El Salvador Del Mundo.

Ah, cuánta dicha, inmensa satisfacción, sentimos cuando recapacitamos en que el nombre de nuestro bello país es el mismo Nombre de Dios. Sacamos fuerzas de flaqueza al final de tristes momentos.

Las implicaciones y responsabilidades -sobre todo éstas- son tan inmensas que de los ingratos procesos solo podemos obtener mayor valentía y fuerza de lucha necesaria para sobreponernos al dolor y obtener sonrisas, verdaderas sonrisas que significan compasión, amor al prójimo, deseo de superación de las crisis y por sobre todo de integridad para con nuestra historia y su dependiente futuro, es decir, para con nosotros mismos.

Por supuesto que durante épocas de normalidad nuestro pueblo tiene la tendencia al olvido de los sufrimientos pasados y se dedica al trabajo y al placer pero a éste, con tanto ahínco como si con ambos, trabajo y placer, logra no solo la subsistencia de familia sino también un total olvido de tristezas caducas. Quizás esto no sea lo ideal, posiblemente haya que hacer cambios a la vida cotidiana tratando de reducir el nivel de placer para mejor analizar y balancear el futuro.

Parece como si no sentimos necesidad del ahorro ni explotamos al máximo nuestra capacidad intelectual o física y nos auto-limitamos respecto de nuestra evolución.

Aunque dediquemos toda nuestra capacidad para sobreponernos de una tragedia de mayor o menor envergadura, no podemos acostumbrarnos a establecer una idea diferente cuando la calma llega en nuestra normalidad. No hemos comprendido esa necesidad.

Es obvio que el ser humano desea y necesita distracción, especialmente después de un período de verdadera prueba y mucha conmoción humana pero si como resultado del dolor somos capaces de planear mejor nuestro porvenir como una verdadera lección, entonces estaremos mejor preparados física, espiritual y financieramente para lograr el éxito de los individuos y la sociedad.

Está comprobado que la fuerza de voluntad de los salvadoreños es indestructible al confrontar una adversidad. Aparte de los casos de terremotos, existen los casos de inundaciones, erupciones volcánicas y otras obras de la naturaleza; a las que se suman las crisis provocadas por el hombre, tales como han sido los períodos de descontento político y hasta una guerra civil con resultados desastrosos; o el crimen popular cuya fuente de apoyo, en la actualidad de este principio de siglo, son los carteles del narcotráfico internacional.

Aún ante todos estos problemas, el salvadoreño puede definitivamente triunfar y crear un futuro seguro.

¿Qué cómo lo lograríamos?

Se pudiera insistir que a base de buena voluntad y disciplina. Creo, sin embargo, que debemos ser más específicos y demostrar las zonas donde se puede mejorar la actitud nuestra ya que como hermanos de una misma nacionalidad, hemos de buscar soluciones claras y productivas que nos den estabilidad política duradera y como resultado, el mejoramiento social.

Empiezo por considerar la corrupción de cualquier nivel como causante del estancamiento de producción.

He allí que prefiero iniciar con una reestructuración del cuerpo Legislativo y las leyes que le controlan o que, mejor dicho, no lo hacen de manera efectiva.

Un país con un salario per-cápita tan bajo, no debe darse el lujo de tener tantos Diputados que proponen poco y hacen menos; que cuando no quieren estar, tienen suplentes que tampoco hacen pero que, como elementos del todo, seguro saben cobrar, y ¡en qué forma!

Si se ha de mantener el número actual de legisladores, bueno sería eliminar a los suplentes, disminuir sueldos a dos tercios del actual y presionar a cada diputado a ser verdaderos servidores del pueblo que los elige. Además, deben eliminarse las reglas por conveniencia que permiten por ejemplo que alguien se postule en un lugar que no haya sido su residencia en cinco años. Debe establecerse el número límite de períodos a "servir", para que haya renovación y se gobierne bajo principios éticos y sin perdurabilidad.

Basta con leer algún comentario de ciudadanos en los distintos periódicos para darse cuenta del descontento que en este nuevo siglo, ya ha llegado a enfadar a los votantes que ejercen, como buenos creyentes, la democracia que los aprovechados realmente parecen despreciar.

El mal es viejo (eso es, la corrupción) pero antes había un chivo expiatorio y ha sido comprobado que sin su presencia el mal persiste. Hablo de la Fuerza Armada Nacional que en realidad provocó circunstancias non-gratas pero que ahora ya no representa una verdadera influencia política en la nueva democracia y por tanto ha sido relegada a cumplir con su función exclusivamente militar. A pesar de esto, en el 2009, todavía la Asamblea Legislativa está compuesta por alguna gente quizás incapaz de conseguir un verdadero modus vivendi en otras áreas que no sean la de las componendas políticas. Son como una gran familia –tal vez siciliana, por corrupta tipo mafia- quienes parecen protegerse mutuamente sin ninguna pena. Este es el verdadero problema que atrasa la situación que enfrenta el país. Está claro.

No se trata aquí de acusar caprichosamente y de una forma impropia e irresponsable a funcionarios con quienes ni siquiera jamás ha habido alguna relación personal directa o indirecta del que esto escribe. Si se menciona lo del párrafo anterior es porque el buen pueblo salvadoreño está harto e indispuesto con respecto a tan burdas terquedades políticas que ya no se permite el lujo de soportar.

Por tanto, nuestro pensar es fuerte pero no equivocado. Ahora bien, como mejor prueba de que no existe una intención de desprestigiar a un grupo de "élite" que debería ser solo de servicio público, es nuestra opinión que también los señores diputados tienen derecho a la reivindicación y ésta llegaría muy bien para todos si a partir de "el día de acción" ellos se dedicaran a trabajar como aquéllos a quienes el pueblo dio su ilusión con su voto. Los señores diputados a la Asamblea Legislativa son quizás la pieza más importante del despilfarro social de nuestro país. ¿Por qué será así? Porque los diputados son elegidos para pensar en soluciones viables y satisfactorias, llenas de compasión y servicio verdaderos sobre todo para con las clases más necesitadas.

También están para mejorar el planeamiento para la obtención de resultados adecuados, actuando coordinadamente con los otros entes del Estado; por el bienestar de todos. Lo siento pero en el recinto de La Asamblea Legislativa falta calidad humana e intelectual.

Le pido a El Salvador del Mundo que a partir "de ayer" haya comprensión, tolerancia y justicia en "Su" país.

Si ese objetivo se lograra con la anuencia de los que tienen el poder, entonces, la mayoría, habiendo conseguido mejor estatus social y económico, no tendría excusas para "celebraciones" extralimitadas como disipación de penas y angustias sino expresiones mesuradas de felicidad, sin causar más dolor y pobreza ya que se viviría una vida con menos frustraciones. Claro que está bien celebrar pero debemos aprender a disfrutarlo y limitar injerir mucho alcohol o la euforia para evitar la pérdida de auto-estima que en algunos sectores sociales es un factor representativo de nuestra triste pobreza como país.

Por supuesto, hay otras razones que han causado una situación paupérrima a través de las décadas pero siendo ellas mayormente de tipo político, implican que quienes tienen la obligación de proveernos de leyes justas, no han sido participantes; por el contrario, han sido la causa del profundo dolor que nos consume y mantiene en estado de retraso.

Para mayor satisfacción y prosperidad de la generación presente y las futuras y para la estabilidad democrática y financiera en definitiva; es muy necesario o imprescindible que nuestra actitud y disposición sea profundamente inclinada al verdadero cambio en cada una de nuestras acciones que nos afectan como sociedad; no como los cambios de partido político sino como un cambio salido de cada corazón salvadoreño, vehemente y puro, transparente, con amor genuino a la nacionalidad y sobre todo con dignidad y el "Orgullo de Ser Salvadoreño"; por el bien de todos. Entonces podremos con certeza decir que "somos felices" con absoluta satisfacción y sin necesidad de llegar a la euforia desmedida.

El progreso como nación será resultante de nuestra cuota de inteligencia aplicada al trabajo tanto como a la creatividad y al verdadero desarrollo de la familia y la nación en sí. Nos referimos a un trabajo dignificante y no a aquel que proviene de tratos indebidos con quienes trafican drogas u otros actos de depravación a través de los cuales fácilmente se llega al crimen y al dolor de la población realmente ocupada. "Dime con quién andas y te diré quién eres". Se debe evitar ese dolor.

Debemos en cada caso, actuar con honestidad y rectitud evitando tomar ventaja del débil o desposeído. Eso significaría destituir la corrupción generalizada y abrazar la bondad por la unidad nacional.

## ALTERNATIVA A LAS DROGAS

La CORRUPCION generada por acciones evitables de parte del gobierno, a las que ya hemos aludido, nos ha llevado a tener una sociedad irresponsable con respecto a las drogas también. Y aunque éste es especialmente un tema para los expertos, quizás valga la pena insistir en ciertos tópicos de dominio público que deben ser enfatizados.

Definitivamente debemos ampliar y mejorar la capacidad del Estado para proveer educación media a la población completa. Esa será la mejor alternativa para combatir el empuje intenso que los carteles del narcotráfico internacional han puesto en la distribución de los estupefacientes. Leyes más estrictas tanto para traficantes como para consumidores serían útiles aunque para los últimos también ha de haber ciclos de terapias e información de primer plano que trate de enseñar la abstinencia de drogas.

Por otra parte implantar mejores medidas de prevención a través del INDES en otras áreas como el incremento de deportes de montaña o en canopes y ríos que además de promover el ejercicio físico, también facilitarían a un muchacho que está propenso al uso de drogas, a relajarse más en el ambiente natural...y luego el progreso académico motivado por un reto. Hay muchísimos lugares bellos que pueden ser explorados y dotados con centros de recapacitación.

El uso de un método envolvente a base del estímulo sicológico, llenaría los vacíos emocionales pero debe ser complementado con el aumento paulatino de la calidad de vida de las familias y la satisfacción de las expectativas de los muchachos. El bienestar social será la fórmula eficaz para combatir las adicciones.

Los deportes de conjunto también deberían ser masificados, no para  adoctrinar políticamente sino para ofrecer alternativas a una juventud que no tiene verdadera diversión ni motivación y por tanto cae fácilmente en la ociosidad dañina cuando enfrenta las presiones que le ponen los expendedores callejeros, distribuidores representantes locales de cartel.

Por supuesto que la calidad de la educación administrada también ha de mejorar y presentar retos diarios al estudiante para beneficiarlo con su aprendizaje e incrementar su disciplina, para motivarles con objetividad y convencimiento de que cada esfuerzo puesto en su superación personal ha de ser absolutamente utilizable y de gran base para el futuro desarrollo de sus éxitos personales y en consecuencia, un mejor y estable aspecto financiero.

El muchacho necesita que se le guíe en lo que será su vida futura. Cuando es adolescente, raras veces se le menciona el hecho de que todo lo que hace en su vida, cuando ya es un adulto, redunda en su capacidad de compra e inversión. Si recibiera tales enseñanzas, se sentiría motivado desde ya para prepararse con paciencia pero con la seguridad de que pasados aquellos años difíciles de la adolescencia, llegará con seguridad una época económicamente estable.

Sería necesario el empleo masivo de psicólogos y la asistencia efectiva a los jóvenes de cada lugar para llevar mejor control de sus actividades y evitar sobre todo, que abandonen la escuela o que directamente se dediquen a los vicios. Es prioridad establecer una comisión supervisora de las aplicaciones de la educación en cada departamento, como función del Gobernador Departamental. Si no se asigna una verdadera función administrativa a los Gobernadores, ¿para qué sirven? Y si no sirven, habrá que eliminar ese gasto burocrático.

Si, un programa de consultoría psicológica será tan básico como dar mayor énfasis a la unidad de la familia heterogénea (no gay) así como la eliminación o disminución del divorcio a la par de un trabajo seguro y de remuneración adecuada para lograr lo anterior.

Hasta hoy, cualquier medida adoptada para contrarrestar al narco-tráfico internacional y su ramificación local solo ha consistido en medidas de tipo policial dirigidas a quien cae en el vicio o el negocio pero no enfocando el aspecto preventivo. Claro que debemos ser IMPLACABLES con quienes infringen la ley y causan la horrenda violencia que con insensibilidad salvaje es tan frecuente en la actualidad. No les basta con matar a un inocente, también lo descuartizan como si la víctima fuera a morir dos o tres veces.

No se puede perdonar ese salvajismo por cumplir con los "Derechos Humanos de los victimarios menores".

¿Por qué no llamarles DERECHOS INHUMANOS? equivalentes a cero derechos porque si quienes cometen el crimen son seres humanos por apariencia, su actuar es inhumano puesto que el humano tiene compasión y ellos —por esa ausencia-no están calificados para ser considerados como tales, por tanto no deben merecer los mismos derechos de los humanos calificados no solo por naturaleza pero también por su mente compasiva, además de ser cumplidores de las leyes. Aquéllos son voluntariamente victimarios por lo que los DERECHOS HUMANOS deben ser EXCLUSIVOS de la VICTIMA y de la sociedad respetuosa.

Un animal –supuestamente irracional aunque a veces somos la gente, más irracionales que ellos- no mata solo por matar pues cuando lo hace es por subsistencia, es su naturaleza en esos casos ser carnívoro. Nunca mata por el simple gusto de establecer dominio de fuerza territorial. Si bien es cierto el animal "salvaje" también demarca territorio como las pandillas, en el fondo lo hace por la existencia en su zona habitual de otras especies que le sirven, siendo carnívoros, en su manutención y la de sus críos.

Debemos estar seguros que si un carnívoro gustara de comer plantas, evitaría matar a otros animales. Y que conste, el ser de "apariencia humana" es el que mata a sus semejantes, los animales LO EVITAN tanto como sea posible.

El terror que las pandillas han impuesto al pueblo de El Salvador no es para subsistir y alimentar a sus familias. Por ociosidad se auto-marginaron y cada día cayeron más profundo en el precipicio de su mala decisión adquirida desde Los Angeles pero transmitida como frustración para las generaciones siguientes.

Creo que es urgente ofrecer asistencia psiquiátrica y espiritual a las pandillas para luego ofrecerles un plan educacional. SI, ES URGENTE.

Si las pandillas de alguna forma clamaron ayuda cuando invadieron las calles en su demostración en San Salvador, no queda más que acercarse a ellos por medio de volantes o una publicación de periódico, radio o TV. Ellos habrán de responder al llamado sin demandas o exigencias y someterse a un plan estatal para su "re-evaluación social". Deben entender que ellos mismos optaron por una vida inadecuada y que la sociedad en general siempre ha estado en su lugar.

Por todo lo anterior, enfatizamos la urgencia de utilizar los sistemas educativos para consolidar la batalla estatal contra el abuso de las drogas, especialmente por parte de la juventud salvadoreña.

Aunque debamos ser implacables en la aplicación de la justicia, paralelamente también debemos ofrecer una alternativa de re-educación para la re-inserción social de los jóvenes drogadictos. No todo debe ser garrote.

## TRANSICION AL FUTURO

Hemos llegado al final del año 2009. Casi es el final de la infancia del nuevo siglo y para cuando este llegue su adolescencia y adquiera su adultez al igual que El Salvador, éste deberá mostrar indicios de estar listo para una etapa que a los dos siglos de existencia libre, nos pondría en un alto nivel de satisfacción para toda la población salvadoreña.

Esta juventud de siglo probablemente nos llevará en 2021 a una posición de cierto respeto pues al ser una nación de doscientos años nos compromete a demostrarnos a nosotros mismos lo aprendido desde nuestra verdadera niñez como república que nació en 1821.

A los salvadoreños no debe de importarnos más el que hayamos heredado un país sin recursos naturales o de limitada superficie. Tampoco debemos prestar atención al hecho de que nuestra patria está enclavada en áreas sísmicas o de gran densidad pluvial o en la región histórica en donde nació nuestro lindo país.

El Salvador moderno deberá estar basado en la concientización generalizada de hacer un gran esfuerzo personal y común para mejorar conducta cuando sea nociva, para demostrar mayor dedicación a la unificación nacional y para tomar absoluta responsabilidad en cuanto al mismo propósito de progreso bajo única motivación nacionalista, es decir que todo ente político solo defina el progreso en base a nuestras ideas y soluciones nacionales, sin interferencia ajena.

Si esta función la efectuamos con orgullo, definitivamente nuestro país avanzará a mejores niveles de vida porque habría un verdadero crecimiento económico basado en confianza para los inversionistas nacionales y extranjeros dentro de un marco de respeto.

Se necesita la participación genuinamente comprometida tanto del rico como del pobre, tratando de equilibrar posiciones sociales que en realidad tal vez nunca se den así, puesto que en todas partes y en todos los tiempos ha habido clases altas y bajas  pero debemos tratar de cambiar la historia que nos concierne, ser inteligentes hermanos uno del otro como cuando hay crisis y eliminar barreras; cuando el rico por convencimiento propio establezca, en sus empresas, mejorías en escala ascendente para el bienestar de sus empleados.

Creo que todo mundo ganaría aunque posiblemente la ganancia financiera del empresario sería menor pero siempre de alto valor y siendo que el empleado satisfecho daría más de sí mismo, su familia estaría mejor con mayor capacidad de compra e inversión y el Estado habría de percibir mayores tasas de impuestos; todo esto para beneficio de los programas sociales y para obtenerlo sugiero un mejor salario mínimo por hora ($3.00/hora). El empresario experimentaría entonces la ganancia por satisfacción social e individual muy importante. Empresario, ATREVASE.

Si aplicamos nuestra disposición para lograr el objetivo de bienestar futuro para la totalidad de salvadoreños, nos sentiremos orgullosos no solo de nuestra decisión y participación sino también podría ser que nuestra solución se convirtiera en ejemplo o referente. ¿Acaso no es esto posible? ¿Por qué solo hemos de recibir instrucciones de organismos internacionales? ¿Por qué permitir que gobiernos socialistas nos quieran imponer ideas extrañas a nosotros?

Mostremos nuestro orgullo de ser lo que somos y edifiquemos el futuro con toda dedicación y responsabilidad. Nos lo impide solo nuestra mente, nuestra falta de análisis y el egoísmo que no nos permite compartir "la gloria" de nuestras ideas, cuando creemos tenerla, a menos que necesitemos ayuda.

Evitemos la pérdida indebida de más vidas salvadoreñas. Basta del auto-genocidio de la época presente. Ya fue suficiente con doce años de guerra. Es la hora de reconstruir...por parte de todos, sin divisiones de clases.

Educación, producción, tolerancia, disciplina e incorruptibilidad deben ser nuestro mejor propósito.

De acuerdo a las exigentes circunstancias de la época moderna, globalizada especialmente por el internet y esa cultura o necesidad de acción comercial e industrial, debemos buscar el progreso inmediato de nuestra nación. Sin embargo, no estamos sugiriendo un país dedicado totalmente a la producción industrial que acarrea deterioro ambiental o mental sino una producción balanceada que nos permita avanzar como país económicamente estable y para lograrlo creo que debemos optar por una conducta que cuide nuestros recursos naturales especialmente ríos, lagos y bosques e igualmente respetando la salud de los trabajadores, es decir, sin sobrecargo físico y mental.

Debemos acostumbrarnos a sembrar constantemente árboles que renueven nuestra ecología forestal por los demás beneficios que los árboles brindan y a no exigir una producción personal extralimitada.

Posiblemente el estilo de vida de las naciones más avanzadas sea un tanto desconocido para la mayoría de la población salvadoreña.

Probablemente necesitemos de la adaptación a una verdaderamente nueva forma de vida, aunque no a una nueva idiosincrasia, que no lo será solo por el hecho de ser representada por una nueva realidad, un tanto modificada por necesidad.

Esa será, sin embargo, una posibilidad (el cambio de actitud) totalmente realizable si existe comprensión, y solamente si la nueva actitud que el pueblo salvadoreño asuma es con intención de sacrificarse en razón del progreso y estabilidad política del futuro.

He allí nuestra disyuntiva. O seguimos como hemos estado por siglos, o nos proponemos a obtener un mejor estatus de vida haciendo cambios profundos a nuestra actitud de vida diaria; eso es, en todos los aspectos necesarios para poder disfrutar una familia mejor.

Nuestra nueva conducta no debe ser radicalmente diferente puesto que eso nos haría perder nuestras costumbres alegres y con ello, parte de nuestro historial de gente trabajadora, espiritualmente fuerte y familiarmente digna.

Nuestro nuevo estilo de conducta debería conducirnos al camino de la unidad completa de tal forma que el pueblo salvadoreño por entero se compenetre en la función de aunar esfuerzos espirituales para lograr una conjunción con la Divinidad como resultado de la inspiración individual y colectiva que satisfaga nuestras necesidades morales y luego, por ende, las de tipo económico en general.

Para llegar a este logro es imprescindible mostrar el genuino deseo de cada quien en cuanto al cambio espiritual por el afán de lograr una mejoría de los diferentes factores que incidan en su vida diaria…..de ahora en adelante.

No es aceptable que solo lamentemos la violencia diaria y cuando vemos pasar el funeral de la víctima nada más pensemos: "pobrecito" pero sin ser capaces de unirnos al sepelio o saludar a los deudos tal vez por ser "gente pobre" ni intentamos evitar un crimen si tenemos oportunidad de hacerlo, "para no comprometerme". Ese es doble estándar. A la violencia solo la eliminaremos con participación adecuada aunque sin linchar a nadie. Tampoco sugerimos héroes sino gente con conciencia de grupo. Podría incluirse métodos de seguridad como delatar silenciosamente al culpable sin inspirar una sociedad soplona.

Pero más importante, está comprobado que el aspecto espiritual incide de manera especial cuando se practica de forma colectiva y así suceden situaciones de difícil explicación por su apariencia "milagrosa" - dirían unos- o por los resultados muy poco lógicos pero coincidentes y posibles, dirían otros. Podríamos aprender a ser colectivamente espiritualistas.

Lo importante para establecer una nueva nación como la que acá se sugiere es empezar a cultivar una mejor cultura que unifique a toda la población en cuanto al desarrollo de nuestras costumbres universales para ser más dedicados al estudio, al trabajo, el deporte, las ciencias y las artes en general.

Cuando se empleen todas nuestras fuerzas en la consecución de un objetivo como tal, bastarán unos pocos años para conseguir el establecimiento de nuestro nuevo país.

Obviamente será necesario tener una excelente programación de objetivos que incluyan una planificación adecuada y gradualmente desarrollada e interrelacionada para que el resultado sea de un óptimo nivel que beneficie a la sociedad entera con su calidad de producción.

El Salvador no es un país pobre por coincidencia sino por un continuo deterioro y el aumento incesante de la CORRUPCION. Desde el final de la guerra civil en 1992, ha habido una mayor inclinación hacia la democratización en diferentes aspectos de la vida cotidiana bajo gobiernos de derecha que sin embargo, hubiesen podido acelerar más adecuadamente el progreso pero que prefirieron gobernar encerrados en su círculo permitiendo el despilfarro y desaparición de las empresas del gobierno.

En ese período se establecieron mejores controles en algunas áreas del gobierno y quizás podría decirse que existía una cierta inclinación a la eficiencia en cuanto a la forma de gobernar pero la situación general se inclina por medidas económicas que en su mayoría benefician igual que siempre al más poderoso o a quien sea miembro de ciertas agrupaciones y lo que es peor aún, si adquieren poder simplemente por una cuota de nepotismo que en realidad podría catalogarse como la antítesis de la democracia.

Esta es, una sociedad todavía corrupta. Esos veinte años pudieron aprovecharse mejor si en vez de una conciencia de partido ganador hubiese habido la de uno que buscara el bien común por consenso, desde su principio. No fue así, ARENA también sin un plan, prefirió el gobierno con los métodos distantes por arrogancia...y tanto fue el cántaro al agua, que al fin llegó el FMLN.

Y no es que considere que el arribo del FMLN al poder sea nocivo porque sí, claro que no, solamente lo es por su terca dependencia de gobiernos comunistas extranjeros.

Falta de visión de ARENA. Basta con recordar a su gente en FINSEPRO, Bolsa de Valores, venta de bancos, La Constancia, CESSA y luego ANTEL, CEL etc. Ganaron dinero, polarizaron, se enriquecieron más, no funcionaron y vendieron. Simple y llana CORRUPCION.

El pueblo salvadoreño ha contribuido por desinterés a su propia desilusión, seguramente de una manera involuntaria, por confiar en los políticos.

Esta es la razón para comprender la necesidad prioritaria de un cambio que nos permita salir del marasmo evolutivo en que se encuentra nuestra sociedad e impulsarla hacia una conquista espiritual que por darnos paz intima, también nos ha de proveer con las energías suficientes y la capacidad para enfrentar los retos futuros más coordinadamente, con un sistema único y una meta común.

Desafortunadamente, cuando se trata de mejorar nuestro sistema de vida social y su base económica, siempre se ha buscado la solución rápida y aparente en convenios populistas y no en las circunstancias básicas que han creado nuestros problemas de pobreza. Reiteramos el error de querer llegar antes al efecto cuando debíamos analizar la causa.

Los partidos políticos, ante tales necesidades solo ofrecen soluciones inapropiadas por oportunistas; resultantes de poco análisis y mucho aprovechamiento por intereses egoístas y menos inteligentes.

Si el progreso económico fuera más amplio o totalmente envolvente de la población, ésta viviría en un mejor nivel. Si el pueblo salvadoreño obtuviera mejores salarios, también bajo una escala adecuada, podría pagar impuestos para enriquecer el presupuesto nacional y de esta manera sufragar los gastos de la nación. Y la creación de nuevas empresas fortalecería el sistema.

Si una actitud positiva es finalmente adoptada por los habitantes del país, se podrían eliminar opciones dolorosas y evitar que niños pequeños como Alejandra y sus amiguitos de corta edad, busquen a diario en el basurero de su pueblo cualquier elemento que para ellos o su madre represente algún pequeño valor utilizable para el sostenimiento de sus familias pobres......porque su papá les dejó al abandonar la casucha pronto después que la linda niña de ojos café y carita sucia nació siete años antes.

Virginia era una adolescente de trece años, bonita pero sencilla; era muy dedicada a sus estudios porque algún día quería graduarse, añoraba ser universitaria, progresar en la vida y ayudar a su mami porque como Alejandra, su padre no vivía con ellos. Ella tenía al contrario, un padrastro, un tipo amargado cuyo mayor entretenimiento era amenazar y golpear a la mamá de Virginia ante los ojos de la niña a quien luego buscaba para su propia estúpida y egoísta satisfacción que nunca logró porque la lista muchachita, al verlo borracho, se refugiaba en algún lugar. La "satisfacción" que "el hombre" buscaba solo lo era por su deseo sexual de maniático pero no por otra razón.

En la vida las cosas difíciles de obtener son las que apreciamos y no las fáciles que se obtienen a base de fuerza bruta y de tomar ventajas del débil. ¿Cómo puede un hombre que cree serlo, hallar satisfacción sexual si la obtiene a base de obligar a una niña indefensa? ¿Por qué maltrata un despreciable fulano a su mujer en vez de dejarla sin complicaciones y sin dañarle su autoestima y bienestar mental siendo que él mismo supuestamente, algún día la conquistó? Lo único que provocan es una vida miserable para la víctima y para ellos mismos.

Si hubiese pensado de ésta manera Lorenzo, el padrastro de Virginia, no estaría en la cárcel pagando por sus crímenes después que ella lo denunció cuando al fin no soportó la tristeza de ver tantas veces la cara desfigurada de su madre y los avances que él tenía hacia ella, quien inteligentemente se le escondía por allí, en cualquier escondite del mesón donde vivían.

Decir "Me Enorgullezco de EL Salvador" implica hasta cierto punto un compromiso. No significa que debemos ignorar todas las deficiencias que afectan a nuestro país sino, al contrario, hay que denunciarlas como tales para efectuar toda clase de normas correctivas imprescindibles y así lograr los objetivos de cambio que más tarde nos permitan ascender en calidad de vida.

Con la misma tristeza inmerecida de Virginia y Alejandra, miles otras víctimas han vivido durante los años en que debieron haber disfrutado felizmente su niñez.

También Carlitos ha soportado haber sido violado a los ocho años, probablemente con violencia disfrazada de amenazas o por algún otro engaño o promesa de liberarlo de las calles de la ciudad como su casa, en las cuales vive desde aquélla temprana hora de la noche ingrata cuando su madrecita fue arrollada por un conductor tan ebrio que no tenía nada de control y la mató junto a su puesto de ventas callejeras.

Carlitos sufrió mucho tanto por la muerte de su madre como por el vil engaño pero asimismo tomó fuerzas de flaqueza para con su experiencia tratar, cuando crezca, de hacer una labor positiva para prevenir igual suerte a futuros Carlitos y Virginias, víctimas del desamparo y la maldad humana.....que no debería continuar.

El alcoholismo tan arraigado a nuestras costumbres también causa un gran daño a la familia por el desgaste moral que en exceso produce, especialmente entre los más vulnerables emocionalmente.

Está comprobado científicamente que el consumo moderado del alcohol, con prudencia y responsabilidad, no es dañino pero su uso constante e irresponsable si lo es.

De allí que es definitivamente preferible limitar y no incentivar el consumo de bebidas alcohólicas puesto que tal práctica no es beneficiosa para la superación cultural que nos deberíamos proponer. Sin embargo, ha sido desde siempre muy contradictorio que sea el mismo Gobierno de la República el que a través de instituciones departamentales llamadas Administración de Rentas, produzca directamente lo que quizás sean los peores licores de caña que prácticamente trastornan la mente de nuestros ciudadanos pobres y vulnerables, dejándolos sin mayor capacidad para obtener un trabajo.

Esa gente vive en un círculo vicioso, toman porque no tienen y no tienen porque toman. Lástima. Ah, pero el gobierno necesita colectar dinero ¿no es cierto? Y qué manera más fácil de hacerlo se encontraron hace ya tantas décadas. Si en vez de eso se hubiera visualizado un poco más y promover la educación, otra historia habría sido la nuestra.

Si además no hubiésemos vivido décadas de explotación, los salarios no habrían sido tan pequeños como fueron, rayando en lo paupérrimo, nuestra nación sería más rica, con la riqueza de la educación. A esto hay que agregar el hecho de que las alcaldías o quién corresponda, continuamente también han permitido el establecimiento de nuevos negocios como cantinas, bares, expendios de licor y toda esa gama que de una manera u otra distribuyen el alcohol.

La CORRUPCION es tal que quien desea establecer un prostíbulo, solo busca la aprobación de una licencia para un bar y lo demás, se resuelve a base de engaños o sobornos a la autoridad durante una inspección de rutina. Es increíble porque esos bares o "barras show" no son sino cuevas de maleantes, drogas, prostitución general, extorsión y crimen.

Reitero que el ingerir bebidas alcohólicas adecuadamente no es la causante de tanta desgracia sino la distribución y consumo irrestrictos que solo contribuye a la decadencia social. Sugerir eliminarlas sería como estar contra la libre empresa y no es así. Eso sí, la producción de licores por parte de la administración de rentas de cada departamento debería ser clausurada inmediatamente.

Claro, las sociedades de los países de primer mundo son prudentes aún cuando consumen el licor o la cerveza habitualmente pero son países en los cuales el empleo es mayor y de mejor categoría y por tanto, los ciudadanos empleados saben que deben cumplir cada día sus responsabilidades para mantener su nivel de vida; evitando por eso el abuso de la bebida. Además, muchos de estos países son de clima muy frio pero por el contrario el nuestro es tropical lo que incrementa la embriaguez.

Hay que tener cuidado sobretodo porque nuestros hábitos alimenticios no son los mejores.

Hay que hacer hincapié en disminuir tal vicio, cuando tal sea y como sea, por los medios necesarios. Si no se hace así, nuestras pobres e indefensas mujeres y sus hijitos seguirán sufriendo los flagelos eternos. Recordemos que pertenecemos a un mundo moderno y no al que nos vio nacer como república ciento ochenta y ocho años antes.

Entre todos esos flagelos antes mencionados, el de la prostitución es uno muy grande porque con seguridad marca sin piedad la mente de tantas personas que por razones ingratas hayan caído en tan triste forma de proveer su sustento. Entre todas esas personas, pobres mujeres que sufren quizás convenciéndose a sí mismas que gozan su vida; como si tal engaño les habrá de recompensar por sus errores y proveerles salud y seguridad económica futura.

Peor aún si es la estudiante prostituida que por pagar por sus "estudios" y mantener sus lujos cae y no se gradúa, en lugar de esforzarse por graduarse y aspirar a un buen sueldo, honestamente obtenido.

Así debiera ser normalmente pero la que practica la otra profesión, acarrea un estigma, no disfrutará su vida como tal. Una prostituta posiblemente gana suficiente dinero mientras dure su belleza lo cual significa que cuando el tiempo haya pasado, contrario al o la estudiante que se ha graduado, pierde capital belleza y solamente acumula descapitalización por enfermedad física y psicológica. En otras palabras, han de ser muy pocas las prostitutas acaudaladas, si acaso las hay, y al final el Estado probablemente deba cubrir sus curaciones, por su alto costo.

Es mala inversión estatal por no promover la verdadera educación, especialmente en cuanto a la unión de familia. Obvio.

Lo lamentable de tal profesión es peor aún para las mujeres totalmente desposeídas que no consiguieron trabajo cuando el marido las abandonó por la vecina etc. etc. Ellas deben mantener a sus hijos y no encontraron alternativa. Triste realidad.

A la mujer salvadoreña se le debe ofrecer respeto y admiración por su entusiasmo a la vida además de su dedicación al trabajo por la familia. Las señoras, que lo son todas, deben recibir el amor implícito para quienes con sus grandes esfuerzos lo saben dar. Al menos, si no somos hipócritas, debemos corroborar a diario la razón de celebrar el Día de la Madre.

Esto debería suceder continuamente, una celebración que aún esos criminales que abusan de las niñas como a quien llamamos Virginia o su madre, deben practicar dejando de abusar…..en honor a sus propias madres. Apoyemos a las mujeres quienes hasta del cáncer de mama sufren y aun así siempre están dispuestas al sacrificio por su familia.

¿Cuánto dinero que haya gastado el Estado en tantos años y dolores de cabeza se hubiera ahorrado el gobernante que hubiera recapacitado a tiempo y se hubiese propuesto invertir los dineros del Presupuesto Nacional de una forma saludable, que hubiera recuperado vidas útiles? En cambio, El Salvador se empecinó en mantener leyes costosas por ser totalmente anti-sociales y un esquema de policía militar de Estado sin recordar que las notas de nuestro Himno Nacional hablan solo de paz y eliminan la guerra (inclusive la interna) lo cual hacía innecesario tal esquema. Eso hubiese sido hablar de educación.

Es obvio que el respeto al sexo femenino es esencial desde su corta edad y no por ser considerado débil sino por la cuota de apoyo intelectual y de educación para permitirles el poder que ellas merecen.

Esa debilidad es relativa, algunas damas demuestran mayor fuerza de carácter que otros del sexo "fuerte". En otras palabras, nuestra fortaleza masculina solamente la podemos demostrar no haciendo uso de la brutalidad y el desprecio hacia otros seres humanos, especialmente mujeres y niños, sino teniendo toda entereza y dignidad. Esto también es hablar de educación.

Por épocas ha existido en nuestro bello país otro elemento nocivo que ha incidido en detrimento de la felicidad de la sociedad salvadoreña.

Ese otro factor ha sido la discriminación dirigida en general al pobre o al inválido. Muchas familias, con una actitud lamentablemente común, crecieron con la pésima costumbre de llamar a sus empleadas de servicio: "Choleras", un calificativo totalmente despectivo, muy ofensivo y discriminante aún si se analiza a medias. La discriminación es al final de la primera década de este nuevo siglo que debería ser brillante, una representación de épocas de oscurantismo. Y por ser todavía aplicada también a personas con alguna discapacidad o limitación física, les causa a los afectados, momentos de mucha tristeza y frustración.

Existe desde hace varios años una ley protectora contra la discriminación pero esa ley, al no dársele importancia, no ha permitido la inclusión merecida de sus sujetos. Nuestra actitud como sociedad a veces no es muy justa con el débil. Por medio de nuestra nueva VOLUNTAD SALVADORENA debemos hacer correcciones pero asimismo comprometernos individualmente a trabajar con suprema honestidad, por el bienestar de nuestras futuras generaciones y la actual ante todo. Estamos a tiempo para llegar adelante, a nuestra meta.

Todos esos males los ha sufrido con mucha mayor frecuencia la mujer salvadoreña quien estoicamente y bajo terribles circunstancias siempre estuvo preparada emocionalmente a luchar hasta lo imposible con el propósito de proveer sustento y en muchos casos una vida ordenada y estudios a hijos huérfanos o abandonados- por sus padres- y no sus madres.

Los hombres pobres en El Salvador en muchas circunstancias han sido también víctimas, a veces de sus malas costumbres. Los problemas sociales se originan por injusticias a las cuales los niveles más pobres de una sociedad son sometidos.

En el análisis de esta problemática hay varios incidentes que son las bases, en parte, de ella misma. Tales factores han sido la pobreza por falta de un trabajo. Lo anterior ha sido una razón discutida ya por todas partes, con sus causantes del poco salario, cuando lo hay.

También el pronunciado machismo que promueve un marcado desprecio por las victimas de "los machos" que no lo son más que las mujeres a quienes "asaltan". Los hijos de los hijos de los abuelos machistas no han producido más que generaciones de menor educación lo cual solamente resultó en gente no bien preparada psicológicamente como para desenvolverse de forma solvente y estable en el mercado de trabajo. A eso se debe que haya tantas y tantas víctimas; pero esa verdad no justifica los maltratos.

Bien, todo lo anterior podría quedarse en el pasado a diferencia del presente porque siendo así nos propondremos todos los salvadoreños desde el gobierno y los empresarios hasta la clase empleada y la familia en general, a conquistar nuestra felicidad, sin innecesarias recriminaciones por intereses políticos.

Todo tiene una solución y la nuestra es muy factible. Hagamos uso adecuado de NUESTRO PODERIO MENTAL.

El Salvador debe enfocar sus fuerzas y dedicación a la creación de trabajos de primera categoría que en forma continua originen suficientes puestos de trabajo con una remuneración fortalecida y adecuada para el mejoramiento de la familia salvadoreña. Esta parte se logrará con una inversión privada o préstamo gubernamental, dirigidos bajo una planificación Estatal pero totalmente administrada por la empresa privada como propietaria de la misma.

No se trata de ningún control tipo comunista sino solamente del liderazgo del Estado para la ejecución de un plan común. Los empresarios habrían de incluir para sus empleados, incentivos adicionales al sueldo aunque en menor escala, de tal forma que esa compensación o un salario verdaderamente adecuado a las posibilidades de cada empresa, no menos, que incidan en la calidad de la producción para exportar, por tanto manteniendo la estabilidad del trabajo y de la familia.

Por cierto, sería importante que las necesidades del país sean satisfechas antes de vender la producción por divisas ya que éstas, por necesarias que sean, serán siempre de menor valor que lo pagado por artículos similares que se obtienen en el extranjero y como tal, no tiene mayor sentido y se desperdiciaría el factor orgullo por la producción nacional. La misión es lograr una mayor colección de impuestos o divisas para obtener un mejor presupuesto pero sin llegar al extremo de lastimar la economía familiar.

Si los niveles de impuestos, salarios de los empleados y ganancias de cada empresa están de acuerdo a una tabla o relación bien estudiada y bien establecida, con absoluta visibilidad a lo que será en el futuro; entonces la economía nacional y el nivel de vida estarán de acuerdo con lo planificado para llegar a tener una nación satisfecha por su salud, con menores índices de corrupción y crimen. Si queremos lograr lo anterior, también debemos proponernos a cumplir nuestro plan hacia el futuro con una solución tan espiritual como llena de misticismo por su contenido y significado.

## MISTICA SALVADOREÑA

Como se dijo anteriormente, dado que los recursos naturales de nuestro país son limitados pero contando como riqueza ilimitada nuestra fuerza física y mental y la Fe en Dios; esos principios espirituales nos harán diferentes a lo que hemos sido por siglos, siempre que nos unamos en una especie de ruego común o de una conducta de ayuda mutua y de verdadera conjunción de pensamientos dirigidos hacia la Divinidad.

Obviamente para ese logro debemos amalgamarnos por un mismo fin. ¿Pero cómo lograrlo si nos hemos dividido en asuntos de iglesia por el solo hecho de haber aceptado la propaganda de religiosos que expresan hacer lo mejor pero velan en realidad por intereses sin control, monetarios, siendo el resultado lo que ha cambiado los sentimientos aunque no la fe del pueblo salvadoreño? Esa discrepancia de religiones no ha beneficiado el espíritu del país.

En ocasiones se lamentan los roces entre protestantes y católicos, algo que no debería de suceder ya que originalmente y hasta años recientes; la familia salvadoreña ha sido católica casi en su totalidad y todavía es mayoría. La he llamado discrepancia de religiones, en tono suave, pero está claro que ese mismo tono no lo es tan suave cuando los señores pastores protestantes de las más grandes iglesias del país se refieren a la otra Iglesia en sus transmisiones televisadas, como si alguien estuviera, con sus cinco sentidos, listo a meter sus manos al fuego por las actividades públicas o privadas de aquéllos que ante todo debieran revisar su conciencia, su yo íntimo.

Valga la aclaración, acá no se está abogando por ninguna posición política, religiosa o de clase social.

En el aspecto religioso se expuso la anterior opinión u otra por seguir porque creo que sería más fácil, por los números, adquirir un misticismo basado en el catolicismo ya que además es la religión más representativa del Cristianismo. Espero que esa posición quede acá absolutamente clara y reitero que no existe el menor deseo de promover a determinada religión. Es más, ATENCION, si el objetivo se pudiera lograr con la opinión y contribución espiritual de cada salvadoreño, independiente de su creencia religiosa, enhorabuena. Lo importante es el objetivo que buscamos y que nos ha de traer verdadero progreso humano.

Se ha mencionado el interés económico de ciertos "clérigos" porque las propiedades que obtienen son de carácter privado y heredad de sus hijos, no institucional. Además, arengan a sus creyentes bajo una hermandad unilateral pues los bienes (diezmos) los ponen los pobres. Me luce que es corrupción igualmente nociva. O de lo contrario, nadie se pasearía en helicóptero de estadio en estadio colectando plata o no tuviera propiedades que nunca antes pudo tener. Por supuesto, con las debidas excepciones.

Los Pastores protestantes y los Sacerdotes católicos, generalmente hablando, no han sabido conducir a sus feligreses puesto que no han logrado establecer una conciencia absoluta en cuanto a la relación de conducta entre individuos, creo que no han hecho hincapié en la observación de Los Diez Mandamientos como un instrumento que es tan necesario para mantener la paz con nuestros semejantes. Amar al prójimo es primordial para establecer contacto con El Ser Supremo. También se obtiene paz interna, es decir paz individual y proyectiva.

Dentro del análisis de nuestra relación con El Ser Supremo, los Diez Mandamientos que son la síntesis de más de seis cientos setenta ordenamientos, deben ser nuestra guía genuina para alcanzar una mayor correspondencia de nuestra parte, como seres humanos, al amor que Dios nos ofrece a cada instante.

Eso debe ser asimismo porque en mayoría somos cristianos pero todos creyentes con justa fe y mejor aún, vivimos en la tierra Suya. Por esta misma razón creo que debemos adoptar nuestra propia identificación, el misticismo de todo salvadoreño que de ahora en adelante encontraremos en La Voluntad Salvadoreña.

Nuestro entendimiento y mejor deseo de conocer La Voluntad Salvadoreña, nos daría la suficiente fuerza moral y espiritual que nos brinde la confianza que eventualmente usaremos para conocer y practicar de mejor forma todo aquello ordenado por Dios, a cambio de lo cual recibiremos una fuente de sabiduría tal que nos permita comprender cómo nuestro esfuerzo en el cumplimiento de Los Diez Mandamientos nos beneficia para que nuestra relación con nuestro prójimo sea de respeto, tolerancia, rectitud, honestidad y amor genuino.

Está comprobado que cuando satisfacemos a EL es porque también hemos hecho el mejor uso de nuestras facultades corporales ya que éste, el cuerpo, ha sido diseñado por El Ser Supremo para un funcionamiento ideal cuando hay conjunción con EL, aún en casos de incapacidades físicas congénitas. En Su sabiduría, EL compensa a los discapacitados con otras virtudes que los demás no encontramos.

## ME ENORGULLEZCO DE EL SALVADOR

Si logramos nuestra incursión en el círculo de bondad, estaremos próximos a comprender que la personalidad de Dios, con la nuestra, representa una identificación porque es cierto que Dios está y vive en nosotros.

Pero a pesar de haber sido creados a SU semejanza, no significa que nosotros —seres imperfectos- seamos exactamente iguales a EL.

La Voluntad Salvadoreña debe ser una auténtica expresión nuestra, para conquistar un derecho que nos permita obtener la bendición completa y la guía para actuar con justicia y tolerancia hacia nuestros semejantes.

Debemos considerar que el amor al prójimo es la manifestación básica para establecer nuestro conducto comunicativo —en plano vertical- con nuestro Padre quien de esa manera nos provee Su sabiduría como a los seres semejantes a EL que somos, para que podamos establecer nuestra propia relación —en plano horizontal– con nuestros hermanos de la raza humana.

Por cierto que la raza humana es la única que deberíamos considerar y no los colores, para evitar el trato desconsiderado de nuestros semejantes. En otras palabras, esta mentalidad nos alejaría de la discriminación por siempre ya que, aunque en menor escala, también en El Salvador existe y hay que erradicarla.

Nuestra Voluntad Salvadoreña ha de conducirnos por esa verticalidad que siendo o representando la ruta en dirección del Padre Supremo, nos ponga en contacto más directo con EL.

En nosotros mismos está encontrar esa ruta que siendo directa es la más corta. Encontraremos tal senda, que es el camino donde se encuentran las bendiciones de Dios, siempre que las busquemos usando los mejores conductos sugeridos por EL, los cuales son simplemente las siempre vigentes normas de moral, ética, caridad y amor.

Estas normas conforman la base de Los Diez Mandamientos que habiendo sido establecidas por Dios mismo son justas e invaluables y por tanto nuestra mejor razón para comunicarnos con EL mientras mantenemos una conducta de amor, tolerancia, comprensión y justicia hacia nuestros semejantes.

Una relación sincera con los otros seres humanos, todos, y la tolerancia que implica; nos permitirá mantener un espíritu sano y lleno de satisfacción y paz porque al estar comunicado con nuestros semejantes en ese plano horizontal de equidad humana, también se satisface las expectativas que Dios ha impuesto para nuestra conducta.

Lo anterior es basado en la verdad que en sí es un atributo Divino y la fundación de cada virtud.

Al proponernos todos los salvadoreños a encontrar el conocimiento que debamos adquirir por medio de nuestra Voluntad Salvadoreña, estaríamos muy dispuestos a observar las virtudes cardinales de un buen ser humano: Templanza, Fortaleza, Prudencia y Justicia siendo que……

Templanza es la restricción a las afecciones y pasiones que hacen al cuerpo dócil y gobernable, liberando la mente de los perjuicios que causan los vicios. Esta virtud debería ser nuestra práctica constante para evitar excesos o contraer hábitos viciosos como los que sufren muchos hombres y algunas mujeres que debido a las vicisitudes de sus vidas en pobreza, se convierten en verdaderas víctimas del sufrimiento social a través de, precisamente, los vicios y el crimen.

Fortaleza es un noble y continuo propósito de la mente por el cual somos capaces de soportar dolor, amenaza o peligro. Esta virtud es radicalmente opuesta a la cobardía. La fortaleza nos sirve de apoyo para complementar nuestro espíritu de lucha cuando tratamos de conseguir nuestros difíciles objetivos y por tanto, será un gran cimiento para la obtención de la Voluntad Salvadoreña que requiere extrema fuerza mental para lograr la coexistencia en el mismo plano horizontal con todos nuestros hermanos connacionales.

La Prudencia nos enseña a concientizar nuestras vidas y acciones de acuerdo con los dictados de la razón y es además la facultad por la cual sabiamente juzgamos y con cautela tomamos una determinación en todas las cosas relativas a nuestro presente tanto como a nuestra felicidad futura. Esta virtud ha de ser nuestra característica peculiar para el gobierno de nuestra conducta con relación a nuestros hermanos en la sociedad que habitamos. Siendo prudentes nos encontraremos en toda ocasión rodeados de amigos o personas a quienes hemos de inspirar confianza.

Por supuesto que el esfuerzo que hagamos por lograr con buen resultado nuestra Voluntad Salvadoreña nos permitirá ser más dignos de la voluntad de Dios y con ella obtendremos nuestros mejores éxitos como nación.

Justicia es la línea limítrofe de las actividades reguladas de los individuos o un estándar de derechos que nos permite dar a cada persona su aceptación correctamente apropiada (justa), sin distinción. Esta virtud no es solamente consistente con las leyes humanas y Divinas, pero es también el cimiento y soporte de la sociedad civil pues la justicia en gran medida fortalece a las personas realmente buenas.

Esto es exactamente lo que se necesita en nuestro país para establecer no necesariamente un nuevo estilo de vida sino, lo que es más importante, una convicción que nos llevará a convertirnos en personas parte de la Divinidad y como tales, dirigidos en el plano vertical hacia El Ser Supremo quien de esa misma forma nos retribuye con bendiciones y el mayor empuje para llevar a cabo de una forma totalmente correcta y espontánea, todas nuestras actividades; lo cual incluye las de producción y por ello logrando mayor comodidad y felicidad material que perdure, dependiendo de nuestro vital y dedicado esfuerzo; de nuestra genuina Voluntad Salvadoreña.

Es por esta razón que sacerdotes católicos o pastores protestantes deben utilizar sus mejores y más importantes funciones de educadores para inculcar en el pueblo la convicción para aprender a respetar y practicar a conciencia las enseñanzas puras de Los Diez Mandamientos de Dios. Al contrario, algunos se politizan y caemos nuevamente en el debate.

Con esa nueva práctica de amor fraternal obviamente la sociedad entera se beneficiará por el hecho de que habría menos crímenes, mayor producción industrial, prácticas éticas que evitarían la corrupción y propondrían más tolerancia, menos discriminación y más responsabilidad ciudadana lo que implicaría también una mayor colección de impuestos para la prosperidad general.

Sin hacer uso específico de las enseñanzas religiosas, estoy seguro que también los profesores en sus escuelas o un gerente de compañía cualquiera podrían adherirse a una campaña de enseñanza, desde el punto de vista ético, para inculcar en sus alumnos o empleados; el sentimiento gratificante que conlleva el aprendizaje y práctica de la Voluntad Salvadoreña.

Cada persona en su propia capacidad debe adoptar una absoluta responsabilidad en cuanto a sus propias actividades laborales.

Es la manera factible para acostumbrarnos de forma inteligente a establecer las nuevas bases de nuestro futuro como nación que aspira al CRECIMIENTO POR EVOLUCION Y NO REVOLUCION, por medio del trabajo responsable y no la dependencia, por nuestra propia iniciativa y no la imposición de doctrinas extranjeras o sistemas de planificación sugeridos por organismos internacionales.

Esto que se sugiere debe ser absolutamente nuestra voluntad propia tanto como la manifestemos a nuestros conciudadanos, expresada toda esa gran voluntad salvadoreña en LA ALMUESTRA o una forma de decir que con nuestras ALMAS individuales crearemos una fuerza especial, NUESTRA, llena de misticismo o conducta digna que posea la condición única de servirnos de acercamiento colectivo con EL SER SUPREMO para obtener SU respaldo espiritual que nos libere de las ideas y connotaciones negativas y por tanto dañinas a la sociedad salvadoreña en su totalidad.

En síntesis, con toda la comprensión manifestada en el propósito de ejecutar un cambio de actitud individual, de tal forma que podamos obtener un beneficio popular, utilizaremos la fortaleza como voluntad salvadoreña y con esa fuerza imbatible por segura y convincente, sin mirar atrás como arrepintiéndonos; unimos todos los salvadoreños esa fortaleza de carácter en una expresión única y solidaria que represente la intención común en LA ALMUESTRA.

LA ALMUESTRA será entonces la máxima expresión del misticismo o simplemente una conducta común a la que hayamos llegado como nación. La voluntad salvadoreña es el instrumento que nos impulse a esforzarnos pero el verdadero intento estará representado por LA

ALMUESTRA siendo que, reiteramos, la expresión del ALMA individual, cuando actúa en conjunción fraternal - horizontalmente- con la de cada uno de nuestros compatriotas, se convierte en un ALMA común o NUESTRA, reunida así en el sentimiento genuino representado por LA ALMUESTRA.

LA ALMUESTRA debe, por tanto, ser el mayor anhelo de sinceridad de nuestra nación. Nuestra máxima idea de misticismo o conducta criolla deberíamos encontrarla en LA ALMUESTRA.

Ejerzamos la costumbre, aprendamos poco a poco a familiarizarnos con el vocablo ALMUESTRA. Hagamos nuestro mejor esfuerzo en no desestimar esta propuesta sin antes analizarla detenidamente. No debe ser rechazada por pereza mental o egoísmo irrelevante.

Este proyecto ha sido concebido como una necesidad de ofrecer una solución para detener la tristeza o acelerar el progreso tratando de sanar la raíz de muchos de nuestros principales problemas porque se considera que todavía es factible hacerlo, porque la sociedad salvadoreña lo merece y porque esos muchos problemas están inter-relacionados y como tales pueden integrarse en una solución singular que manifieste el esfuerzo, respeto y tolerancia comunes para empezar una nueva etapa de nación con justicia, que reaccione ante tantos elementos o bellos símbolos que desde siempre nos fueron legados por los verdaderos Padres de La Patria.

Leamos la Oración a La Bandera o El Himno Nacional. Meditemos sobre la frase DIOS  UNION  LIBERTAD escrita en nuestra bandera y luego demos un momento de análisis a este escrito. Al final, muy posiblemente nos sentiremos individualmente reconfortados para buscar la conexión horizontal mutua con nuestros hermanos, demostrada sinceramente en un abrazo fraternal simbolizado en LA  ALMUESTRA.

En base a la idea, el futuro de la sociedad, que es lo que verdaderamente importa, se encontrará en un camino brillante.

Pero por ese camino, aún nos hace falta caminar.....ATREVETE!

# ME ENORGULLEZCO DE EL SALVADOR

Fontana, California. Marzo 14, 2009

## NUESTRA REFLEXION

Anticipado a mis amigos por correo-e

Queridos amigos:

El día de mañana  será el más importante de la época presente para la nacionalidad salvadoreña. Evidentemente así será porque creo que la democracia se consolidará definitivamente.

Estoy convencido que de ganar la izquierda, el  partido de derecha, Arena, que ha desperdiciado tanto tiempo en el gobierno, ha de llegar a la conclusión que ha sido solamente su propia culpa la responsable de una derrota electoral.

Si  ganara la derecha, el partido opuesto, Fmln, habrá de aprender a interpretar mejor el sentimiento de toda la población salvadoreña y no solo la de una parte de ella.

Basta de recriminaciones, las excusas sobran. Aprendamos a convivir y admitir que nos debemos única y exclusivamente a El Salvador.

Ambos partidos, sin embargo, ganen o pierdan deben planificar el futuro desarrollo económico de nuestra nación con una mentalidad verdaderamente realista e inclusiva de todos los sectores populares, individualmente sonrientes por satisfacción y no por maldad.

Ambos participantes habrían de estimular la creatividad como una base de la productividad dentro de un mercado libre aunque sin permitir los abusos de financistas expertos que provoquen caos económico a quienes invierten, o sea para evitar desfalcos o estafas.

Ambos participantes deberían comprometerse a no depender de las opiniones y esquemas de gobiernos externos (la UE o México, USA o Venezuela como ejemplos) que se convertirían en injerencias que la misma "Constitución Política de la Republica de El Salvador" podría condenar como lo haría si se tratara de una violación territorial por fuerza extranjera.

Recordemos que nadie sufre nuestras penas aunque muchos si quisieran compartir nuestra riqueza.

¿Cuál riqueza? No es monetaria sino es la riqueza intelectual, la gran riqueza espiritual que nos guía diariamente a los salvadoreños a ser mejores productores de bienes en cuanto tal cosa nos ha de beneficiar. No desestimemos nuestra capacidad.

Por esta razón, para obtener respeto internacional que implica mayor poder crediticio y adquisitivo, así como para satisfacción intima, la única forma como algún día futuro llegaremos a vivir mejor será obteniendo alguna riqueza material.

Por tanto, el ganador de la próxima elección debería extender la mano humilde de la comprensión al contrario, con ello reconociendo la capacidad de sus mejores intelectos y requerirlos para un esquema de cooperación en la formación de un nuevo gobierno para que éste sea más ecuánime.

Así, desde ese momento, se consolidaría la democracia en El Salvador  porque en el futuro estaríamos convencidos antes de cada elección, que no importaría quien fuera elegido en cualquier cargo, el resultado sería similar ya que se impondría la voluntad y necesidad del constante mejoramiento de vida de cada habitante bajo una estabilidad social permanente. Esto quiere demostrar cuan irrelevante la ideología del partido ganador sería en el futuro pues el país tendría la certeza de un trabajo político principalmente nacionalista.

Los países económicamente grandes, aunque algunos no lo sean territorialmente o no posean abundantes recursos naturales, mantienen una estabilidad política absoluta  como resultante de la aceptación de las decisiones de los votantes, y todos viven orgullosos bajo la misma bandera.

En nuestro país en cambio, el partido dizque de los ricos cree que solo ellos son salvadoreños.....hasta que necesitan a los que se prostituyen.

## ME ENORGULLEZCO DE EL SALVADOR

El partido dizque del pueblo pobre, cree ser el único capaz de solucionar todo problema…..hasta que también necesitan de los que se prostituyen.

Habría entonces, quizás, que concentrar el poder político en unos tres o cuatro partidos participantes, todos nacionalistas y concentrados en el absoluto cambio de actitud así como fortalecidos por el mismo común deseo de hacerlo. Sin embargo, agregaría un movimiento de salvadoreños en el exterior.

El mejoramiento de la estructura física y su infraestructura de gobierno en El Salvador hay que reconocer que llegó posiblemente muy pronto después de los doce años de intensa guerra y para lograrlo es obvio que se haya adquirido deudas.

Esto no es tan fácil de solventar pues requiere disciplina para producir y llegar a tener suficiente capacidad de pago. Es acá donde se debe poner más énfasis en el futuro cercano.

Debemos dejar de pensar mezquinamente como si solo nuestra gente de partido puede. Aprendamos a ser más agresivos en muchos aspectos de nuestra vida como nación pero en conjunto.

Aprendamos a pensar en mayor escala si unimos recursos. He allí que también debemos aprender a invertir pero también a ser absolutamente honestos cuando hemos de manejar las inversiones que se nos confían. Parece muy utópico, como un sueño, por la indebida CORRUPCION.

Sin embargo esa continua corrupción nos ha mantenido al margen. Claro, podemos buscar la oportunidad, mantener el propósito y lograr la meta. Solo entonces nos atreveremos a pensar en escala mayor sin que sean solo los actuales "grandes" los que se beneficien.

La productividad industrial de mayor potencial debería ser nuestro mejor proyecto. También la producción literaria que ha de ser promovida tanto como otras formas de arte, con los cuales se generarían industrias afines. En otras palabras se debe incentivar la producción masiva haciendo lo imposible por lograrlo por medio de empresas salvadoreñas grandes y pequeñas creadas con el respaldo logístico de una agencia Estatal especializada para la generación y distribución global de los productos. Así, con productos de mayor importancia, se evitaría ser una maquila de 22 mil kilómetros cuadrados y la remuneración al empleado sería mayor.

Podemos darnos cuenta que la construcción de un centro comercial de cierto lujo, por ejemplo, es tanto o más cara que la de una fábrica para algún producto complicado y de verdadera importancia en el mercado mundial. Ella proporcionaría constantes empleos y un continuo flujo de productos para cuya fabricación industrial podrían también y con esa misma agresividad comercial, crearse más empleos secundarios o derivados para producir otros sub-productos que serían componentes del gran producto de la empresa original.

## ME ENORGULLEZCO DE EL SALVADOR

Para ello, insisto, hay que pensar en grande –planeando con mentalidad macro-económica- y aglutinar mentes sobre disciplinadas aunque no necesariamente excepcionales científicamente pero con preparación suficiente para ejecutar los respectivos diseños y conducir un plan industrial.

La información tecnológica de toda clase está siempre a disposición de países como el nuestro, si se busca en los medios apropiados.

Debemos mentalizarnos y planificar cuanto antes; haciendo uso de esa tecnología y el ingenio o intelecto de nuestros nacionales. Por supuesto de esa forma se le debe dar muchísimo más apoyo a la pequeña empresa la cual seguiría siendo, como en cualquier parte, la mejor fuente de trabajo que agiliza la economía en general.

Así también, nos acostumbraríamos a asociarnos para lograr metas más altas y por tanto formar empresas de gran potencial y valor.

Falta mayor énfasis en productos de alta tecnología o de incuestionable necesidad. Reitero que falta asimismo una agencia nacional que sirva como contacto real para la representación y promoción internacional de nuestros productos fabricados con inteligencia y orgullo.

Abracemos las ideas de cualquiera que pueda contribuir sin bandera, excepto la azul y blanco.

## ME ENORGULLEZCO DE EL SALVADOR

Básicamente hay que terminar ante todo con la corrupción.....y luego empezar a construir.

¿Empezamos mañana.....o esperamos 5 años más?
Fraternalmente,

Mario


PD: Actualizo esta carta al final de febrero 2014 siendo que este proyecto no ha sido publicado todavía y en razón de que aún en este momento aquella carta tiene validez. Muchos problemas y terquedades políticas, especialmente la CORRUPCION, persisten justo antes de la nueva elección presidencial.

ME ENORGULLEZCO DE EL SALVADOR

Del Rio, Texas mayo 28, 2009.

## DISYUNTIVA O ILUSION

El 14 de marzo de 2009 escribí unas ideas (NUESTRA REFLEXION) con motivo de las elecciones presidenciales de El Salvador a llevarse a cabo el día siguiente, algunas expresadas de esta forma:

Mañana será el día más importante de la época presente para la nacionalidad salvadoreña. Evidentemente así será porque creo que la democracia se consolidará definitivamente en nuestro país después de ese día.

Ambos partidos, fmln o arena, ganen o pierdan deben planificar el futuro desarrollo económico de nuestra nación con una mentalidad verdaderamente realista e inclusiva de todos los sectores populares y para satisfacción de todos los salvadoreños, sin excepción.

Aprendamos a convivir y admitir que nos debemos única y exclusivamente a El Salvador.

Ambos participantes habrían de estimular la creatividad como una base de la productividad dentro de un mercado libre aunque sin permitir los abusos de financistas expertos pero nefastos calculadores que provoquen caos económico para los nacionales.

## ME ENORGULLEZCO DE EL SALVADOR

Recordemos que nadie sufre nuestras penas aunque muchos quisieran compartir nuestra riqueza.

¿Cuál riqueza? Podría ser económica aunque más importante sería la riqueza intelectual o la gran riqueza espiritual que nos guía diariamente a los salvadoreños. No desestimemos nuestra capacidad.

Esas son las ideas básicas para el progreso de nuestro país.

Sucede sin embargo que el partido de los ricos dizque patriotas piensa que solo ellos son salvadoreños.....hasta que necesitan a los que se prostituyen.

Y el partido dizque del pueblo pobre cree ser el único capaz de solucionar todo problema.....hasta que también necesitan a los que se prostituyen.

Abracemos las ideas de cualquiera que pueda contribuir sin bandera, excepto la azul y blanco.

De manera práctica, hay que terminar ante todo con la corrupción y luego empezar a construir.

Terminaba preguntando ¿Empezamos mañana o....esperamos cinco años más?

Todo lo anterior solo expresa un ideal que es muy factible, nada alejado de una posibilidad y de la prosperidad tan necesaria, y si fuese adoptado por todos y para beneficio de todos, el progreso se puede lograr.

## ME ENORGULLEZCO DE EL SALVADOR

Llegó luego la euforia, la esperanza y con ella también LA ILUSION.

El pueblo salvadoreño está rebosante de felicidad, no necesariamente porque el partido de izquierda haya ganado la elección presidencial sino por la implicación del verdadero cambio, tan largamente esperado a través de años de opresión.

Las características de nuestra época son muy diferentes a las del siglo pasado y ahora, en mayo del 2009; a tan solo dos semanas de la nueva era presidencial, debemos precisamente usar nuestra intensa reflexión para entender los nuevos parámetros políticos bajo los que se vive en el establecimiento globalizado actual.

Han pasado ya los tiempos durante los cuales Los Estados Unidos y los gobernantes afines a su política de ultra derecha –y porque no decirlo, solo de beneficio a los muy ricos de cada país- aplicaban tácticas de temor público respaldadas por una guerra fría sostenida contra el bloque comunista de la URSS y sus aliados; guerra que al final se comprobó no ser imprescindible como la CIA y el Kremlin nos quisieron hacer creer.

Por otra parte La Unión Soviética y sus satélites nos aseguraban que el socialismo y más aún el comunismo eran la solución para los pueblos latinoamericanos.

El sistema comunista no era sino una falacia diseminada entre la desesperación de los pueblos pobres, los que obviamente nunca mejoraron cuando tal doctrina les fue impuesta.

Y aunque el sistema capitalista de los Estados Unidos permitiera también más derechos como el de tránsito y de libre expresión así como la organización de negocios sin los controles de partido etc., esto tampoco significa que no haya sido también difícil para las aspiraciones populares en Latinoamérica, por la explotación de las empresas manufactureras y otros empleadores respaldados por leyes laborales que promovían miseria.

Jamás la sociedad obrera podía progresar económicamente y en cuanto a poder o disfrutar de las verdaderas libertades civiles que entonces, solían observarse mejor, por su ausencia misma.

Si el sistema salarial capitalista se aplicara en Latinoamérica siquiera a un tercio de como lo es en Estados Unidos, nuestra gente viviría mejor.

El problema es un doble estándar porque cuando una empresa de USA abre una operación en nuestros países, los salarios no son, lo reiteramos, ni aproximados; lo cual ha creado el desbalance de nuestra sociedad. Y no todo ha sido culpa de los empresarios extranjeros porque en alguna ocasión propusieron mejores salarios para el empleado salvadoreño pero no les fue permitido establecerlo.

Este nuevo siglo no nos dejó "el fin del mundo" como muchos que no comprenden la magnificencia de Dios ni la razón misma del ser humano a semejanza de EL hubiesen pensado que habría de suceder.

No sucedió así, no podría serlo. El Ser Supremo nos proporciona los medios, conocimiento y características importantes que debemos abrigar internamente para conseguir nuestra comunicación directa con nuestra sublimidad y por ende, con EL. Por tanto, Dios no planeaba destruirnos al término del milenio pero por el contrario, que encontremos  reflexión por medio de Su Luz.

Posiblemente me sucedió después de la gran tragedia urbana,  en Nueva York 2001.

Tal tragedia nos habrá hecho recordar y meditar y parecería que luego de eso nos estamos volviendo más conscientes de la presencia de Dios y de las debilidades de nuestro planeta. Algunos le dedican mucha atención al aspecto del clima y otros a los Derechos Humanos etc.

Así se me ocurrió la idea de "THE YEARS OF HEAVEN (Los Años Celestiales)" en el cual se analiza por qué  el  hombre llega a odiar tanto a sus semejantes cuando adquiere uso de razón; pero el escrito también propone que habrá, quizás en los años venideros, un período de paz dada la magnitud de tal acontecimiento sin precedente.

Lastimosamente, hasta hoy aún no vivimos esos añorados "Años Celestiales".  Solo espero que nuestras vidas estén cambiando lenta pero seguramente a partir de entonces, en todo el mundo.

## ME ENORGULLEZCO DE EL SALVADOR

¿Entonces porque no cambiar también en nuestra bella tierra?

Claro que sí. He aquí el momento preciso para analizar con verdadera sinceridad y ejecutar con honestidad la participación propia de cada quien, sin más corrupción, sin izquierdas ni derechas; sin blanco ni rojo; solo LOS COLORES PATRIOS.

Lo que El Salvador necesita es más inversiones para proyectos verdaderamente valiosos y productivos. Como se ha dicho en NUESTRA REFLEXION, hay otros países relativamente pequeños en el mundo que han sabido acumular riqueza y paz social a base de la educación y el trabajo bien remunerado bajo características nacionalistas.

Por tanto, me parece sensato insistir en que debemos resolver nuestros propios problemas y hasta parece que podríamos coquetear con muchas (naciones) pero mantenernos como país soltero.

Se está insistiendo demasiado en un proyecto Bolivariano al que definitivamente no pertenecemos por obvias razones geográficas y por lo que, desde ya, se ve como injerencias internacionales. Si el futuro gobierno está dispuesto a admitir la invitación (especialmente con un posible negocio de Estado o de partido) causaría muchas preguntas.

Con todo respeto a los verdaderos próceres de Cuba y Venezuela, Castro no es José Martí y mucho menos que Chávez sea el Gran Simón Bolívar. Chávez no ha podido ni elevar a Venezuela a una categoría donde naciones mucho más pequeñas y sin recursos como Suecia, Noruega, Holanda si están. Por tanto El Salvador no tendría excusas válidas para permitir injerencia comunista. Si hemos sido fundadores de la misma República Federal del Centro de América, la intromisión Castro/Chávez es inaceptable y nuestra unión sea con el ideal de Morazán.

La alternativa para el futuro gobierno no será feliz porque fallar a las expectativas de todo un pueblo fiel, les será costoso y el legado tristemente olvidado por las futuras generaciones. Después de todo, nadie querrá compartir nuestro sufrimiento.

Además, no habría mejor satisfacción que presentar una nueva nación llena de orgullo por haber encontrado una solución propia y directa a sus problemas de educación, salud, seguridad social y mejoría en el estatus económico de cada ciudadano, saliendo así de la pobreza.

La solución está disponible pero implica utilizar recursos de la mejor forma posible y evitar la corruptibilidad, siendo mejor trabajadores creativos que burocráticos destructivos.

He ahí LA DISYUNTIVA.

Dios Bendiga a El Salvador.

Sinceramente,

Mario

# ME ENORGULLEZCO DE EL SALVADOR

## UN BRINDIS POR LO NUESTRO

Será una celebración muy especial a la que han de asistir muchísimos invitados. El principal de todos será EL DIVINO SALVADOR DEL MUNDO.

Muchos invitados especiales a esta "Fiesta de Futuro" en cuyo auditorio habrá la presencia aunque no física de los millones de salvadoreños residiendo en el país o el resto del mundo. Además estarán gozando los que ya partieron, "que viven en El Salvador de arriba", allá donde también son ángeles. Estaremos todos los que nacimos desde el año 1900 a la actualidad. ¿Cómo así? Claro, los que nacieron entonces tendrían treinta y dos cuando se instituyó la lucha social. Como jóvenes deben haber tenido sus opiniones y con ellas, también dolor.

Ha habido épocas de lamentos para muchos y opulencia para pocos que fue mantenida por una estrategia casual o no, de cambiar presidente después de cada período. Hubo una dictadura personal de larga duración, Hernández Martínez. Los demás formaban la dictadura militar de conjunto. Ambos estilos fueron perniciosos pero la dictadura militar quiso dar al pueblo la sensación de democracia por su forma de renovar el poder, lo cual, según sueños de algunos, ofrecía "progreso". La historia es de todos, conocida.

En definitiva, se generó un proceso, tan pausado como exhaustivo. Ese proceso era una idea que debía plasmarse en un futuro incierto entonces pero presente a partir de unos días desde hoy.

Nunca fui partidario de extremismos –de derecha o de izquierda- pero siempre supe reconocer que el valor de la guerrilla como tal, había sido despertar a la nación en general ante los dolores sufridos por la pobreza. Nunca habría podido aplaudir la horrible destrucción humana y de infraestructura durante doce años de guerra civil porque siempre es preferible la concertación de acuerdos, por difícil que sea lograrlos.

Bueno, lo anterior es más fácil decirlo que hacerlo pero hubiésemos obtenido mucho mejores resultados evitando medidas de extrema destrucción. Ahora, por ejemplo, cuando se está promoviendo el turismo y la producción económica; bien podríamos utilizar aquellos lindos puentes Cuscatlán y De Oro. De mayor importancia, no obstante, eran esos talentos perdidos durante tal período debido a muerte o emigración al extranjero.

Sin embargo, ya basta de lamentos y acusaciones. Son irrelevantes e inclusive contraproducentes.

El futuro es excitante aunque incierto. No debería ser tan incierto. Por una parte debemos saber que hay que mejorar aunque sin esperar maravillas inmediatamente y por otra parte, lo que logremos como nación ha de ser nuestro y por tanto, todo esfuerzo debe estar basado en los intereses múltiples de los salvadoreños.

## ME ENORGULLEZCO DE EL SALVADOR

Debemos crear una filosofía de orgullo por lo que producimos y resultante en salarios equitativamente distribuidos. Un plan realmente ambicioso para el progreso individual, en términos cultural y económico.

La incertidumbre de algunos, a pocas horas de la inauguración de un nuevo régimen, no debe ser valedera. El hecho de que el nuevo gobierno de El Salvador sea de izquierda, nominalmente, no significa que tanto el partido oficial como el Presidente tengan que buscar soluciones radicales de carácter comunista o socialista. ¿Acaso se necesitan otras pruebas en América Latina con respecto a los fracasos del comunismo y el socialismo o acaso no es cierto que en la actualidad mundial Rusia y China sean capitalistas en busca de un futuro dominio político global?

El éxito actual o futuro de los intereses de esas potencias no implica en lo absoluto una superación social y económica de los países "que les crean" como no lo ha sido de sus propios ciudadanos, excepto una minoría. En este momento, 2009, y el tiempo pasa, ni siquiera los propios ciudadanos rusos o chinos han absorbido los beneficios del surgimiento de sus países como potencias económicas, excepto sus elites.

De igual manera, Venezuela y su gran riqueza natural no es un país rico como tampoco lo es Cuba, cuya excusa del bloqueo económico no ha sido suficiente para validar tal teoría. No nos olvidemos que Cuba ha podido tener el respaldo de otros países ricos empero no muy interesados en participar con ella. ¿Dónde entonces han estado "los hermanos de sistema"?

Por eso es que la solución para obtener un mejor futuro social y económico en El Salvador y dadas las circunstancias actuales de la economía mundial, debe interpretarse como una dedicación a la labor industrial a la par de la labor social que provea continuo enriquecimiento individual. Si, esa debe ser nuestra meta.

Para obtener tal progreso económico, lo he expuesto antes, debe ser imperativa para el nuevo gobierno la dedicación al establecimiento de industria pesada, moderna, inclusive la industria automotriz, o de alta tecnología así como la proliferación de las artes y sus industrias afines, incluyendo el cine verdaderamente creativo y de calidad.

Para ello se requerirá mucha agresividad y la búsqueda de capitales nacionales dispuestos a hacer una fuerte inversión bajo promesa y convicción gubernamental de que no habrá ninguna clase de expropiación. Por supuesto que capitales extranjeros también deben ser bienvenidos pero si la prioridad es el capital nacional, habría una esperanza de que se creara una cultura del ahorro en los hogares salvadoreños y también verdadero apoyo a la pequeña industria.

El ahorro es necesario que como otro objetivo de cambio social y nuevo tipo de industria de mayor envergadura para el consumo nacional y para la exportación.

# ME ENORGULLEZCO DE EL SALVADOR

Si hasta los líderes comunistas del mundo están abrigando el capitalismo, nosotros, que ya estamos acostumbrados a sus libertades individuales, debemos practicarlo mejor. Eso es, se debe establecer tantos negocios como sea posible y con creatividad, ahorro e inversión, tantas industrias que nos permitan surgir del atraso.

Tanto como en este proyecto se mencionan las "bondades" del sistema capitalista también debe admitirse sus fallas las cuales están relacionadas a la desigualdad salarial de las fuerzas base en nuestro país.

Por ello debo sugerir un ajuste equitativo en el salario de los empleados de una empresa, después de establecerse un salario base; y ese ajuste debería depender de las ganancias anuales de tal empresa. Mantener la salud económica de la empresa es importante para mejorar la economía personal.

Creo que el nuevo gobernante debería de crear una oficina directora para el apoyo de diseñadores industriales, todo integrado en un Ministerio de Planificación o Ministerio de Desarrollo, llámenle como quieran pero que actúe.

Este ministerio tendría como funciones establecer la logística de cualquier plan que los diferentes ministerios decidan implementar toda vez que necesiten coordinación para desarrollar un proyecto. Sería en si una fuente de análisis en cuestiones estructurales y de producción así como de mercadeo que el gobierno pudiera ofrecer a los empresarios particulares, especialmente la pequeña empresa que se beneficiaría con tal respaldo. La función principal será la coordinación de procesos y no la imposición de criterios.

Una oficina que estudie y guie en la factibilidad y ayude al empresario en el establecimiento de una producción de calidad y que coordine un proyecto desde su incepción es decir, en aspectos técnicos, de proyección mercantil, legales y de financiamiento.

Una oficina con mayor visión que la que pudieran tener las oficinas promotoras del MINEC pero sin duplicar funciones ni causar tropiezos de burocracia sino con cooperación mutua o simplificada. Usemos por tanto, todas nuestras fuerzas individuales y colectivas en el engrandecimiento de nuestro EL SALVADOR.

Debemos hacernos respetar internacionalmente, sin aceptar injerencias de países ricos o pobres; de izquierda o de derecha. De no ser así, el partido del nuevo gobierno desperdiciaría la única oportunidad.

No olvidemos que si conviene, podemos cortejar a muchas naciones pero nuestra soltería como país es IMPRESCINDIBLE.

He aquí la razón para tener como invitados especiales a la toma de posesión a los salvadoreños de siempre. El futuro es nuestro, como algún día también desearon los que ya partieron. Por eso...ME ENORGULLEZCO DE EL SALVADOR, porque nos preocupamos de todos.

ME ENORGULLEZCO DE EL SALVADOR

Fredericksburg, Virginia. March 5, 2010.

## A WORD TO YOUNG SALVADOREANS

This chapter is especially dedicated to all young people of Salvadorean ancestry who were brought out of their homeland when they were little or were born in a foreign country.

All over the world, there are millions of people born in El Salvador who, for different circumstances of life but particularly the civil war in the eighties, left the country to get established in faraway lands. Their children were born as foreigners but are truly as compatriots as the rest of us, and proud to be.

Now, speaking directly. Most of you speak English which is why this is written this way. The rest of the project is written in Spanish as it is directed −for domestic issues- to those that live in our country, although there are many people there who also speak good English.

You will find interesting to make a full translation of it. Those of you that are not totally proficient in Spanish, may want to practice our mother tongue. If necessary, a translated version of this project could follow. You're cool and probably won't need it.

## ME ENORGULLEZCO DE EL SALVADOR

A few years from now, if not already so, you will be very productive wherever you live and work; whether home is Los Angeles, Washington, New York, Canada, San Francisco, Milan (opure Milano per Lei), Sweden, Australia etc.

Part of you, like with your parents or grandparents, is also in places like San Miguel, La Union, Morazán, San Salvador or Santa Ana or anywhere in our country. Your heart and pride are with you, wherever you have grown up, good, but also in that little country; the smallest in the Americas.

This second generation would be very important in the development of the Mother Land should they decide to cooperate with it. Sending money to the family has been very helpful to them but now on, also investing in the country will be even better. It should be similar to buying regular stock. As reference, please read the chapter dedicated to "La Diaspora" or The Diaspora, which is a term used to name an extended group of people living away from their Motherland. In that chapter there is an explanation of the many areas in which to invest.

Many of you are practicing different professions which have given you experience in those particular fields. Some of those careers may be very interesting and perhaps not quite common.

I am sure there are among you some very knowledgeable doctors practicing in sophisticated areas of medicine who, could help our poor by establishing specialized clinics or other businesses in El Salvador. Maybe you are an automotive or aeronautical engineer or a businessman or exactly a banker, economist, a scientist expert in chemistry, agriculture, designer or even a sportswoman or man, etc. In the latter case, perhaps you would consider representing the Blue and White colors in an international competition or maybe you would be an experienced coach or trainer who wants to contribute to the same cause by training other athletes.

Perhaps you are a member or former member of the MS or 18th St. gangs, in which case you may like to reconsider your position and points of view to improve your objectives in life, digging for energies and the necessary strength, moral and spiritual, to make a life change using your toughness precisely to help the poor, for example, by building houses for them or by taking another important challenge like helping to combat crime since you may know a thing or two as insiders, who then may want to join the police forces and prove that you are willing and able to genuinely change your life style. You already proved to be organized. Society as a whole cares for you and it is in pain, knowing that you are missing.

This project believes in your mental capacity, besides the fact that deep in your soul there is a nice Salvadorean who may want to be socially reborn and contribute to the upcoming of our new society. If you decide to participate with honesty and pride and accept the challenge, you may very well be combating crime in every which way since you have had an inside look, that is to say, you may know better. Or you may want to combat everyday corruption as an advocate or stop the killings or robberies.

One way to start would be to stop doing it (the killings) yourselves or setting an example like hunting criminals, joining the police forces for which you would have first to prove a complete willingness to change.

Or who knows? You may agree to re-start your education and take it to a higher level. You could become wonderful psychologists or medical doctors, for compassion may be hidden in you as a result of all the suffering actually caused by yourselves to others.

It is a suggestion that will satisfy you completely and your efforts will make you distinguished among those who will forge the new nation. God will bless your decision to protect others instead of destroying families. You are also victims of narco-traffic cartels. They live a fancy life which they protect so much, while around you, much suffering is also felt every day. The cartels are using you as instruments of destruction and enrichment. Our society, of which you are a part, is the only victim while the international cartels are the only real winners and survivors.

The ideas and experience that the young Diaspora have achieved living abroad could be of great benefit to the development of "our" country, and hopefully one day, it will emerge from a third world country category to be a rich and industrialized one. In great measure, the future of El Salvador may be in the hands and conscience of the younger generations living abroad like "salvadoreño internacional" or the international salvadorean who is well known all over the world. That, however, is nobody's obligation although…

All of our people, particularly those living in a foreign country, have the potential and opportunity to contribute to the purpose, one way or another.

If we are able to obtain a great progress, no people from El Salvador would have to leave their families and traditions and live as immigrants without legal papers somewhere else, just to live a life of uncertainty or fear.

It will be a fantastic achievement if only those who wish to obtain a visa would travel abroad, more likely for many other personal reasons except the need to sacrifice family happiness in order to provide sustenance for the relatives left behind.

If the younger generations of people with ancestry in El Salvador would like to establish a business there and therefore to contribute, there are many ways to do so. Due to the globalization of business and international relationships –geopolitics included- whatever your investment might be, it should be secured by new responsibilities and laws to which any new government, including the present, must abide by and comply with. Corruption at any level or circumstance must be eliminated.

# ME ENORGULLEZCO DE EL SALVADOR

It is our responsibility, to diminish our dependency from international donors, like the United States, the European Union or a monthly remise check, called "remesa" in Spanish. Why is that? Because we have pride! Yeah, we must stop receiving just to live by and start planning immediately for our future. We have no time to waist.

Big countries could, in the past, have helped the poor ones by establishing industries with good paid salaries for the labor class. If the U.S. had helped at least Central America and some Caribbean nations, human migration to its borders would have stopped. Instead, we got "maquilas" all over the world and that has not solved the economic crisis of the global population. That is why China is so rich but most of its people yet so poor. It is however, our own obligation to produce whatever is necessary to grow as a nation, without dependency because it is our moral duty to each other, as citizens of El Salvador.

So, it is the time to come to senses and change our attitude, as a nation, toward life in the future.

Unfortunately we have not much natural resources in our little space. We have however, an over populated nation. That should not be seen as a burden but on the contrary, an advantage because we are accustomed to struggle due to catastrophes and other calamities. These tragedies have given us lots of spiritual strength, therefore not allowing us to claudicate. We stand tall to adversities and rebuild from ashes. It is a moral boost for all of us, normally applied after a critical situation.

Then, after a while, we lose track of the purpose to rebuild completely and fall again into a conduct of certain insanity that takes us once more to the causes of social suffering: killing, stealing, excessive drinking, carelessness while driving, using firearms without restrictions or care and more importantly, lack of sexual responsibility and the resulting fatherless kids of single women.

This is, therefore, an invitation to meditate about this message and the positive influence you and your families could have in a new El Salvador.

Yeah, MS members and their counterparts, the 18th, are also very important for this project. Our attitude must change by removing a good part of that bad behavior that costs us happiness because it constantly brings us pain and suffering.

This project believes we have a mystical solution called ALMUESTRA. That is a newly invented term, a contraction of ALMA y NUESTRA or "Our Soul". Yes, it is in our SOUL that we must experience a personal change in compliance with the Ten Commandments. By adhering to that practice, we would make a common effort to maintain good relationships with "our" fellow countrymen.

It is envisioned as a horizontal way to mutually reach each other and by doing that, we will be pleasing the Almighty and identifying with Him while trying to advance over a vertical ladder in a mystical form. At the top of the ladder is the Savior and we are starting the climb. He is simply in us and we are a resemblance of Him. It is for us to gain access to the steps above by showing a better behavior and judgment that could help us reduce and hopefully eliminate murders, infidelities, corruption, extortion and robberies and sadness in the eyes of the children of irresponsible men.

We presume that, if all of us become more fraternal and tolerant to each other, the whole country will observe ALMUESTRA and produce better in all fields, with more tranquility and proud love to all. That will be like a brotherhood and the reality of a new nation also climbing up the ladder of comfort amongst industrialized nations.

Would you all accept this invitation to change the system soon?

.....Thank you, I knew you would say YES!

# ME ENORGULLEZCO DE EL SALVADOR

Agosto 4, 2009. Provincia Pordenone, Italia.

## ALMUESTRA

En el análisis de nuestra situación de gobierno nacional, relativo a producción industrial, obras sociales, educación, salud, corrupción y violencia; sugerimos una alianza de sentimientos dedicados a la patria, una relación que siendo entre todos nos permitirá la energía suficiente y directa para establecer una extensión con el Creador. La idea es sencilla pero para aplicarla, se necesita el deseo sincero de cooperar, de ser parte del movimiento que eventualmente procure una sociedad mejor en todo sentido. En realidad, una unión hasta cierto punto espiritual para resolver nuestros problemas comunes.

Antes de aplicar cualquier concepto, hemos de convencernos de la absoluta razón para un cambio objetivo de actitud. Ya no podemos justificar el dolor causado por tanta violencia, ni el sentimiento de incapacidad de la población en general ante los atropellos a su dignidad por parte del Cuerpo de Malversación Política y Económica o, como suele llamarse, Asamblea Nacional Legislativa.

Es increíble que los representantes del pueblo estén ya tan acostumbrados a sus encierros de media noche cuando de lograr sus objetivos descarados se refiere. No concibo como al día siguiente de una noche en la que hayan aumentado sueldos o hayan repartido oficinas importantes para ganancia de sus partidos —todos ganan- puedan sonreír a la cámara de un periódico y dar declaraciones incongruentes o cínicas, con ese cinismo que los votantes no les autorizaron a utilizar.

Sin ser jurista, podría pensar que El Salvador se ha convertido en un Estado Ilegal de Derecho. ¿Cómo? Obviamente es de derecho porque sus funcionarios principales son electos "por voluntad democrática" pero ilegal porque en muchas circunstancias, las leyes que promueven son el resultado precisamente de convenios ilegales, caprichosos, corruptos, sin un ápice de vergüenza; en detrimento de la democracia, que solo lo es, por la fiel expresión de un pueblo esperanzado y siempre optimista a la hora de votar.

Y lo peor es que como esos "hijos diputados de la Patria" (que no son sus padres) nunca están satisfechos con tanta prebenda que se autorizan, ahora ya otras instituciones del Estado también aprendieron la lección del despilfarro y el robo a la luz del día, definitivamente sin honor.

Me imagino que en el futuro, alcaldías u otras dependencias del Estado serán vaciadas antes que un oponente político llegue al mando de ellas.

Se sabe de las autorizaciones sin consenso nacional para obtener sueldos, franquicias, guarda espaldas, objetos de lujo (carros, computadoras) y más cosas que jamás en su vida algunos pudiesen haber tenido de no ser porque el Estado les da...y los usan como objeto de su propiedad, de manera no oficial.

Toda esa conducta de corrupción política ahora incrementada por la incidencia de las maras o pandillas, ha convertido a nuestro país en eso que llamo Estado Ilegal de Derecho y a nuestra valiente sociedad, en rehén de los inescrupulosos. Todo esto es ya intolerante y por tanto debemos aunar esfuerzos y reconducir a nuestro país, por unión de voluntades individuales, hacia el mejor camino.

Ya hubo una oportunidad para el cambio político y no ha funcionado, precisamente por la ambición de políticos mentirosos e hipócritas.

Ahora es la oportunidad para una "revolución" intelectual. En realidad, más que nada, una evolución para corregir y evitar lo que ha sido desastroso y de tristes resultados; esto sin que haya resentimientos del pasado. ¿Para qué? Los resentimientos solo profundizan las llagas y no ofrecen solución.

Debemos ver hacia el futuro, en eso podemos contribuir. Lo que se requiere es de tipo intelectual para contar con el convencimiento individual pero preferiblemente ha de ser de tipo verdaderamente "espiritual" pues hemos de estar muy conscientes, por mística popular, del beneficio que obtendremos, todos los salvadoreños. De eso se trata, de mística.

## ME ENORGULLEZCO DE EL SALVADOR

ALMUESTRA es una contracción de dos palabras como un solo significado. Una creación propia del que esto ha escrito para uso, beneficio y propiedad de cada miembro de nuestra sociedad.

Sobre todo por ser el nuestro un país religiosamente cristiano, cada salvadoreño reconoce la existencia de su alma individual. Esto representa nuestro individualismo y siete millones de personas viviendo en el país y aproximadamente cinco millones en el exterior y dispersados por el mundo, serán con su espíritu, artífices de su propio nuevo destino, el nuestro.

No somos un número inmenso y por tanto es quizás más fácil que el total de individuos comprenda el propósito y aplique el método. Es entonces cuando los mejores sentimientos y conducta expresados por el ALMA de cada individuo se unen con los mejores sentimientos y conducta ejemplar de la mayoría, sino todos, los individuos de la nacionalidad. Tal expresión deja de ser individual y se convierte en un plural, en algo común, NUESTRA. De allí el nombre, ALMUESTRA, una combinación de significados y propósitos individuales.

A partir de este punto, la conducta individual trata de establecer una cadena vertical de pensamientos y espiritualidad que por medio del alma satisfagan y pretendan alcanzar al Creador, bajo el cumplimiento personal de Los Diez Mandamientos, tomados como regla de conducta.

## ME ENORGULLEZCO DE EL SALVADOR

Este proyecto no es de naturaleza religiosa pero deberíamos tratar de cumplir todos esos mandamientos que sintetizan "La Ley De Dios" y por tanto, como cristianos, la sociedad salvadoreña debería obedecerla, como patrimonio de moralidad.

Para lograr ese cumplimiento de Mandamientos, necesario para la búsqueda de estabilidad emocional personal que nos conduzca a mantener buenas relaciones con nuestros semejantes, nada es tan importante como el verdadero deseo de satisfacer al Creador. Siendo nosotros a semejanza de EL, podemos estar seguros que vivimos en EL, siendo que EL es parte de nuestro ser aunque no necesariamente seamos parte SUYA. La semejanza es limitada. EL es Dios y nosotros solo buscamos complacerlo y por tanto se nos permite una serie de peldaños por los que podremos ascender según sea nuestra capacidad de complacencia a La Divinidad, a base de nuestros actos.

Mientras mejor es el logro, más fortaleza adquiere nuestra relación vertical con EL y también se vuelve sólida y sostenible nuestra relación horizontal con nuestros prójimos.

Es como optar por una actitud llena de convicciones para combatir cualquiera fuerza negativa interna que no esté permitiendo el mejor desarrollo de nuestra inteligencia y de nuestras relaciones a nivel de sociedad. Si somos capaces de apreciar el desarrollo de nuestro mismo ser, habremos avanzado en cuanto al entendimiento de las acciones ofrecidas a la Divinidad.

## ME ENORGULLEZCO DE EL SALVADOR

Al nacer no tenemos mayor conocimiento pero lo obtenemos gradualmente. Bien, es el momento de comprender que poseeremos nuestro mejor futuro si evitamos el desperdicio de fuentes energéticas de forma física o espiritual. Tener más energía física nos permite fabricar recursos materiales y la energía espiritual nos entrega un mejor estado de ánimo, tan necesario para desarrollarnos mejor. Al hacerlo colectivamente, la recompensa es superior.

De esta forma, paso a paso, nos acercaríamos a la máxima expresión de humildad que nos daría fortaleza para la búsqueda del triunfo en común. De esta manera habría entonces nacido la ALMUESTRA porque el resultado de la expresión del alma de cada individuo, cuando es similar a la de todos los individuos; se convertiría en nuestra......un vocablo nuevo y un significado totalmente diferente, pero digno de adoptar y promover.

Por tanto se sugiere la adopción de la ALMUESTRA como expresión de misticismo de la nación. Sería como consolidar en una sola las intenciones y deseos de progreso que los salvadoreños continuamente profesamos.

Reitero que debemos pensar como si estamos en una crisis, bajo algún efecto de la naturaleza, porque cuando eso sucede, conjuntamos oraciones y sentimientos hasta que volvemos a la normalidad.

Solo que en el caso que sugerimos queremos avanzar cada peldaño en esa escalera mística que nos conducirá en nuestra ruta vertical, sin volver al desorden diario hasta que, con nuestras mejores acciones expresadas en forma horizontal al semejante, nos llenaremos de esa LUZ potencializada que es el Creador.

No estoy hablando de un país de santos ni mucho menos, no somos material de exportación al cielo.

A propósito, deberíamos todos estar orgullosos de Monseñor Romero a quien el mismo que le quitó la vida o sus cómplices si los hay, podrían necesitarlo si fuera  santificado; pero por lo contrario, muchos todavía ven con ojos politizados y desprecio al hombre que de alguna forma conocieron. Cuanto rencor y tan poca humildad. Precisamente por eso necesitamos LA ALMUESTRA.

Adaptemos nuestras costumbres a un mejor grado de decencia que nos permita TOLERAR al que está al lado y HUMILDAD suficiente para encontrarnos en el mismo NIVEL cooperando por la FORTALEZA mutua bajo una línea de RECTITUD y JUSTICIA basadas en constante PRUDENCIA.

Se entiende perfectamente en concepto esotérico que la bondad humana resulta de una cobertura divina y la protección necesaria para el progreso material de cada individuo.

A esto, algunos le llaman vibras, mantras, complacencia Divina y tantas formas adicionales. Sea como sea el análisis, lo cierto es que nuestra buena conducta se transforma en una atracción o resolución de felicidad y este estado es básico para nuestra evolución en el aspecto sentimental que nos ofrece paz, que es íntimo, y por tanto también infiere en el aspecto intelectual en que se manifiesta nuestra relación externa y horizontal con el prójimo, lo cual da como resultado también el progreso en los intereses materiales.

Obviamente lo contrario sucede con conducta negativa. Es decir, las desgracias personales y problemas que nos aquejan son el resultado de esas vibraciones negativas en nuestro universo individual.

Siempre debemos demostrar una buena causa y luego reconocer un buen efecto.

Por todo lo anterior, no se trata de que empecemos solo a hablar de LA ALMUESTRA, sino que analicemos conceptos y primero Dios, si este proyecto tiene alguna validez para quienes no opten por la pereza mental tantas veces aludida, que otros verdaderos pensantes hagan adiciones que lo mejoren, porque siendo así, al fin tomará el verdadero concepto de misticismo que debe llevar consigo para que sea una sutil expresión de nuestra propia capacidad para lograr objetivos difíciles, lo cual es muy característico de nuestra idiosincrasia luchadora.

Las propuestas para cambiar o para mejorar esta idea pueden ser ofrecidas o implementadas y serían bienvenidas tanto como sean positivas y no egoístas. ¿Si fueran propuestas egoístas y negativas en general por su falta de contenido, qué bien nos harán? Si asimismo fuera, será mejor callar puesto que si este proyecto tiene algún valor, no lo es más que tratar de despertar la conciencia de toda la población y al gobierno de nuestro lindo país; para tomar de una vez por todas, una posición de enmienda que nos permita salir del tercer mundo.

La ALMUESTRA supone ser una alternativa a nuestra vida actual y ¿Por qué no, qué lo impide o qué perdemos al intentar algo así, aunque sea una palabra inventada? Asimismo alguien se inventó estas: "chirilica, poesía, otranvex y dendióy" (algunas también son contracciones). Una de ésas si es palabra castiza y las otras obviamente vocablos nacionales que, bueno, alguien creo; tal como puede ahora nacer la palabra ALMUESTRA. Pero de nuevo se reitera que si alguien sugiere y explica la razón para utilizar otra palabra, tal vez de origen pipil o náhuatl, que sea más representativa, se podría adoptar toda vez que le den difusión como lo estamos haciendo aquí con la nuestra; recordando que no hay razón para el ego sino para UN FELIZ PORVENIR.

En fin, solo es una nueva idea que puede contribuir a la solución de muchos de nuestros problemas puesto que, aunque los problemas comunes han sido el sufrimiento de la población por incontables décadas, jamás nos hemos propuesto encontrar la verdadera razón de tales problemas o raíz causante. Nos hemos mantenido en un eterno círculo literalmente vicioso pero hay que cambiarlo a un espacio abierto pero virtuoso que nos permita siempre nuestra idiosincrasia alegre.

## ME ENORGULLEZCO DE EL SALVADOR

El mejoramiento social es un deber del gobierno pero la sociedad puede compartir la responsabilidad. Este cambio de actitud individual y de conducta general nos beneficiará.

El salvadoreño tiene ciertas costumbres tradicionales que suelen ser de beneficio personal como la dedicación al trabajo y al estudio pero también, desafortunadamente, otras que son restrictivas a la verdadera felicidad por cuanto se trata de costumbres alienantes, vicios y exagerada diversión, a veces con detrimento a la salud o la economía.

Como se ve en el significado que la palabra ALMUESTRA explica, ésta significa una convicción personal de cada ciudadano. Es el representativo ideal de una nueva disciplina y de lo que deberíamos todos los salvadoreños adoptar como nuestra expresión común, la voluntad salvadoreña. Por supuesto que al haber sido imaginado, invitamos a la difusión profusa de tal concepto como alternativa mística que sea aplicada por todo el pueblo salvadoreño; para quienes con todo gusto ha sido escrito y por quienes, es de esperar, será acogido con placer.

El Salvador se ha mantenido ante tantas circunstancias ingratas a través del tiempo, queriendo progresar económicamente pero sin poder lograrlo. Un país de tercer mundo sin mayor convicción o esperanza justa de mejorar.

Entonces ¿Qué nos impide hacer un máximo esfuerzo para establecer un cambio de estilo de vida, que no necesariamente radical, si con ello vamos a lograr el establecimiento de una nueva costumbre de austeridad que nos conduzca al aprovechamiento completo de nuestra suficiente inteligencia y dedicación al trabajo? ¿Por qué no buscamos apoyo en nuestra espiritualidad? No importa que sea una solución calificada como misticismo o solo un mejoramiento de conducta.

Muchos gobiernos han pasado en la historia, los cuales prometieron tanto y dejaron poco. Los intentos políticos y las ambiciones no dejaron sino mayor pobreza, lamentablemente.

A pesar de todo, la perseverancia y fortaleza espiritual de nuestro pueblo es innegable.

En estos años del nuevo milenio, cuando nuestro sistema político finalmente democratizado tiene alguna estabilidad; se hace necesario un cambio en la actitud del salvadoreño si queremos con efectividad salir del tan frustrante estancamiento económico y aprovechar la globalización comercial, en busca de riquezas para todos.

Sin embargo, no es solo  una obligación del gobierno suministrar lo necesario a los pobres para vivir bien o solo subsistir, según capacidad. Es imperativa la participación de ambos sectores, ciudadanía en general y gobierno.

Promesa excitante, días mejores, mayor felicidad. Para ello hay que romper malas costumbres, vicios y prejuicios que solo han resultado en frustración y tristeza.

## ME ENORGULLEZCO DE EL SALVADOR

El éxito de los pueblos es íntimamente ligado a su producción pero creo que también ligado a su moralidad. La falta de ésta solo lleva a la sociedad a actividades nada provechosas como el crimen y más dolor. He aquí el gran obstáculo de las naciones en desarrollo.

Por eso se sugiere esta solución, que aunque para muchos podría resultar cursi o de mal gusto, si lo analizan con mayor cuidado y sin pereza mental, podría identificarnos mejor como miembros de una nación que lucha en conjunto por el progreso común. Algo que, reitero, será como un pensamiento con misticismo.

La idea será nueva y complicada porque habremos de re-educarnos en cuanto al objetivo único y el medio a utilizar. Tenemos que hacer un tremendo esfuerzo para modificar, no necesariamente cambiar, nuestras costumbres tradicionales.

Se observarían los resultados casi inmediatamente y si toda la nación se uniera con su modificación de actitud y el deseo claro de participación en el enriquecimiento moral de todos los habitantes; entonces el resultado sería de beneficio no solo en términos económicos pero también en términos de salud y unión familiar. Por tanto, el pueblo salvadoreño podría alcanzar otro peldaño en la escala de su propia felicidad. ¿Le pareció al lector que esto es cursi y sin sentido? ¿O quisiera ser parte importante de la transición?

Piense ahora con mente amplia y dele usted un poco de credibilidad a la idea, la cual se explicará pronto aún más.

## ME ENORGULLEZCO DE EL SALVADOR

Recuerde usted el propósito expresado en la frase "me enorgullezco de ser salvadoreño". Pero no se trata de estar orgulloso solo por haber nacido allí sino por nuestra propia contribución al mejoramiento, especialmente social, de nuestro país.

Y claro está que el índice de mejoramiento que experimenta una sociedad es representativo de su progreso económico, de salud, cultural etc., únicamente si ese progreso ha alcanzado a toda la población, sin excepciones. Los promedios, estadísticamente hablando en este caso, no demuestran la realidad que se vive a diario. El Producto Interno Bruto es un promedio y no representa satisfacción generalizada. Las acciones de un presidente en funciones deben ser para beneficio de la población entera y no solo de los privilegiados por partidismo.

Estando convencidos todos de que se debe actuar con suma responsabilidad, cada persona también estará atenta de sus propias acciones y evitará situaciones basadas en la mentira que significa un robo como puede pensarse de la corrupción, la deslealtad, la alteración de documentos u objetivos e ignorar reglas de bien común o las leyes de la república.

La responsabilidad aludida fomentará la disciplina para obtener el fin propuesto. Las estadísticas serán solo el reflejo de nuestras vidas ante un lago de felicidad.

Lo importante es que para lograr todo este objetivo se necesita una alta cuota de humildad. Como nación y como individuos hemos de estar conscientes de esa necesidad. Ser humilde significa no reclamar el respeto que solo otras personas nos pueden adjudicar pero al mismo tiempo conocer las debilidades propias y saber admitir las virtudes de extraños. Sin embargo, humildad no significa sucumbir – porque si- ante la arrogancia de otros.

Ojalá fuese posible establecer una idea magnífica en la adopción de la ALMUESTRA por todos los países centro americanos como miembros de una organización que promoviera la unión de esas naciones y no solo una integración de carácter económico. Y como acuerdo final, empero, aunque difícil de producirse, sería fantástico intentar ese acuerdo máximo, es decir, la unión integra de la nación centro americana; todos nuestros países podrían llegar juntos a la conclusión de tomar la nueva conciencia para beneficio de todos sus ciudadanos.

Ojalá sucediera, si acaso en el futuro ya no existiesen los egoísmos pueblerinos que solo causan división.

Sin embargo, sugiero con todo respeto- y deseo que ese mismo respeto merezca mi sugerencia- que de no ser posible en nuestros hermanos países, que sea El Salvador el que de la pauta en un proyecto que no debiera generar antagonismos sino bienestar. En todo caso, el interés primario es el cambio de actitud en nuestro país.

Las calamidades de un país pobre son tantas y los años de sufrimiento muchos y por ello creo que valdría la pena el esfuerzo que signifique un cambio palpable en nuestro diario accionar como estimulante de un futuro de mejores resultados. He aquí los puntos básicos para implementar la idea:

1- El Aspecto Religioso.
2- El Aspecto Moral
3- Cultura y Motivación.
4- Disciplina. Promesa Individual y Misticismo.
5- La Calidad Como Mayor Valor De Productividad.

## EL ASPECTO RELIGIOSO

Dicen que las religiones son el opio de los pueblos. Si existen razones para esa aseveración y para que de esa forma la expresen quienes la admiten como suya, es su verdad; por supuesto que otros argumentarían "de todo hay en la viña del Señor" pero eso también implica que las decisiones tomadas por los hombres son en realidad lo que hace daño.

En otras palabras, la seducción y la manipulación o el fomento del fanatismo son razones que pueden dar como resultado un esfuerzo para guiar incorrectamente a personas confiadas de los conocimientos más elaborados de sus "lideres". He allí el opio.

Si no compartes la idea de las religiones como opio es porque además de tal posibilidad existe también otra idea de mucha importancia, aunque su beneficio sea de carácter individual, la FE. Ahora bien, la suma de esos beneficios individuales puede convertirse en tranquilidad, en la felicidad de una nación creyente en el Ser Supremo.

A través de las religiones, con mayor frecuencia, el ser humano expresa sus devociones hacia La Divinidad con manifestaciones de fe que le confieren paz interna y una satisfacción en calidad de felicidad personal. Se dice que la fe es enriquecedora para quien la encuentre y se permita una relación mutua con su Creador, para lo cual el ser que profesa fe también hace una entrega gratuita y espontánea de dedicación a su mismo Originador. Con ello logra una manifestación de confianza que se transforma en "condición espiritual".

Se ha comprobado aún por la medicina moderna que la fe espiritual, es decir la inter-comunicación entre el hombre y Dios, provocada por las súplicas u oraciones del primero; son de mucho beneficio aún en la curación de enfermedades que antes pudieron considerarse incurables. Significa que por medio de la meditación de FE, o comunicación íntima, nuestra mente vuelve lo incurable en algo "in"ternamente "curable".

Algunos opinan que la fe puede también ser una fuerza igualmente especial cuando se trata de resolver los problemas mentales de alguien bajo tratamiento siquiátrico. Concluimos que "la Fe pudiera mover montañas", si la supiéramos manifestar a plenitud.

Hay tantas religiones en el mundo las cuales con el correr del tiempo se han proliferado pero que en estos años recientes que son más modernos tecnológica y culturalmente, no justifican todavía su comparación con las religiones verdaderamente antiguas y tradicionales. En muchísimos casos se les adjudicaría únicamente el título de secta.

Carecen de rituales y parecería que manipulan las Sagradas Escrituras en la manera en que el papel, como un testigo impotente, lo soporte.

Los "líderes" de estas "iglesias" se enriquecen en forma casi exponencial al mismo tiempo que sus seguidores hacen tremendos sacrificios físicos y económicos para cumplir con las "leyes de salvación" impuestas como requisito de asociación al club. "Cumbres, divinas cumbres, excelsos miradores" decía el gran poeta desde el Cerro de San Jacinto al mismo tiempo que observaba la ciudad para decir "Que pequeños los hombres". Pequeñez de espíritu, quiso decir porque él probablemente también estableció una relación con Dios cuando concluyó que: "Desde aquí veo el mar, tan azul, tan dormido que si no fuera el mar bien sería otro cielo".

Posiblemente Alfredo Espino sentía una necesidad absoluta de comunicación con El Ser Supremo. Entonces, ¿Por qué será que nosotros nos hemos desarrollado tan tercamente alejados de un verdadero sentido de nuestra relación con Dios, como sociedad, en estos últimos tiempos? ¿Por qué aunque en el pasado hubo el respeto por nuestros poetas y héroes nacionales, esta veneración por sus obras, nunca prevaleció en décadas recientes sino con un mayor color de indiferencia?

Las principales religiones por el número de sus practicantes: el Islamismo, el Catolicismo como principal representante del Cristianismo así como el Judaísmo, promueven el cumplimiento de mandamientos o reglas (mitzvah entre los judíos) que son de beneficio en su universalidad. Ellas están basadas en Escrituras originadas por los mismos Profetas.

Tanto por sus enseñanzas como por su antigüedad, especialmente el judaísmo y el cristianismo o su máximo representante el catolicismo, pueden certeramente conducir al creyente a una relación íntima y sutil. Esa es la valiosa enseñanza que se puede aprovechar.

Cabe recordar al lector que acá no se está tratando de establecer una discusión de aspecto dogmático ni de apoyo particular a ninguna religión. Ni siquiera contamos con ese conocimiento. El objetivo principal es encontrar una forma singular y lo reitero, quizás místicamente, para un día hallar nuestra motivación única que nos permita el logro de una meta especial: el progreso y felicidad del salvadoreño como individuo y como nación.

Para ello hemos de ser directos en nuestra apreciación y toda vez que ésta, siendo analizada y escrita con respeto, la misma expresión es de esperarse para quien solo busca una solución, una nueva intención y una nueva actitud.

Esas tres corrientes religiosas antes mencionadas han sido representativas de diversas razas y hasta de posiciones políticas de actualidad y del pasado. Eso quiere decir que tienen un arraigo especial, una representación universal en sí mismas. La primera y la tercera aún conservan su formato, es decir que cuando usted entra a una sinagoga o una mezquita, si puede hacerlo, observará la misma conciencia religiosa dentro de su respectivo ritual, sin importar dónde usted se encuentra. El Cristianismo, sin embargo, sufrió una transformación con el advenimiento del Protestantismo que con orígenes en la iglesia católica, máxima representante del mismo Cristianismo, se desligó en protesta a las prácticas del catolicismo. La iglesia católica –sea Romana u Ortodoxa- sí conserva sus rituales aunque con ciertas diferencias entre ellas.

Reitero que esto no es dogmático pero si un análisis que se comprenderá pronto.

La iglesia católica no sufrió mayores consecuencias en cuanto a su feligresía porque contaba con cientos de años de existencia y una base de ritual muy sólida. Los rituales, a propósito, sirven para demostrar situaciones de otra manera menos comprensibles por ser en el fondo, una enseñanza dogmático-filosófica.

Si Calvin y Lutero hubieran sabido que sus ideas generarían tantas religiones protestantes y por tanto desconcentrando a las masas de su verdadera atención a Dios, al mismo tiempo que se generaba una gama de intereses personales, creo que habrían concluido que su mejor opción era seguir donde habían estado y promover cambios internos dentro del catolicismo. Conste, dicho por aparente lógica y no como si supiéramos o como olvidándonos que debemos ser humildes diciendo menos y escuchando más.

La Iglesia Anglicana (The Church of England) o la Iglesia Luterana tienen buena reputación y cordial relación con el Vaticano o Israel y el mundo árabe pero las mil y una iglesias de diferentes colores y sermones en todo el mundo  no son siempre iguales. He aquí el problema.

## ME ENORGULLEZCO DE EL SALVADOR

Conozco un lugar en California donde han existido al mismo tiempo cinco iglesias en un solo portal comercial de menos de una cuadra de largo.

De esta manera también existe el gran problema de identificación del pueblo salvadoreño, en suelo nacional. Una increíble propagación de iglesias a las que es difícil darles mayor credibilidad porque, con todo respeto, dependen más del fundador que de Aquel por Quien, se supone, fueron fundadas. Los lujos de alguno de esos "guías espirituales" (claramente con minúsculas) son extravagantes y los feligreses...muy bien, gracias; o sea diez por ciento más pobres (después de pagar el diezmo obligatorio).

Ante el análisis de cómo algunas personas caen bajo la canción de cuna de los intensos conquistadores, he de admitir que para ese individuo, el creyente en particular, si está contento en "su" iglesia (que no es suya sino del Pastor) es muy provechosa la idea si ella conlleva el mejoramiento moral de su persona como un seguidor de La Palabra, como miembro de la hermandad y sobre todo de la sociedad.

Eso quiere decir que desde este punto de vista y generalizando la situación religiosa, ya sea por ser católicos o protestantes; el pueblo centro americano y el salvadoreño en particular, podría estar apto para experimentar el cambio de actitud que aquí se está proponiendo, eso es por su religiosidad. Al pueblo le sería por tanto, más fácil absorber la idea y practicar LA ALMUESTRA fomentándola entre sus compatriotas, como hermandad en una causa.

## ME ENORGULLEZCO DE EL SALVADOR

Alguien con suficiente buena voluntad, con pensamientos propositivos y que de alguna manera acepte el interés de cumplir con los Diez Mandamientos, es de confiar que comprendería nuestro razonamiento y aprendería a participar de la idea......aunque nos tome varios años en comprometernos a ese cambio de actitud, optando por la voluntad salvadoreña implícita en la ALMUESTRA.

# ME ENORGULLEZCO DE EL SALVADOR

## EL ASPECTO MORAL

Todo individuo que se dedica a conducir espiritualmente al pueblo, "almas en necesidad," debe, bajo todo punto de vista ser absolutamente correcto en su accionar y muy digno de lo que voluntariamente representa. Rabinos, Sacerdotes o Ministros Protestantes todos representan la esperanza pues conducen ovejas que confían en su guía espiritual. ¿Cuánto fracaso representaría entonces el trabajo hipócrita de tan solo uno de ellos por aprovecharse de las debilidades del que menos sabe y menos puede? Y pensar que los hay, arrogantes actuando en flagrancia, bajo aparente decencia.

Es desagradable que quienes cuentan con esa confianza no conciban cuál sería su contribución al mejoramiento del comportamiento de una sociedad, un poco ingenua, que no percibe el engaño recibido mientras lucha cada día por alcanzar sus ilusiones.

La situación no es desagradable porque se piense que es una carrera cuesta arriba, inoperante o sin razón de ser, no; el gran problema desde el punto de vista de la moralidad, es la desfachatez que abiertamente demuestran algunos responsables de la espiritualidad del país. En otras palabras, quienes representan liderazgo sugiriendo conductas de tipo moral o religiosa, no siempre respaldan lo que enseñan con la responsabilidad de sus actos.

La moralidad que pretenden exigir con sus enseñanzas, les es extraña a ellos mismos. Cuestiones de abuso sexual, conducta homosexual, infidelidad matrimonial o falta de honestidad no son raras entre clérigos, maestros o políticos. Y como resultado no son raras en la sociedad moderna en cualquier país.

En el nuestro no se sabe mucho de estos casos porque los responsables quizás logran mantener ocultas del público tales situaciones. De todas maneras, eso significa irresponsabilidad, deshonestidad, corrupción e hipocresía lo cual es verdaderamente una ofensa máxima a la moralidad.

El mismo estándar se debe aplicar a toda otra persona de cualquiera profesión. No es aceptable que un padre de familia o cualquier adulto deshonesto que haya probado serlo por sus actos recriminables y que se ha convertido en una amenaza para las familias, disfrute su estatus social mientras la sociedad misma no protege a aquél a quien, por el contrario, debería defender. Esto se encuentra también, como un cáncer, en niveles privilegiados de la sociedad. Es la corrupción que debe ser combatida en todas sus facetas para lograr crecer moralmente.

Con la adopción de la ALMUESTRA por parte de cada individuo, estaremos voluntariamente asumiendo un contrato íntimo que nos obligue o al menos nos recuerde constantemente la relación que debemos mantener con nuestro Creador para demostrar la responsabilidad moral necesaria para el cumplimiento de lo que EL manda y que nos mantenga en firme disposición para ello.

Este proyecto solo sugiere un análisis propio de nuestras posibilidades de cambio. Un análisis que nos invite a eliminar paso a paso o al menos reducir drásticamente no solo algunos vicios sino otras costumbres que nos afecten personalmente o que afectan a nuestros semejantes.

No debería ser difícil acostumbrarnos a vivir una vida más decente evitando por ejemplo el mal trato a la familia, el desprecio a la vida ajena cuando manejamos, eliminar totalmente la portación de armas (incluido el machete en las áreas rurales o las navajas en áreas urbanas) pues todas son letales, el irrespeto a los que no concuerdan con nuestra opinión o nuestras creencias, el abuso de autoridad, hacer actos indecentes en la calle, la irresponsabilidad en el trabajo resultante en corrupción estatal o empresarial, copiar en el examen, falsificar documentos, la mentira constante, hacer un cobro exagerado por servicios prestados,  no vender el peso correcto, aún botar basura en cualquier lugar o usar lenguaje vulgar ante otras personas. Lo anterior solo son algunos problemas a corregir pero cada quien puede hacer su propia colaboración en cualquier caso acá no considerado.

Todo lo anterior se sintetiza en la falta de la verdad, que es una, mientras que hay tantas clases de mentiras. El resultado de tal actitud correctiva sería importante y fácil de obtener, bastaría aplicar la voluntad salvadoreña implícita en LA ALMUESTRA. Ello nos mantendrá en el mismo plano horizontal también como un factor económico con todos y cada uno de nuestros compatriotas. Eso significará IGUALDAD social.

La igualdad no se conseguirá nunca por medio de una confiscación de bienes y su redistribución dizque equitativa como lo promulgan los comunistas. Eso no es cierto. A muchas familias les podrían confiscar sus pertenencias pero si tienen buena educación, experiencia y contactos siempre podrán salir adelante.

Por otra parte, quien tiene recursos solo necesita la comprensión y conciencia necesarias para participar en el engrandecimiento real – y no solo estadístico- de una sociedad. Esto es lo importante, la voluntad salvadoreña.

El que posee capital, debería de invertirlo en nuestro territorio nacional y no en el extranjero para promover el verdadero crecimiento de El Salvador y no solo las cuentas bancarias de la familia. Hagamos el esfuerzo, intentemos; salvadoreño atrévete a hacer esa conquista sin excusas. Las excusas sobran. Eres como el pájaro azul de cierta canción, ya empezaste el vuelo, tienes que llegar.

# ME ENORGULLEZCO DE EL SALVADOR

## CULTURA Y MOTIVACION

En El Salvador hay una cantidad de artistas en diferentes ramas que producen obras interesantes en todo aspecto. Siempre los ha habido aunque ellos subsisten bajo muchas limitantes, particularmente de carácter económico. Las ideas fluyen y luego casi de manera imperceptible se transmiten estilos y formas.

Los artistas tienen la capacidad de insinuar tendencias, su imaginación les permite transportarse en el beneplácito o el fastidio de sus ideas y expresarlas, para complacencia de quien escucha, ve o lee tales obras.

De la misma manera podría transmitirse un mensaje que envuelva la idea de cambiar nuestra conducta. Definitivamente cada artista podría con su talento, contribuir a la difusión de la idea de la que tratamos.

Imagine el lector que un pintor plasme en el lienzo alguna idea que nos permita reflexionar en cuanto nuestra conducta y las relaciones con Dios y nuestros compatriotas. Algo sutil o abstracto. El artista estaría contribuyendo con el mensaje y podríamos estar creando un movimiento cultural muy positivo. Misma idea que podrían tomar en la música (¿clásica?) o la poesía. Todo esto se puede fomentar en forma y motivos culturales, no solo una nueva fuente de inspiración sino de satisfacción comercial, nunca menos importante.

Un movimiento como tal, habría de ser una fuente de constante inspiración para desarrollar como en el Renacimiento de los clásicos, una corriente de expresiones íntimas del autor pero que en este caso, se plasmarían para el beneficio de la población en general, absorbidas en la motivación por el mensaje contenido en LA ALMUESTRA.

# ME ENORGULLEZCO DE EL SALVADOR

Provincia Pordenone, Italia. Agosto 5, 2009.

## DISCIPLINA Y PROMESA INDIVIDUAL

En "Me Enorgullezco De El Salvador", como se llama este proyecto, se propone la hipótesis de misticismo aunque también existan razones adicionales. Por eso mismo pensamos que en el futuro cada ciudadano debe ser participante de un esfuerzo común.

El esfuerzo antes mencionado es usualmente planificado por el gobierno y las empresas que conducen y generan toda idea de producción, ya sea de estudios, de servicios o industrial según el caso.

Los valores morales en cambio son adquiridos individualmente a través de la familia, la escuela o la religión. En todo caso son una adopción personal por convencimiento propio.

Si consideramos los valores morales como una adquisición personal, nos podemos dar cuenta que principalmente fomentando el incremento de esa actitud moralizadora, es como nos prepararemos mejor para enfrentar cuestiones relacionadas con la ética individual.

El aprendizaje y práctica constante de la urbanidad, civismo y moralidad debe ser absolutamente una prioridad no solo en programas escolares sino, como énfasis, dentro de las actividades diarias de cada habitante de El Salvador. Esta es la fórmula más acertada e importante que podamos utilizar para ratificar el amor a nuestra nacionalidad y ello nos inculcaría mayor responsabilidad y el deseo de ser participante activo en la adopción de LA ALMUESTRA.

De esta forma se adquiriría la disciplina requerida para concretar a cada paso, a cada instante, la realización de la conducta nuestra que nos permita alcanzar en forma horizontal con los brazos extendidos hacia nuestros hermanos salvadoreños, ofreciendo de esta forma una unidad de valores y tolerancia básicos para hacer que la paz perdure en la sociedad.

Tal disciplina no requiere un esfuerzo exagerado sino solamente la convicción y seguridad de que asistiendo y comprendiendo a otros nos beneficiamos todos.

Nos tendríamos que liberar de nuestras inhibiciones para producir la energía positiva que manifestaríamos como si fuese una forma caritativa. De esa misma disciplina, cuando sea verdadera costumbre, habrá como resultado un efecto sicológico muy importante.

Por ser una relación horizontal entre todos, aún sin una relación directamente personal con el vecino, es también una convicción de equidad porque nos colocaría al mismo nivel.

Algunos conceptos aquí escritos aparecen continuamente mencionados porque es necesario hacer énfasis en su importancia y necesidad de aplicarlos.

## ME ENORGULLEZCO DE EL SALVADOR

Los resultados de esa conducta nos permitirán la promesa individual acentuada en pos de nuestro progreso y por tanto, de nuestra felicidad. Obviamente, al adoptar el método de extender la mano al vecino, al compañero de trabajo o hasta al desconocido por medio de la cortesía, la amistad, la ayuda espontánea y las buenas costumbres; nos disponemos a recibir algo muy importante en el crecimiento espiritual de nuestra individualidad.

En nuestro cuerpo podríamos encontrar que el contenido espiritual es equivalente casi a la totalidad de la representación del individuo. Esto se debe al valor mucho mayor contenido en la energía espiritual.

LA ALMUESTRA, siendo nuestra idea de misticismo, aprovecha la conexión establecida entre los seres humanos, una relación de confianza mutua, para confirmar por medio del cumplimiento de los Diez Mandamientos el escalar verticalmente y obtener acceso a la observación prestada por la Divinidad al ser humano que trata de conquistar la cercanía con EL.

¿Pero porque es tan importante en la solución de problemas de naturaleza humana el que haya cercanía con El Creador? ¿Cuál es la verdadera razón para establecer dependencia de la Bondad a cambio de conducta ejemplar? ¿Es eso una manifestación esencialmente religiosa?

Tal insinuación no es de carácter religioso puesto que está basada en la disciplina y no en determinada forma de fanatismo humano. Es, al contrario, una idea que busca la plenitud bajo el reconocimiento de Su plan original.

Cada persona tiene su punto de vista sobre el origen del universo. Unos reconocen la teoría del Big Bang y otros claman la creación de origen religioso, el génesis.

No es fácil dirimir tal idea aunque si analizamos posibles orígenes, habría que establecer un Originador aun para la posible explosión creadora. EL creo un universo que es una fuente de constante energía activa. Una sola fuente de energía que se mantiene activa y cuya variedad de dimensiones o intensidades forman los diferentes objetos por El creados. Una incidencia de diferentes valores energéticos de mismo signo, por eso somos semejanza de EL aunque no iguales.

Así, los objetivos que se logran en la vida -creación física- son el resultado de conjunciones energéticas. A esto se debe la frase que motiva: "Es posible conseguirlo todo, solo hay que desearlo, imaginarlo y poseerlo".

Nuestro Creador también nos ha permitido ser creadores de nuestro destino pero antemano nos dio la principal herramienta. Es por eso que podemos resolver nuestras propias circunstancias. Por tal motivo, nuestras decisiones son esenciales, nos permiten responsabilizarnos del ambiente del que somos parte integral. Y es acá donde entra en juego la religión si colabora adecuadamente en la modificación de la conducta personal para obtener el beneficioso respaldo de nuestro Creador. Ese es el valor de nuestra sugerida verticalidad en reverencia hacia Dios.

Esto en ningún momento sugiere que Dios no presta atención a quienes no rezan ni actúan con honestidad. Nada estaría tan lejos de ser cierto; solamente se sugiere que por razones de esoterismo muy comprobadas por sabios, al ser parte de la armonía de los cuatro elementos de vida: aire, agua, fuego y tierra, la persona puede vivir una existencia que lo encamine al acercamiento del Ser Supremo y manteniéndose en un ambiente de tranquilidad con quienes le rodean, tendrá resultados positivos en sus propuestas cotidianas. Y para ello hay que ser honesto.

## ME ENORGULLEZCO DE EL SALVADOR

## CONVICCION DE CALIDAD

Cuando la calidad en un sistema de producción incrementa en sus factores, por el cumplimiento de los estándares, resulta en un volumen mayor (hay menos desperdicio de materia) del producto terminado lo cual al mismo tiempo, mejora el costo unitario de un producto.

Lo anterior es fácil de determinar si el éxito es prácticamente el resultado de un proceso mecánico complicado o no, que en este caso se prefiere pensar tenga relación directa con emociones y conductas, disciplina y convicción.

Cuando una persona decide su participación por interés propio en el trabajo, debe poner su mejor empeño en lo que está produciendo: un servicio, producto, obra etc.

No siempre sucede así y por eso precisamente ésta es una excelente oportunidad para intentar el cambio de actitud, para beneficio propio.

Ciertamente se está adjudicando en este análisis una gran participación a la parte intangible de una producción sin priorizar los métodos basados en la práctica de la ingeniería industrial y el control de calidad. Todos estos métodos son importantes pero el principal motivo para tal inclusión de lo intangible es que la parte técnica es empleada en toda su capacidad pero el otro aspecto, el anímico, es hasta cierto punto voluntario en participación ¿Cómo es eso?

## ME ENORGULLEZCO DE EL SALVADOR

Es la razón por la que debemos prestar atención al factor indirecto que incide en este problema para que nuestro país se lance con efectividad a "conquistarse un feliz porvenir".

Perdone el lector si piensa que esta idea no tiene sentido. Como se ha dicho antes, demos credibilidad a la propuesta y no interpongamos ninguna pereza mental. Lo propuesto tendrá validez el día que la mayoría de los salvadoreños adoptemos LA ALMUESTRA.

Cuando de alguna manera expresemos nuestro verdadero interés en contribuir con el futuro bienestar de la nación, tendremos la oportunidad de demostrar una conducta constructiva, de decencia, honestidad, rectitud y tolerancia.

Si somos participantes de este misticismo simplista nos encontraremos como lo hemos expuesto antes, dispuestos a una asociación de ideas afines con todo compatriota que así mismo esté dispuesto a tal asociación con nosotros.

Cada quien pondrá su esfuerzo para mejorar la producción industrial o agrícola nacional. El vecino y el desconocido se entrelazarán en un buen entendimiento y así encontrarán paz mutua y una disposición espontánea para su participación activa en el desarrollo general pero particularmente el desarrollo industrial del país.

Y si este simple cambio de conducta sucede por una nueva visión que nos permita reducir índices de vicio, crimen, corrupción e irresponsabilidad que tanto mal y tanto atraso como sociedad nos han legado, entonces, enhorabuena. Al dar el primer paso ya estaremos un tanto más cerca del objetivo, después de todo… "se hace camino al andar". ATREVETE.

El empresario y el empleado adoptarán una idea del progreso mutuo que posiblemente hasta hoy nunca ha sido visto como unidad mentalizada de producción. Posiblemente hasta se pudiera establecer una relación constante de ese progreso mutuo. Un factor que expresara el valor del esfuerzo de cada sector participante como en una ecuación. Capital y trabajo promoverán juntos el progreso de la empresa y siendo de esa forma, habrá menos huelgas al mismo tiempo que se incrementarán la calidad y cantidad de producción. Por ende y debido a la mutua cooperación entre empleadores y empleados, se darán las oportunidades de progreso económico de la sociedad salvadoreña.

A propósito, este proyecto no prefiere hablar de "las masas" sino, por el contrario, dándole mayor y debido respeto a la población, acá se prefieren mencionar los grandes valores de la sociedad salvadoreña.

Este proyecto es una propuesta sencilla que incentiva el mejoramiento individual con el fin de logros participativos, logros materiales que nos guiarán a la conquista de nuevos espacios fuera del tercer mundo, social y económicamente hablando.

Este proyecto desearía que haya consciencia y acuerdo entre quienes se atrevan a modificar la idea de oferta y demanda por una de "justo precio" y "justo salario" si se quiere un acercamiento económico-social entre sectores de la sociedad.

Reiteramos, hay que promover mejores salarios, especialmente si la producción de calidad incrementa como resultado de la disciplina engendrada por LA ALMUESTRA. De tal forma habría menos pobreza y mayor capacidad de compra, bienestar general y...más producción, más ganancia.

El empresario debe ser visionario y no encerrarse en el cuarto obscuro donde cuenta el dinero. Si comparte ganancias pagando mejores salarios por decisión propia y no por ley, se dará cuenta y sin proponérselo, que su capacidad de crecimiento es cada vez mayor y su satisfacción, socialmente justa, es inmensa. Esto como resultado de que las fuerzas energéticas de su bondad, también le atraen efectos bonancibles, en forma de más dinero. Ahí está la compensación del Creador en forma de Ley de Atracción.

Sería confirmar que nuestra alma individual, en perspectiva nacional se convertiría en nuestro centro motor, el alma nuestra en conjunción con la voluntad salvadoreña en... LA ALMUESTRA, incidente en la calidad como incentivo del valor de nuestros productos.

Si de tal forma valoramos LA ALMUESTRA, ella será nuestra mejor herramienta o apoyo para la obtención de producciones de alta calidad en los diferentes campos como el industrial, agrícola, de servicios, educación en general y sobre todo entre los deberes del gobierno, para erradicar la corrupción perniciosa en todo nivel.

Hagamos de LA ALMUESTRA nuestra mejor intención y nuestra mayor fuente de inspiración para el progreso.

Que el entusiasmo que podamos demostrar por ella nos lleve al desarrollo como una apuesta prácticamente segura.

Con esto quiero decir que jamás debemos darnos por vencidos cuando emprendemos una nueva tarea, ya sea de estudio, laboral o deportiva. El resultado será producto de nuestra mente.

Todos queremos lo mejor y estamos convencidos de eso pero parecería que nuestro esfuerzo no siempre es el máximo, como si tuviésemos limitaciones emocionales, como si fuésemos a veces mentalmente muy conformistas. Hay que erradicar el temor a fallar y es a lo único que debamos temer, al temor.

A eso se debe que como seres humanos obtengamos logros menos valiosos de lo que pudiesen ser aunque posiblemente después, con mayor deseo y conocimiento, descubramos nuestra verdadera capacidad.

Creo que todo esto sería el resultado de la humildad. Ella es un recurso excelente para todo ser humano pero es necesario, por el mismo amor propio implícito, realizar un examen íntimo de nuestra capacidad y sin llegar a la arrogancia, hacernos valer.

## ME ENORGULLEZCO DE EL SALVADOR

Esto es particularmente cierto entre nuestros deportistas. Si se enfrentan a un extranjero, llegan de antemano deslumbrados y por muy bien preparados que estuvieran, distraen su mente de tal forma que terminan de forma mediocre. Peor aún si visitan al extranjero.

Por una parte es falta de concentración mental y por la otra la incapacidad de auto-exigirse más en su preparación, igual que un estudiante que se desvele solo la noche anterior al examen.

Basados en LA ALMUESTRA o una idea similar, podríamos comprender que existe un futuro halagador pero hay que atraerlo con voluntad, con determinación y mucha disciplina.

Nada llega fácil pero todo se atrae y se consigue. Esta es la mayor consecuencia de lo que esperamos sea un milagro. Quizás por eso Dios dijo "Ayúdate Que Te Ayudaré".

El gran esfuerzo es de nuestra parte y como un premio o milagro, el buen resultado  será también nuestro...para gozarlo después.

# ME ENORGULLEZCO DE EL SALVADOR

## ILUMINATE Y ATREVETE

Le vi por allí triste, meditativo y preocupado...

Sonriente, un tanto loco pero seguro,

Salvadoreño de sueños felices, salvadoreño es.


Paseaba, pensaba...

Salvadoreña es,

Trataba de ver y comprender

El significado de todo,

Su vida y la de todos.


Preocupaciones mil y sacrificios tantos,

Que llegaron, que pasaron.

De pronto vio luz, buscaba alivio.

Encontró ideas, opiniones y verdad,

La verdad para la nación sedienta...

## ME ENORGULLEZCO DE EL SALVADOR

De felicidad sedienta,

De felicidad sedienta.


Y por ser ideal, por ser nuestra idea

Hagamos de LA ALMUESTRA

Un elemento de fusión,

Una luz de unión y de amor

Por el progreso,

Aspiración de quienes...

Salvadoreños somos.

# ME ENORGULLEZCO DE EL SALVADOR

Fontana, California. Septiembre de 2009

## EN CASA Y MAS ALLA

A partir del 1 de junio de este año, El Salvador está enfrentando diferentes crisis con una fisonomía distinta, ésa que le da el ser ahora gobernado por un partido de izquierda. El experimento debe ser beneficioso para la nacionalidad, sea o no probable que el FMLN pueda en el futuro ganar otra elección; lo cual dentro de nuestra democracia es absolutamente posible.

El Presidente Funes ha mostrado cierta independencia en cuanto a los preceptos del partido que lo llevó al poder que no es exactamente su partido. De una forma u otra él debe mantener la fiesta en paz con los miembros del FMLN y lo ha hecho estableciendo sus propias reglas, o así parece.

Cuando Mauricio Funes aceptó la candidatura presidencial, también tuvo que haber aceptado los planteamientos de desarrollo y políticos que su grupo de apoyo idealizó por décadas. Sin embargo, su compromiso está respaldado por sus discursos. El verdadero interés debe ser el del desarrollo económico de nuestro país al cual solamente se ha de llegar por medio del desarrollo educativo, industrial y tecnológico.

## ME ENORGULLEZCO DE EL SALVADOR

Ha quedado demostrado que la organización de gobierno ha sido prácticamente un concepto inesperado para él y su partido. Después de tres meses hay aún embajadas y consulados acéfalos por todo el mundo y esto debe ser en detrimento del intercambio cultural y comercial con otros países. Así mismo, existe todavía cierta desorganización del Estado en sus diversas instituciones, ya sea por falta de nombramientos o quizás injustificados despidos. Se trataba de crear nuevos empleos, no de reemplazar los ya existentes. Cada boca salvadoreña con hambre es significativa de la crisis.

Obviamente la encrudecida violencia no sirve para la solución a los problemas pero no se gana nada en referirla al gobierno anterior, pues éste tampoco la generó. Además, cada gobernante es responsable simplemente por el hecho de haber buscado, no obligado a, una posición "para encontrar soluciones".

La tremenda baja de divisas, especialmente el aproximado 30 % de las remesas, tampoco debe ser excusa. Nunca se debió contar con las remesas como una fuente segura de ingresos.

Eso no lo produjimos dentro del país sino bajo otros incidentes industriales, jurídicos y poblacionales. Siempre debió ser un beneficio que pudo ser canalizado a la verdadera creación de riqueza y no como un soporte pre-establecido de la economía nacional.

## ME ENORGULLEZCO DE EL SALVADOR

El gobierno debe actuar con mayor visibilidad al futuro en sus decisiones inmediatas. Todavía podemos llegar a una posición ventajosa si aprendemos a invertir mejor.

En el aspecto jurídico ya se ven mejores propuestas y eso dará seguridad a los negocios. A propósito, no vendría a mal un Plan de Re-integración Social de los pandilleros y la eliminación física y obligatoria a quienes estén detenidos y aunque les sea dolorosa, de esos horribles tatuajes que solo se convierten en peores ataduras dentro del sistema en que ellos viven. Pero no solo eso; se debe construir una cárcel de máxima seguridad en alguna pequeña isla del Golfo de Fonseca, en donde estén confinados y sin privilegios de recibir visitas, hablar por celular, tener cónyuge o lo que es peor, dirigir negocios y crímenes desde dentro. Que se ganen el sustento sembrando, pintando, estudiando o leyendo en absoluto alejamiento de la sociedad. Por supuesto, tal isla debería ser constantemente patrullada y vigilada de forma efectiva y estricta. No hay excusas. Hay que darles todo el apoyo psicológico pero con absoluta disciplina.

En el aspecto de producción industrial, se debería acelerar los planes para un verdadero desarrollo de la productividad, sistematizado bajo una dependencia de gobierno que apoye la creatividad, diseño y manufactura de diversos proyectos de envergadura. Para esto, el gobierno actual debe invitar a hombres de negocio con experiencia, economistas e ingenieros (Mecánicos, Eléctricos, de Sistemas etc.), Gerentes con capacidad e inclusive al pueblo en general para la formación de la pequeña empresa. Ahorrar para tales empresas ¿para qué? Para fabricar carros, buses, tractores, motores industriales, sistemas de energía eólica y solar, Sistemas de tratamiento de aguas, marinas, negras o potables y de desecho industrial. Como ejemplo, ¿acaso no podríamos fabricar un vehículo a bajo costo de 8 o 10 mil dólares? ¿O no es cierto que se ha fabricado un pequeño avión y que se les da mantenimiento en el país a aviones comerciales? ¿Acaso antes no hubo un buen intento por un conocido militar empresario, de construir un carro y ensamblar buses? Esta vez, vamos por metas más altas. Solo así habrá progreso. Podríamos en cierto modo crear una pequeña competencia a los productos de China, al menos para nuestros países y si son de buena calidad –como debe de ser- se venderán.

La agricultura también deberá ser masificada así como diversificada implementando métodos de conservación de agua, irrigación vecinal e invernaderos a montón. Sin embargo hay que evitar el desperdicio del agua lluvia. Por ejemplo construyendo pequeñas lagunas y reservorios a cierta distancia de ríos y lagos naturales, rodeados de árboles sembrados para sostener el manto acuífero del área y canalizando el agua sin que haya rebalses ni desperdicio.

De estas mismas lagunas, lagos o ríos se debe conducir el agua y ponerla a disposición de los agricultores de la región, sin medidores para el pago pero si medidas de ahorro y con la idea de continuas cosechas a base de reservas y no solo durante la estación lluviosa.

Utilizando arena, piedra y barro podrían impermeabilizar tales conductos evitando o minimizando el uso del cemento por ser más caro y posiblemente un contaminante.

Analicemos la factibilidad de construir bajo superficie, tanques de captación de aguas lluvias, impermeabilizados con barro, piedra y una resistente capa de plástico; cavidad que hará su función correctamente y permitirá el almacenaje de agua para luego bombearla sobre los sembrados. Cada parcela pequeña podría tener uno o más tanques.

Veamos, si el tanque tiene cinco metros de diámetro y cinco de profundidad, podría recibir la lluvia que vierta sobre un círculo de plástico y aluminio o madera, como embudo plegable de diez metros de diámetro y que converja directamente al tanque por su parte superior, a nivel del terreno. Sería una estructura mecánica de fácil ensamblaje antes o desmontaje después de las lluvias.

El total de agua así colectada sería de aproximadamente 20250 galones por colector, una cantidad importante que podría repetirse con más "cantaros" colectores. Sobre el colector podrían sembrarse hortalizas (sobre rodos) que absorbieran el calor para evitar la evaporación del agua colectada.

Lo anterior es nuestra idea o ejemplo (como un cántaro gigante) pero las dimensiones y diseño deben ser mejor estipuladas por ingenieros civiles o agrónomos según el efecto pluvial y dimensión del terreno.

## ME ENORGULLEZCO DE EL SALVADOR

La idea nació porque es imprescindible mantener una constante producción agrícola y evitar que los copiosos inviernos solo nos dejen erosión y tal vez tragedias, cuando hay deslaves.

Antes he mencionado algo sobre la corrupción y muy especialmente a esa que ha sido Estatizada. Es todavía increíble, al menos en círculos fuera de nuestro país, donde las cosas se ven con mayor claridad porque no se habla de lo mismo todo el tiempo; que haya ciertos funcionarios totalmente pegados a la Asamblea Legislativa como si fueran tan imprescindibles para su funcionamiento. Se debió limitar los períodos de servicio de los diputados.

He leído también que al menos hubo un intento de pagar altas pensiones vitalicias a miembros del Cuerpo Diplomático y Consular aunque no hayan sido de carrera. Ah, qué manera más fácil de ganar el retiro, por un plumazo. Tan increíble es este caso como aquel en que aún diputados salientes, o sea no re-electos, han querido obtener protección de seguridad por tres años.

Una causa importante de muchos de nuestros problemas nacionales es la falta de respeto a la Constitución Política. Cuando existe un gran impasse político, siempre aparece la insinuación de modificar el documento que debería ser sagrado. Un fulano desconocido dijo: "conveniencias convenientes a quien le convenga". Estaba queriendo ser gracioso o enfático, como si a veces no se entendiesen bien las palabras. Por lo menos logro su objetivo aunque hablo como algún diputado.

Lo grave es que esa tendencia de modificar La Constitución o Leyes Secundarias solo trae resultados de inoperancia de las instituciones y por ende contribuyen al retraso de una nación. Ha pasado en El Salvador y.....luego hace poco tiempo en Honduras, lo cual también nos puede afectar. He allí el compromiso diplomático del gobierno salvadoreño, más allá de casa.

El Presidente Zelaya de Honduras intentó una consulta para modificar su Constitución lo cual le permitiría mantenerse en el poder por mayor tiempo. Esto en sí constituye una ilegalidad y merecería otros calificativos. Un golpe de Estado lo relevó del poder con otro acto ilegal. Puesto que ambas situaciones no han sido correctas, vamos a sugerir acá que la solución de ese problema está únicamente en las manos de los votantes y el Estado hondureños. O quizás también pudieran intervenir organizaciones internacionales como la ONU y la OEA únicamente si de forma imparcial.

Antes critiqué el oportunismo de cierto Presidente de Costa Rica. Normalmente, su gobierno no ha sido partícipe de ninguna idea de solidaridad con los demás países de Centro América y por tanto, no extrañaría que él mismo se haya ofrecido ante el Departamento de Estado de Estados Unidos para ser el "mediador" cuando sucedió el golpe de Estado en el hermano país, Honduras. Ya antes lo hizo y logró un Premio Nobel seguramente inmerecido. Costa Rica siempre busca su propia agenda de manera particular. Lo hacen según su conveniencia sin unir esfuerzos ni compartir resultados.

Conste, esta es una opinión personal en cuanto a su actitud como Presidente y no lleva consigo ningún afán de desprecio o irrespeto a él ni a todo lo costarricense. Por el contrario, quisiera poder decir que la bella Centro América está sólidamente unida hacia una meta de progreso común.

El Salvador, como unionista y progresista que siempre fue debe apoyar a Honduras, al pueblo, pero no a alguna facción en particular. No conocemos cien por ciento todos los factores que hayan incidido en el problema. Son factores íntimos y nuestra posición de vecinos nos hará participes si, gente hondureña buscando refugio llega hasta nuestras fronteras para escapar de la violencia que podría ocurrir.

Además nuestra posición como  aliados comerciales nos obliga a continuar siendo hermano  de todos. Aunque esto parezca solo una conveniencia de nuestra parte, no es más que la razón de ser imparcial. No es buscar un liderazgo de conveniencia sino para contribuir en la búsqueda de una solución. Si sucediera que se impone un bloqueo comercial a Honduras, sería prácticamente imposible parar el tráfico comercial por diferentes puntos fronterizos entre nuestros países.

Por último, puesto que fue el mismo Sr. Zelaya quien provocó el problema al querer emular a Chávez, Correa, a Ortega etc. no nos conviene participar de las ideas del grupo que solo está trayendo inestabilidad a la América Latina. Ni siquiera Venezuela con todo su capital energético y después de tantos años de gobierno de Chávez, ha podido superar los niveles de pobreza  como pregonan por todos lados poder conseguirlo esos presidentes amigos suyos.

Nuestra posición con Honduras debe ser de respeto  y cooperación humanitaria pero no política. De esa misma forma, independiente y respetuosa ha de ser nuestra relación con todos nuestros verdaderos asociados.

Hay algunos gobiernos con los que el nuestro debe tener cuidado, se encuentran en el mundo por allí hablando cualquier idioma. Ahora bien, si son gobiernos que respetan, se merecen una actitud recíproca de nuestra parte. Si no complace es mejor ignorarle. Con ese sistema de imparcialidad y respeto hemos de actuar siempre, para exigir que se nos respete igual, dignamente.

UNA ACTITUD ASI, RESPONSABLE, SERA LA CARTA DE PRESENTACION DE UNA NUEVA NACION, LA NUESTRA. Y QUE DIOS LA SALVE.

Sin embargo, a pesar de los deseos de responsabilidad propia y respeto a otras naciones, también debemos sostener la protección a nuestra soberanía. No se permitirá que nuestras fronteras, nuestros símbolos patrios o nuestra gente sean vulnerados.

Desde ese punto de vista, debemos siempre estar ALERTA a cualquier PROVOCACION proveniente del gobierno de la

## ME ENORGULLEZCO DE EL SALVADOR

Republica de HONDURAS. Por alguna razón desconocida, periódicamente tratan de apoderarse de alguna parte de nuestro territorio y lo hacen bajo planes militares y de legislación internacional. HAY QUE PREVENIR sin caer en el belicismo, excepto como última instancia.

El Salvador, aun habiendo sido el bastión para la Independencia de Centroamérica, emergió como el país de menor tamaño entre ellos. No se la razón para tales acuerdos y no importa si desde ese momento se hubiese intentado tomarnos a menos. Por otra parte, esa razón histórica y quizás por mandato Divino no escrito, nos ha brindado la fuerza espiritual suficiente para sobreponernos a cualquier adversidad; inclusive los intentos de incursión de países vecinos.

El Salvador no se permitirá el lujo de comprometer sus raíces y debe defender su valer toda vez que se haya hecho uso exhaustivo de todos los medios pacíficos y diplomáticos que correspondan.

Si nuestro Himno Nacional canta por la paz y el feliz porvenir, un gobierno de El Salvador de nueva clase, próspero y democrático, sabrá buscar solución a cualquier incidente que nos afecte dentro o fuera del territorio nacional. Sin embargo, jamás habrá una situación que indique cobardía o falta de convicción en cuanto a nuestros principios. Nuestro país no será belicoso pero con astucia, siempre será valiente.

## ME ENORGULLEZCO DE EL SALVADOR

Hemos de analizar como en un ajedrez, con anticipación, toda clase de provocación externa... y al final, nadie debería sorprenderse de nuestra actitud determinante.

Nuestra dignidad será siempre máxima mientras nuestra hermandad entre salvadoreños sea cada vez también mayor.

NOS DEBEMOS APOYO MUTUO.

# ME ENORGULLEZCO DE EL SALVADOR

Provincia Pordenone, Italia. 3 de Agosto, 2009

## VISION DEL ISTMO

Al momento de escribir esta nota, todavía existe el espectro de la crisis política generada en Honduras hace alrededor de un mes. El título implica una política salvadoreña sugerida para seguirse cuando situaciones tales como la que nos ocupa, sucedan en territorio centroamericano.

Ante todo debemos reconocer que los pueblos como independientes que son, tienen el libre albedrío y por tanto sus propias leyes para determinar su destino.

La posición que ha tomado el gobierno salvadoreño en cuanto a no participar en el asunto, es la verdaderamente adecuada. Que haya otros a quienes les interese el protagonismo no debe ser motivación para participar en tan delicada situación. Las sugerencias a priori, basadas en el respaldo a las conjeturas y no de una alternativa real han sido inefectivas. Cualquiera pudo sugerir una reunión sin intención de compromiso. Esto es tan complicado que lo único que si se puede asegurar es una verdadera polarización en la sociedad hondureña y por tanto ninguna solución inmediata y que vaya a perdurar provendrá de extranjeros. La solución es un diálogo profundo e íntimo en Honduras y exclusivo para los ciudadanos de Honduras.

## ME ENORGULLEZCO DE EL SALVADOR

La lección principal quizás sea en cuanto al futuro de la OEA y su falta de credibilidad por tratar de actuar en este caso pero evitar opiniones cuando los desmanes son del nuevo poderoso del sur, Hugo Chávez, deseoso de crear su propio imperio. No hay ecuanimidad en ese criterio de la OEA.

Posiblemente el gobierno salvadoreño deba decidir no participar en algún bloqueo comercial al vecino país como aconseja ese organismo que antes no analizó bien el problema.

Por tanto, El Salvador como país sin "el prestigio" que otros creen tener, debe aprender a promover su auto-estima porque desde hace un cuarto de siglo ya se comporta como un país democrático por el valor demostrado bajo las balas durante la guerra civil, terremotos, lluvias y sol en abundancia a la hora de votar masivamente en cualquier elección. Esa necesidad de encontrar soluciones pacíficas le da derechos al pueblo salvadoreño. Le daría también, aparentemente, la capacidad de ser participativo en la solución futura de la crisis mencionada. Debemos abrir los ojos. Los que pronto se ofrecen, y podrían hasta viajar a Europa a cabildear, son los mismos que normalmente no se sienten parte de nuestra comunidad de naciones centroamericanas.

A lo anterior debo agregar que aunque hay tantos males que corregir en nuestra patria, también es cierto que cada día se hace un esfuerzo conglomerado para el mejoramiento social. Nuestro país es muy pequeño  y de alta densidad

ME ENORGULLEZCO DE EL SALVADOR

poblacional, lo sabemos. Los que se creen líderes democráticos y de prestigio internacional, pretenden que sus países no sufren problemas sociales graves en sus sociedades. Hay uno en particular. Es peor, teniendo mayor extensión territorial y menor población, deberían dedicarse al trabajo y al progreso porque no todo lo suyo es jardín de rosas. Sin embargo, aprovechan cuanta oportunidad se presenta para gritar al mundo sus grandezas hasta el punto que se les dan por descontadas. Basta recordar que nadie está exento de problemas.

Aquí no se trata de provocar controversia sino dejar establecido nuestro papel y nuestra dignidad. Quien normalmente toma posiciones des-unionistas en cuanto a los diferentes proyectos y tratados en Centro América, busca ahora el protagonismo por oportunismo. Los ideales le salen sobrando. Lo mismo sucedió al final de nuestra desafortunada guerra civil la cual había sido sufrida por salvadoreños, su fin concertado en realidad por salvadoreños pero "los honores" no fueron para salvadoreños. Basta ya de aceptar esa mediocridad ponderada por el prestigio. ¿Cuál prestigio? Prestigio aparente quizás, un resultado del "cabildeo internacional". Para satisfacer su ego se olvidaron de la sincera participación en agendas comunes con los demás países centroamericanos. Por tanto, quizás consiguieron prestigio —casi comprado- pero les falta el verdadero respeto.

A continuación de haber dejado esto bien esclarecido y sin buscar algún premio a posteriori, hemos de recordar que El

160

## ME ENORGULLEZCO DE EL SALVADOR

Salvador siempre ha sido un país unionista en cuanto a la política del istmo centroamericano y que nuestro Himno Nacional promueve la paz y no la guerra. Es por tanto imprescindible que nos mantengamos al margen de las acciones políticas o militares de esta crisis de Estado en Honduras. Nuestra frontera con ellos es suficientemente grande y por tanto ha habido, históricamente, mayor relación familiar y comercial entre ambos países. Dado el caso, podríamos llegar a ser de mayor ayuda que otros. Esa habrá de ser nuestra UNICA función.

Tampoco es correcto que un país ofrezca su territorio para lanzar desde allí una fuerza militar de nacionalidad mixta para reconquistar a Honduras, eso puede crear rencillas entre gobernantes que luego ponen a los pueblos en confrontaciones y en mayor retraso, especialmente en zonas fronterizas.

A este respecto supongo que el mismo Sr. Zelaya se des-autoriza en su pretensión de volver al poder porque no creo que la Constitución de Honduras permita la violación de la soberanía nacional de ese país. Por tanto, me luce que pierde de esa manera el derecho que reclama. Pero esto, reitero, es totalmente negocio de los hondureños únicamente.

Así como algunos se auto invitan a participar en los problemas de otros, así mismo a veces Honduras se auto-invita a la intervención o mejor dicho, busca la confrontación ante nuestro país y apropiadamente cuando alguna elección presidencial se avecina en el vecino país. Es como un una excusa y El Salvador, su chivo expiatorio. Se han dado varios casos de invasión territorial y un genocidio en 1969.

La guerra de El Salvador y Honduras en ese año no tenía nada que ver con el futbol. Esa competencia la gano nuestro país, clasificando al Mundial de Futbol 1970. La guerra militar también la gano El Salvador pues sus tropas penetraron muy dentro en territorio hondureño. Sin embargo, creo que Honduras gano la guerra publicitaria internacional, guerra mediática. Si no hubiese sido así, nadie reconocería aun hoy a aquel incidente como "guerra del futbol". Si no hubiese sido así, se habría reconocido que hubo genocidio, cuyas víctimas constantemente huían a su país de origen y donde la Cruz Roja Salvadoreña los atendía en grandes cantidades.

Propongo que se revise los documentos históricos que han determinado las fronteras de El Salvador. De esa forma, Honduras debería respetar el territorio salvadoreño sea en el norte del país o en el Golfo de Fonseca.

El Salvador como país de esencia pacifista, debe mantener siempre la calma y la prudencia ante alguna provocación de avance territorial, como las que acostumbra Honduras.

Pero el gobierno salvadoreño debe enfatizar que los acuerdos diplomáticos jamás han de representar signos de debilidad de Estado. Se utilizarían todos los recursos para impedir otra confrontación militar pero siempre se interpondrá un límite político-diplomático, el cual, si no fuese respetado por la contraparte; nos obligaría al encuentro militar el cual nunca debería ser. Y si sucediese – hipotéticamente-que hubiese alguna conquista de territorio extranjero, esta vez ese no se devolverá a la primera petición de la OEA, la ONU o cualquier organismo internacional. Eso será porque en igualdad de condiciones, otros países del mundo claramente desobedecen ese tipo de órdenes que acá solo podrían ser efectivas si El Salvador obtuviese alguna ventaja. Reiteramos esa sería la posición de un gobierno hipotético. Siempre en paz pero nunca con miedo.

Luego de esa explicación, debemos enfatizar con respecto a problemas internos de otros países y en el caso presente de Honduras, que El Salvador podría llegar de manera objetiva a ser participativo únicamente si hubiese necesidad ya que de continuar el impasse entre el actual gobierno de Honduras y el ex Presidente, Sr. Zelaya; el pueblo de ese país al verse afectado por el dictamen de aislamiento al país por parte de la señora OEA de Chávez (en la actualidad, Chávez domina a la OEA); tendría obviamente que buscar quizás hasta el comercio ilegal a través de sus fronteras  con El Salvador y Guatemala.

Dependiendo de la magnitud de la crisis, que algunos consideran podría llegar hasta a convertirse en guerra civil, principalmente por la absolutamente inapropiada intervención de Hugo Chávez; pudiese suceder que familias hondureñas tuvieran que emigrar hacia los países vecinos antes mencionados. Gran parte de ellos podrían ser salvadoreños que hayan vivido desde hace mucho insertados en la sociedad hondureña y hasta con hijos de esa nacionalidad.

Cooperar de alguna manera con la estabilidad comercial de Honduras sería nuestro gran reto pero lo sería aún más si, Dios no lo permita, los buenos cerebros fueran escasos y llegaran a una ingrata guerra civil porque familias hondureñas tendrían que ser absorbidas temporalmente por nuestro país. He aquí el problema. Para esto hay que prepararnos física y económicamente. Este puede ser nuestro protagonismo y no la búsqueda de una medalla o un trofeo, otra vez en Estocolmo... ya sería el colmo.

Por cierto, si existiese algún día la Unión Centroamericana, estos casos no se dieran y el progreso común seria cuantitativamente mayor y por supuesto, efectivo para todos.

En la actualidad existe disparidad en las condiciones de vida de unos u otros países. Por geopolítica, somos ahora siete incluyendo Panamá y Belice y cosa curiosa hasta Republica Dominicana participa en muchos tratados con satisfacción como si fuese parte original del Grupo, lo cual aumentaría el número a ocho. Esto sería fantástico por implicar mucha mayor estabilidad y progreso, sobre todo de las clases con menor poder adquisitivo.

Hay que reconocer que posiblemente algunos vivan imaginariamente en Europa o físicamente en las nubes. La unión centroamericana es vital para el verdadero desarrollo de nuestros pueblos y que estos avancen en la conquista de una vida mejor.

En Centro América y principalmente en El Salvador, por ser la cuna de la independencia, debe promoverse a toda costa el ideal de la unión de estos países y si alguno no desea participar pues que intente anexarse con Suiza, Venezuela etc. Veremos si lo aceptan.

El Salvador puede ser muy unionista pero no darse el lujo de ser burla de vecinos. El carácter debe sobreponerse.

A los pueblos y por ende a las naciones hay que respetarlos en sus decisiones pero no dejarse influenciar por las insolencias de los otros. Los que siempre criticaron la intervención norteamericana en nuestros asuntos, ahora callan cuando el peor de todos se cree Bolívar. Por favor, que ignorante el señor y sus seguidores aún más.

La relación de La República de El Salvador con sus vecinos de La América Central debe ser de mutuo y absoluto respeto por el respeto que a si misma se debe.

Se necesita promover la unión con quien así lo desee y por tanto la hermandad debe ser cuidadosamente ofrecida. Otra propuesta seria hipocresía porque tales sentimientos de hermandad deben ser mutuos. La enseñanza escolar que recibimos cuando niños posiblemente era equivocada pues el sentimiento de unión que nos inculcaban quizás no haya sido reciproco en todos los países "hermanos". Qué lástima, la idea es grandiosa y todavía debería tener validez.

## ME ENORGULLEZCO DE EL SALVADOR

La diplomacia a nivel de gobierno requiere un lenguaje muy interesante pero ¿Cuántas ideas quedan fuera y por tanto sin solución porque alguien no se atreve respetuosamente a señalar lo insensato? Así que solo me queda confirmar lo escrito y si la interpretación es errónea, nada que hacer.

No he querido ser hipócrita ni misterioso y menos irrespetuoso. Acá me he referido entre otros a los Presidentes Arias de Costa Rica y Hugo Chávez de Venezuela, este último quien definitivamente no está cerca de Bolívar en la historia venezolana como no lo estarán "positivamente" en la de sus respectivos países, Correa, Evo u Ortega.

Las alusiones a ellos creo que son justamente expuestas aunque aun así, no dejan de ser opiniones personales, hechas, eso sí, con el debido respeto.

Los países centro americanos se lamentan como Alejandra, la pobrecita niña que buscaba "tesoros" en el basurero de su pueblo; queriendo ser una sociedad mejor alimentada.

Mientras tanto los gobiernos perpetúan la miseria y la desesperación de la cual muchos toman ventaja. Para corregir eso si podemos ofrecer nuestro liderazgo.

Nuestros países prefieren el presunto machismo de los perdedores y continuar el lamento, en lugar de aunar esfuerzos y combatir la pobreza de una vez por todas. Es necesario erradicar LA TRISTEZA DE UN ESTOMAGO VACIO AL CAER EL DIA (sin contar millones más) bajo un plan similar aplicado en cada país. ¿O hemos olvidado la dependencia mutua existente, ejemplarizada cuando gentes de Nicaragua emigran ilegalmente a Costa Rica o buscan en El Salvador durante las zafras, su sueño salvadoreño?

Desde el punto de vista particular de nuestra patria, es imprescindible encontrar los medios que nos permitan ese progreso social tan rebuscado pero sin la intervención de regímenes izquierdistas que limitan las libertades. La mejor oferta debe ser nacionalista y digna.

# ME ENORGULLEZCO DE EL SALVADOR

## INTIMIDAD POLITICA DE EL SALVADOR

El Salvador puede y debe encontrar una forma de ser independiente de presiones extranjeras y para ello ha de concentrarse de manera primordial en obtener una auto-preparación que por sí misma le traería el respeto internacional. Algunas naciones podrían conformarse con tener prestigio, éste puede conseguirse; la nuestra debe obtener respeto, ése se merece.

Es por tanto de mucha importancia no entrometerse en las decisiones de otros y también no aliarse a grupos de simpatía ya que –reiteramos- las circunstancias íntimas de un país solo conciernen y son mejor conocidas por los habitantes de tal país.

La guerra de las cien horas entre Honduras y El Salvador jamás debió haber sucedido pero las circunstancias de política hondureña interna afectaron directamente la vida y propiedades de miles de salvadoreños que desde muchos años antes ya residían en Honduras, lo cual provocó su defensa por parte del gobierno salvadoreño.

Tal decisión y la consecuente invasión del ejército salvadoreño que llego hasta cincuenta kilómetros de Tegucigalpa, la capital de Honduras, sin embargo, no era la actitud prevista por organismos internacionales que presionaron y por ello se aceptó el retiro de tales tropas. En otras palabras si somos un país pacifista lo debemos demostrar. Algunos, sin embargo, todavía creen que hubo debilidad diplomática al aceptar un retiro posiblemente prematuro. Mejor supongamos que no fue ese el caso.

Ser pacifista y unionista no significa ser débil y en el futuro, nuestro gobierno debe prepararse mejor para un debate legal internacional que cuando perdió el bolsón territorial de la frontera con Honduras o cuando permitió una negociación de desventaja ante el mismo país por una isla en el Golfo de Fonseca.

El Salvador siempre ha tenido gente muy capaz en diferentes campos pero quizás por ceguera política, a veces no se nombran a los salvadoreños mejor preparados para solventar una dificultad. En otras palabras, los partidos "en" el gobierno mal interpretan esto como los partidos "de" gobierno como si éste les perteneciera y como si la nación no estuviera formada por cada persona natural antes que cada persona jurídica, incluidos los partidos políticos.

En esas circunstancias se necesitaba del intelecto y experiencia de nuestros mejores abogados e historiadores quienes preparados con las mejores herramientas no debieron haber mostrado tan fácil diplomacia, quizás falta de convicción. Para discutir ese asunto se debieron preparar tanto con archivos como visitando personalmente las áreas en disputa. Buscando por todos medios físicos posibles o hablando con los lugareños quienes pudieron conocer la historia desde sus abuelos; en inspecciones personales por los verdaderos litigantes en La Haya y no solo por medio de delegados o investigadores. Se necesitaban contactos directos además del estudio profundo de archivos, mapas y leyes.

Los expertos y no la ciudadanía salvadoreña fueron asignados a la defensa legal del territorio nacional pero eso no quiere decir que ese pueblo no tenga suficiente capacidad para opinar acerca del resultado de una investigación que solo resultó ser una perdida fácil. Ah, no hay duda; la vida en Europa es muy agradable y sofisticada, especialmente si es con gastos pagados.

Probablemente la mayoría del pueblo salvadoreño tenga la impresión de inconformidad ante un caso al que no se le dedicó mayor resistencia o mejor preparación in-situ. Lo anterior, sin embargo, ya es historia quizás no reversible y por tanto como cualquier mal recuerdo, algo de olvidar. Debemos ser positivos y optimistas acerca de nuestro futuro.

El espacio perdido lo podríamos recuperar creando hoteles y zonas turísticas en nuestras otras islas que hasta hoy han estado relativamente deshabitadas. Eso sería como revertir la perdida y maximizar la ganancia.

Ahora es tiempo de construir una nueva sociedad y reconstruir las esperanzas de nuestro país. Es hoy cuando debemos mantener una función completa y digna de aquélla promesa más importante y justa que un salvadoreño puede hacer, una invitación a actuar en conjunto siempre que: "saludemos la patria orgullosos" pues con razón diríamos "de hijos suyos podernos llamar". Tal como lo dice nuestro Himno Nacional. Si aunamos esfuerzos en un saludo respetuoso a la Patria, obtendremos el mejor derecho de ser hijos suyos y por tanto, hermanos entre nosotros, gente emprendedora quienes hemos de "conquistar un feliz porvenir" y arribar al momento de expresar con gozo: "de la paz en la dicha suprema siempre noble soñó El Salvador" y esa gran nobleza de todos nos hará corregir errores pasados, insidias o distanciamientos de cualquier naturaleza que nos impiden un genuino progreso.

Por el contrario, nuestro mayor anhelo será la búsqueda constante de métodos que permitan mancomunar nuestros pensamientos bajo el afán de salvaguardar a la sociedad necesitada con el confort de saber que cuentan con una comida segura, un techo adecuado y una educación formal o suficiente para aspirar a mantener ese nuevo estándar de vida.

Todo lo anterior se conseguirá a base de estabilidad política observada de manera profunda, de forma totalmente sincera y dedicada a la búsqueda de la paz. Ante todo, mantener la paz interna del país y luego la paz con los hermanos países de Centro América.

Si nuestra democracia demuestra madurez en esas relaciones, estará lista para mantener relaciones dignas y de mutua confianza con todos los países, aún esos que promueven doctrinas totalitarias que restringen la libertad humana como si los gobernantes poseyeran a su ciudadanía.

## ME ENORGULLEZCO DE EL SALVADOR

En un nuevo siglo, cuando el ser humano se refugia en sus derechos o se propone encontrarlos, con la igualdad y respeto que merecemos; es excepcionalmente importante que el gobierno de El Salvador, en el caso que nos ocupa, afirme obviamente que el sistema político debe ser el de la democracia representativa que establece nuestra Constitución Política. Y por acá nace el problema actual en nuestro país.

Tal problema tiene origen, como se ha expresado en otras opiniones, en el irrespeto que se ofrece a las instituciones básicas. Cuando conviene a algún poderoso sector legislativo hacer algún cambio a las leyes secundarias e inclusive a la Carta Magna, empiezan por considerar un consenso en su cámara; ignorando la opinión del público o la ley misma.

Es cierto que un Diputado es el representante de un sector de la población pero eso no lo autoriza a tomar decisiones impopulares que resulten dañinas a los verdaderos intereses de sus electores. ¿De qué sirve un sistema representativo si los principios se manosean o alteran a voluntad?

A mediados de este año, 2009, la Asamblea Legislativa de pronto se inventó tener Presidentes Rotativos por el único propósito de acomodar a dos que probablemente ni merecen estar en tal posición, especialmente uno de ellos que después de haber sido derrotado en elecciones pasadas, por medio de intrigas políticas se mantuvo "empleado" como consejero del mismo cuerpo institucional para salir luego como el flamante Presidente que no ha dejado más que huellas de intrigas durante sus gestiones. ¿Por qué permitir tal situación? ¿Por qué esa persona que antes perdió una elección, ha logrado mantenerse cerca del poder?

Claramente por cizañas porque ya no se sabe si ese señor representa a Cabañas o a San Salvador o a su bolsa únicamente.

Ni usted, estimado lector, ni el que esto escribe obtendríamos tal derecho, ¿Por qué esa perpetuación que lo hace "tan imprescindible"? ¿Es esa persona, del pcn, acaso un pariente cercano de Sócrates o Platón, tan genialmente dotado por su profundo conocimiento filosófico de la democracia o dona su tiempo y regala dinero por lo cual deban mantenerlo como asesor insustituible, aún sin categoría especial? No, no. Más parecen, él y otros, ser parientes del mismo Maquiavelo.

Es solo una muestra de la corrupción bien arraigada en el flamante recinto. Así también se debe omitir de ahora en adelante llamar a los diputados con esa frase común "Padres de la Patria". Que se lo crean ellos.

Los verdaderos Padres de nuestra Patria son quienes nos brindaron con su lucha y visión la libertad absoluta como Estado. Ojala ningún periódico llame más a los Diputados de esa forma. Es al contrario, ellos son los hijos más comprometidos, porque así lo escogieron ellos mismos, en demostrar su respeto, fidelidad y subordinación a la

Constitución para el beneficio de los compatriotas que confiaron con sus votos "en sus promesas de honor".

Al final de este 2009, se ha creado una fracción independiente, GANA,  que ha nacido ya prostituida y para la cual ya se ha ordenado la construcción de recintos particulares en la Asamblea. Eso es para los partidos políticos debidamente inscritos.

Esos diputados disidentes son ahora solo independientes pero no han constituido un partido aparte que les de ese derecho de tener recinto especial. Están tratando de inscribirlo pero alguien dijo que están firmando listas con nombres inventados. Lo creo y me lo imagino; un grupo de empleados llenando nombres hasta llegar al número requerido. Ellos deben seguir las reglas del Consejo Electoral colectando firmas reales pero desde ya despilfarran dinero que no es suyo.....ES DEL PUEBLO.

Aquí sugerimos que se establezcan límites de "servicio" en el órgano Legislativo en no más de tres  términos. ¿Pueden comprometerse o no se atreven? Que no haya oportunidad posterior para someterse nuevamente a elección a Diputado o Presidente de la República, nunca. Esta sería la mejor herramienta para mantener el respeto a la sociedad y para evitar lo que antes acá se ha criticado, el que se mantengan imperecederamente en el poder; demostrando que ese es su único modus vivendi.

## ME ENORGULLEZCO DE EL SALVADOR

Todas esas equivocaciones anteriores nos han permitido analizar las posibilidades y llegar a las conclusiones sugeridas para evitar continuidad de los mismos políticos que es como decir el establecimiento de los problemas. ¿Por qué no mejorar el sistema de una vez por todas?

Este proyecto completo no dice nada extraordinario pero con el lenguaje franco que se ha utilizado y la amplitud de tópicos discutidos, se trata de sintetizar la situación y ofrecer soluciones simples porque estamos convencidos que los políticos, por su gran gama de intereses personales, complican el diario desarrollo de nuestra nación.

Muchas veces los partidos políticos han sido creados sin una visión clara de sus propósitos. Todo esto hay que corregirlo porque usualmente esos partidos nacen de las circunstancias como un legado de otros partidos existentes. Por el contrario, deberían crearse en base a genuinos ideales que eventualmente sirvan para corregir las necesidades de la sociedad salvadoreña en su totalidad.

Ya es tiempo de respetar nuestras instituciones y principalmente, La Constitución Política. Es absolutamente importante parar evitar la comercialización desesperada de los funcionarios de los tres poderes del Estado, especialmente la Asamblea Legislativa que poco se permuta.

Se ha desatado una inestimable consciencia CORRUPTIVA en toda función administrativa o pública que afecta a la sociedad salvadoreña.

## ME ENORGULLEZCO DE EL SALVADOR

Los políticos en general, han creado una clase sin compasión para el débil pero si con mucha pasión por el dinero.

Es el momento de rescatar la nación que se desea construir a base de educación, esfuerzo, humildad, INTEGRIDAD y respeto a las personas e instituciones.

Tenemos que rechazar la vagancia, la pereza, la arrogancia, la CORRUPCION y el irrespeto a cualquiera.

Nos corresponde demostrar que somos dignos hijos de El Salvador y consecuentemente, capaces de reaccionar y revertir las grandes anomalías que hemos producido.

Ya basta de ejemplarizar a otros países y menos aún si tienen aproximadamente las mismas limitaciones del nuestro. Por eso este proyecto hace sugerencias, tal vez equivocadas, pero que pueden ser el punto de partida para una corrección.

Poner como ejemplo a otros podría tomarse como humildad pero si tenemos gente pensante o suficiente amor propio y amor por la nación, podemos entre todos encontrar las soluciones del caso. Eso no sería arrogancia sino convicción de principios. No necesitamos copiar a nadie pero si algún día eso es opción, habrá de ser por algo importante.

Hace varias décadas se vislumbraban mejores posibilidades pero nuestra necedad política no permitía ver la objetividad.

Todo tenía color de oligarquía o de comunismo, nadie pensaba en el país. Por un lado la CIA dictaba conductas e imponía personajes –de dinero, claro- y por el otro lado, decían que el papá sabio era Castro. A este nunca le interesó el bienestar de nuestro país sino la pieza de dominó que representaba.

De Estados Unidos se conseguía dinero para seguir funcionando, algo así como para mantener la tienda abierta; mientras de Cuba solo llegaba dinero para grupos de sedición.

Esos grupos podían dedicarse al desorden pero no al trabajo ya que su trabajo era venderle ilusiones a la población. Lo mismo hacían los militares con los dineros de Washington.

Por eso llegó la guerra, por la incapacidad de sentarse a planear con sinceridad para mejorar la calidad de vida.

Y acá debo agregar, el peor error cometido por dos personas, grupos, facciones políticas o naciones en disputa es el irrespeto o burla a la opinión ajena lo cual no les permite llegar a un acuerdo lo cual si logran después de presión o pérdidas de vidas humanas u otras crisis.

Pero no se crea que algunos "contrarios" no planeaban juntos. Claro que sí y disfrutaban lo que planeaban, sus conocidas borracheras. Era el caso de un famoso Rector comunista de la Universidad Nacional y un Presidente que invento un "partido de prostitución nacional" que gobernó 17 años como dictadura.

## ME ENORGULLEZCO DE EL SALVADOR

El Rector era repugnante y altanero y si le hubiese interesado tanto el progreso particular del país, pudo haber incidido de mejor forma en la historia, simplemente promoviendo mejores soluciones. Pero su "persuasión" era posiblemente nula o no le interesaba cabildear con ricos terratenientes.

Así, el Sr. Rector optó por contestar mal a un estudiante que se atrevió a preguntarle porqué había buscado técnicos de pesca (para la carrera de Tecnología de Alimentos) en Moscú en vez de Perú siendo que también ese país los tenía muy buenos, del mismo idioma y más cerca. La tonta respuesta que escuché fue: "cierto Bachiller, Moscú está a 20 o 30 horas de vuelo". Totalmente irrelevante aunque se llevó un aplauso de sus incondicionales seguidores.

Esa irrelevancia y arrogante terquedad son parte de lo que ha llevado al país a la situación actual, con tal grado de polarización política que los únicos ganadores son ellos mismos, los políticos CORRUPTOS.

Y como secuela de la guerra civil llegaron las pandillas. En el momento menos oportuno, porque se había firmado los Acuerdos de Paz y cuando la gente celebraba su libertad después de doce años, cayó el increíble azote de violencia social que luego, poco a poco, se fue convirtiendo en máquina de extorsión y exterminación todavía vigente.

Lamentablemente, esos grupos –pandillas- que actúan criminalmente, no han sido reintegrados a la sociedad y su maldad continuará mientras los de cuello blanco también continúen extorsionando al gobierno y a la sociedad.

Este proyecto cree y lo ha expresado en otras páginas, que a estos jóvenes delincuentes se les debe dar atención psicológica y demás pero asimismo se les debe castigar fuertemente con cárcel e incomunicados, sin derechos humanos que por el contrario pertenecen a la víctima.

Nuestro gran país futuro debe ser precisamente eso, grande, y sus hijos aún más grandes, no con arrogancia sino intelectualmente para servirle mejor. La humildad debe ser también nuestra mejor herramienta. De allí en adelante no importara quien se crea prestigioso. Nuestra única meta el auto-respeto que nos conseguiría el respeto internacional que realmente vale. Dediquemos el máximo esfuerzo a lo que emprendemos, sin desperdiciar capacidad.

Para ello hay que respetar las instituciones y estas al individuo, lo cual parece olvidado. Renovemos conceptos pero no queramos renovar la Constitución a priori. Sugiero que se establezca dentro de veinte y cinco años a partir de 2015, con motivo o sin él, una Asamblea Constituyente limitada a actualizar dicha constitución de acuerdo a los nuevos tiempos pero no a circunstancias de interés particular. Después de esa posible modificación o aceptación completa, se debe respetar como Carta Magna hasta la posteridad. Ese ejemplo de respeto lo dan los países verdaderamente cultos.

# ME ENORGULLEZCO DE EL SALVADOR

Además, siendo que nuestra democracia es cada día más estable, no puede el Estado darse el lujo de que sus instituciones clave sean distribuidas en cuotas de poder de los partidos políticos inscritos. Los funcionarios deben ser nombrados por el Presidente y ojalá éste aprenda a reconocer los méritos de sus oponentes políticos e incluirlos en su gobierno por mérito aunque no por cuota.

Pero hay funcionarios en ciertas instituciones que DEBEN SER totalmente apolíticos; particularmente en el Consejo Electoral, Corte de Cuentas y Fiscalía de la Republica.

Habiendo conducta apolítica, habrá verdadera justicia.

Por último y siendo que este "Es Mi Plan Porque... Me Enorgullezco De El Salvador" y siendo que sirve como un modelo para una presidencia utópica, me permito reiterar el establecimiento temporal –cinco años- de la PENA DE MUERTE, aun contrariando los principios Cristianos del pueblo salvadoreño y el mío propio; con el solo afán de terminar con el sufrimiento constante de la nación que, por el contrario, debe servir a DIOS, con UNION para la LIBERTAD de todos los compatriotas.
ATREVETE, SALVADORENO ATREVETE!

# ME ENORGULLEZCO DE EL SALVADOR

Fredericksburg, VA. Diciembre 28, 2009. Enviado a mis amigos, por correo-e.

## ESTABILIDAD O DESILUSION

Es la hora de consolidar nuestra democracia, bueno, eso si de verdad queremos hacerlo. Luego de los primeros seis meses del gobierno del Presidente Mauricio Funes y cuando entraremos a la segunda década del siglo XXI, nos encontramos en el momento justo para delinear la verdadera ruta a seguir con el objeto de estabilizar la función Estatal que nos permita un futuro más productivo y con mayor nivel cultural lo que también nos brindará, primero Dios, la oportunidad de arribar al bicentenario como una nación de segundo o, mejor aún, con nuestro esmero, en camino al primer mundo. Puede ser.

Considero que no estamos tan lejos de semejante logro. Basta con cambiar de actitud bajo una forma de pensar en común; con sacrificio, austeridad y con un objetivo también común y bajo normas de honestidad, transparencia y misticismo nacional. Si hacemos lo correcto estaremos en camino a la estabilidad y el progreso. De otro modo, solo conseguiremos el estancamiento o, lo que es peor, el retroceso que nos desilusionaría.

## ME ENORGULLEZCO DE EL SALVADOR

Para llegar a esa meta trascendental será necesario consolidar ciertas políticas que nos permitan establecer de manera definitiva el prototipo de nación que necesitamos.

Todo el país clama por el cambio de parte del gobierno. Este proyecto sabe de eso pero también grita  desesperado por el cambio de actitud individual. Esto es conciencia. Lo otro a veces lleva al anarquismo.

Ante todo, El Salvador debe luchar por conseguir mutua comprensión y cooperación entre el sector político y el sector financiero  del país. Saber guiar al pueblo que comprende todo, no nos engañemos. El Presidente debe buscar un acuerdo con el partido que lo patrocinó, convencer a sus dirigentes que se necesitan leyes adecuadas que no promuevan lo impropio (el progreso personal) sino el progreso real de la sociedad.

La consolidación de la democracia en El Salvador debe darse de acuerdo con nuestra idiosincrasia y para lograrlo, los partidos políticos participantes en una elección deben tomar los resultados de ésta como un dictado actualizado por parte del pueblo votante.

Tales resultados deben aceptarse como la decisión soberana que deba regir tal momento, ese período, exclusivamente, y no  por siempre.

La Constitución de la República debe ser absolutamente guardada y respetada como la razón para el mantenimiento constante de la nacionalidad. Nadie tiene el derecho de apropiación del Estado y aunque éste posea propiedades físicas, podríamos decir que éstas son hasta cierto punto "intangibles".

Si un gobernante confunde esa "intangibilidad", se convierte en dictador por el mismo hecho de creerse dueño de la nación. Por ello la Constitución no puede ser modificada a simple albedrio. Posiblemente el magno documento no ofrezca una perfecta legislación y eventualmente deba ser revisada aunque no necesariamente modificada para actualizarla a capricho.

La Constitución Política de la República de El Salvador es un documento sagrado cuyo valor intrínseco debe mantenerse de generación en generación. Pero si se establece anticipadamente la revisión periódica de la Constitución, se podría efectuar cada veinte y cinco años y ello evitaría propuestas de modificación con fines dictatoriales.

Debe también ser establecido que aquel gobernante que intente modificar la Carta Magna bajo sospechas de establecer su perennidad en el poder, será destituido en cuanto se demuestre su intento.

Hemos propuesto la necesidad de continuidad de las instituciones gubernamentales empezando por la esencia de las mismas, la Constitución. Pero a esto hay que agregar que se debe evitar una costumbre adquirida no hace mucho tiempo y la cual denota cierto egoísmo queriendo proponer un sello particular por parte de un presidente o un partido cuando comienza su periodo en el poder.

Hace unas décadas, cuando crecíamos, existían los Ministerios de Cultura y Justicia y con esos nombres operaron bastante tiempo pero se ha cambiado la mentalidad y en la actualidad uno de ellos o ambos sufren modificaciones casi cada vez que se inaugura un período presidencial. Lo mismo sucedió con el Ministerio del Interior.

Lo importante no es el nombre sino las atribuciones y resultados aunque más importante aún debió haber sido mantener un nombre tradicional precisamente como muestra de la continuidad institucional antes mencionada porque perdemos identificación con suma facilidad.

Cambian los formatos y como complemento se crean nuevas instituciones secundarias, Direcciones Generales, que no son permanentes pero si limitan, durante su efímera existencia, el propósito global de la institución primaria, el ministerio bajo el cual se crearon. Podría decirse que son nuevas fuentes de trabajo- ad hoc- para allegados.

Aparte de instituciones ministeriales y como ejemplo, podemos observar que cada nueva primera dama establece algún programa social de cierta importancia el cual, sin embargo, deja poco resultado positivo primero porque termina el mismo día que ella deja "su oficina" y segundo porque ha sido diseñado más como una vitrina social para la misma persona que supone ofrecer ayuda social, especialmente a los pobres, sujetos de atención.

Seguramente la primera dama de turno quiera expresar el deseo de resolver una necesidad pero ¿es acaso totalmente cierto si antes no ha mostrado interés, por ejemplo siendo voluntaria de La Cruz Roja u otra organización similar? Los necesitados en estos casos reciben poca voluntad pero la señora primera dama luce muy bien durante cinco años.

Si se comprueba que la función de la presente primera dama vale la pena de ser preservada para su continuidad, debería su obra ser mantenida para ser patrocinada por la representante del próximo presidente.

Sin afán de cinismo me parece claro que debemos suponer que mientras no haya un programa continuo que sea adoptado y presidido por cada esposa de Presidente, los resultados solo se verán negativamente como una expansión del gasto gubernamental. Aun aquí debe establecerse la idea de continuidad de la institución.

Por tanto, aún la oficina y causa noble de la primera dama de la república debe ser parte de la planificación aludida para evitar egos, magnificar los resultados y ahorrar recursos monetarios que nuestro país no puede desperdiciar.

Obviamente, debido a que la esposa del Presidente no es funcionaria, quiere decir que ella podría no participar en ninguna actividad social o él podría ser soltero o viudo pero para mantener la continua actividad, la institución ha de mantener una persona con capacidad de gerente general  en control de todas las negociaciones y proyectos; solo agregando la capacidad de la primera dama, cuando ella acceda, como principal negociadora y representante. Muy posiblemente toda Primera Dama aceptaría  su participación en una institución social con continuidad. De lo contrario, ella puede dedicarse a alguna otra organización no lucrativa nueva o ya establecida pero sin ningún respaldo económico gubernamental.

Así mismo, en base a la continuidad institucional, se debe mantener toda la principal infraestructura del gobierno; haciendo cambios no por imprimir un sello personal sino solo cuando sea verdaderamente imprescindible para el mejor funcionamiento de algún proyecto. Olvidemos ya nuestro ego y pensemos en forma global, inclusiva de todos los salvadoreños.

El hecho de gobernar a un pueblo no es más que una representación la cual debería llevar un gran honor y harta responsabilidad a los elegidos o escogidos para hacerlo. Ese honor debe ser manifestado trabajando con absoluta honradez en el manejo del tesoro y oportunidades políticas.

Debemos celebrar un nuevo estilo de vida responsable por parte del ciudadano y del gobierno, llena de cortesía  y respeto a las leyes.

Toda persona relacionada con la política debería comprometerse a alejarse de conductas hipócritas, deshonrosas, de latrocinio y falta de dedicación por los intereses verdaderos de la sociedad salvadoreña en su totalidad. En cambio, hay que abrazar las buenas costumbres y el verdadero interés en el desarrollo conjunto de toda la nación. De lo contrario, abundará la desilusión. El concepto del político rutinario debe cambiar cuanto antes.

Otra vez les invite a la risa ¿no? Asimismo me río pero quiero creer que es posible, ATREVETE.

# ME ENORGULLEZCO DE EL SALVADOR

## IMPORTANCIA DE LA FAMILIA

Es importante proteger a la niñez como base de la familia tradicional y para ello la educación tiene máxima importancia. La salud es el segundo factor de suma importancia para el bienestar. Los presupuestos futuros deben contar con los suficientes fondos para fortalecer esas carteras. Obviamente la seguridad individual también es muy importante para cada uno y por ello, aunque la actualidad social demuestra la necesidad de priorizar la seguridad, pensamos que el futuro sigue estando en la educación.

Eso significa que la importancia de la educación se antepone a la seguridad pero siempre que los valores totales de la educación, la salud y la seguridad (en ese orden) sean realmente altos, presupuestalmente hablando.

En el futuro cuando la educación sea mayor y la pobreza menor, comprobaremos que mayores gastos en seguridad ya no serán prioridad y para ello debemos prepararnos.

Hay prioridades dentro de una sociedad. Las ya mencionadas lo son pero existen para otras personas otras prioridades que no necesariamente son el común denominador para la sociedad, aunque representen a algún grupo o clase social.

Esto origina diferencia de opiniones y con ello, una apelación a los derechos humanos, que han sido establecidos como una evolución o un justo logro, a veces abusado, de la sociedad moderna.

Estamos absolutamente de acuerdo con tal doctrina pero...todo derecho tiene también un deber como línea coincidente pero opuesta y esto significa que no solo hemos de pedir sino también estar dispuestos a contribuir.

El significado se establece  porque ambas características, derecho y deber,  de igual valor social, están mutuamente comprometidas para obtener el balance que se torna imprescindible para el progreso de una nación que tiene la aspiración de llegar a ser económica e intelectualmente progresiva. El balance de esas fuerzas nos  permite un resultado común.

Por tanto, no podemos abusar de los derechos humanos como excusa que nos inhiba en tal progreso, el cual debe ser generalizado. A eso se debe que un mensaje sincero sea necesario, algo como un dulce que no esté cubierto por una capa de azúcar hecha con el jugo del interés personal y sin una verdadera función de colectividad; al fin de cuentas un dulce, aparentemente grato.

Por ejemplo, no hay tiempo que perder en "'matrimonios gay" (justificando lo injustificable) o cosas similares solo porque pequeños sectores de la población, por interés propio u otros países así lo demanden. Esto no significa discriminación de ninguna clase, simplemente ser objetivo y concentrado en las metas globales que haya que conseguir.

## ME ENORGULLEZCO DE EL SALVADOR

El Estado debe promover el bienestar y funcionalidad de la familia y obviamente las personas homosexuales son parte de esa ecuación, pero siendo la de ellos una conducta sexual innatural, la obligación del gobierno es mayor para el verdadero bienestar y respeto a toda la idea de la familia tradicional.

Las personas gay no sufrirán ninguna persecución por parte de nadie en lo absoluto pero su comportamiento no debe ser de demandar. Su conducta no puede ser vista con ligereza. No debe caber la hipocresía de dar prioridad a la conducta gay por derechos humanos mal entendidos por el solo hecho de querer conquistar (comprar) votos.

No olvidemos que aunque tienen en privado el derecho a ser homosexuales, por la misma razón puesto que todo derecho conlleva deberes; es necesario que eviten ser una carga innecesaria para el Estado porque los tratamientos médicos especializados que luego requieren como resultado de su conducta son verdaderamente caros y tales recursos podrían utilizarse para otras enfermedades como cáncer, ceguera, corazón, digestivas, pulmonares etc. tan comunes en el resto de la población, inclusive los niños. Al menos, deben evitar el exhibicionismo y quizás mal ejemplo.

Ojalá se entienda que aunque como seres humanos los respetamos y como compatriotas les procuraríamos lo mejor, eso no significa que debemos ignorar una condición sinceramente degenerada pues conlleva promiscuidad y dicho con justicia, no exactamente apropiada de acuerdo con lo natural.

No estamos culpando a la comunidad gay de los males de la salud de nuestra nación, pero si su conducta fuese en muchos casos, adquirida y no congénita -perdón si consideran el dato como inexacto- podría evitarse algún dolor social.

En esos casos padecer es evitable y por tanto la conducta no es defendible; tal como personas que pudieron evitar epidemias de cirrosis por tomar licor en demasía o enfisemas masivos de los fumadores e inclusive la procreación de hijos por hombres irresponsables quienes son parte de una relación sexual ocasional de la cual resultan hijos de madres solteras lo cual en nuestro país resulta ser para muchos de los irresponsables, una sádica diversión.

A propósito, se debe controlar el consumo de licor aprobando menos licencias de venta, reduciendo las horas de consumo y venta, hacer campaña de concientización ciudadana que sea más efectiva que las leyes prohibitivas y por todos los medios posibles, prohibir el consumo de alcohol especialmente a menores y mejor aún, evitar que cualquiera persona maneje armas o vehículos bajo alguna influencia enervante.

Con tal idea de comprensión y prevención social se reducirían costos de policía, costos médicos y mucho dolor. De lo contrario seguiremos lamentando el resultado de la ambivalencia hipócrita al promover el máximo consumo por cobrar más impuesto pero gastar más y más en atención médica y legal; permitiendo a la vez el estancamiento de la familia por viudez, orfandad o desamparo.

En realidad no tiene sentido promover más impuestos sin analizar consecuencias. Está bien que haya un mayor impuesto al cigarro o al licor pero sin aumentar los lugares de venta. Se debe establecer un límite de la producción nacional o importación de ambos productos en proporción a la población y con una tendencia negativa al consumo.

Actualmente cualquier ganancia fiscal es inmediatamente re-invertida en algo improductivo como son los gastos hospitalarios de emergencias, acción policial y legal u otros que podrían evitarse. Debemos cambiar actitud porque nuestra displicencia o inacción nos empobrece mucho.

Estaría bien establecer un plan de hospitales móviles que pudiesen viajar constantemente por todo el país como caravanas compuestas de cinco o seis camiones acomodados como clínicas, oficinas y pequeñas salas de operación médica o dental. Estos hospitales menores no compensarían la necesidad de los grandes pero serían una gran ayuda para las expectativas de la población rural. En zonas costeras o islas, bien podrían utilizarse hospitales flotantes en pequeñas embarcaciones. Pensemos masivamente, recordemos que somos un país sobre poblado.

## ME ENORGULLEZCO DE EL SALVADOR

A propósito de lo anterior, El Gobierno de la República debe mostrar mayor interés en ejemplificar y educar a la población para el control individual de la natalidad, sin imposición de gobierno; basado en las buenas costumbres y la responsabilidad para evitar también que nazcan tantos niños de madres solteras y reitero, padres "por accidente". Aún en este sentido incide el que se ingiera tanto alcohol.

El problema de pandillas lo analizaremos como de familia porque es allí donde se encuentran sus raíces. Los pandilleros son gente muy violenta e irrazonable, capaces de todo por "su hermandad" y empleo por los carteles. Empecemos con un acercamiento con tratamiento siquiátrico para cada uno de ellos que haya sido arrestado, como se ha dicho por separado.

A pesar de todo, ellos no deberían tener derecho a teléfono celular ni a visitas semanales a sus celdas. Si están presos es generalmente por algo grave y si bien es cierto no se les puede maltratar tampoco merecen que les consientan caprichos.

Este problema social no nació exactamente en Los Ángeles, allá solo se integraron como pandillas. Desgraciadamente muchas familias al huir de la guerra llegaron a barrios pobres de aquella ciudad, los padres tuvieron que trabajar posiblemente muchas horas mientras los niños en casa, solos, los mayorcitos con algunas secuelas de la guerra que habían vivido y los otros siendo menores aprendieron de sus hermanos y amigos.

193

## ME ENORGULLEZCO DE EL SALVADOR

Si no hubieran tenido que salir, ahora la sociedad salvadoreña no tendría que huir de las pandillas. La influencia pandilleril la encontraron en California porque ya desde mucho tiempo atrás existían en Los Ángeles las pandillas de México-americanos en East L.A. Por otra parte las pandillas del Sur Centro de la ciudad, Cripps y Bloods mantenían un constante pleito entre ellos pero aterrorizando a los ciudadanos vulnerables para expandir "la empresa". Por acá cayeron los nuestros.

Los muchachitos salvadoreños, que ya hablaban inglés, poco a poco hicieron pactos con los grandes que en sus carros lujosos y de vidrios oscuros constituidos en oficinas de mafias, distribuían la mercadería que los nuestros empezaron a vender; drogas en bicicleta. Para empezar, se alucinaron con el lujo de los mafiosos y ellos mismos, con el tiempo ascendieron, elevando su nivel….de crimen.

El problema es que ahora debemos convencerles que es el pueblo al que seguramente van a decir que "quieren mucho", al que ellos mismos hacen sufrir. No son los Cripps ni los Bloods o los del Este de L.A. los que sufren y lloran sino una sociedad que sería mucho más feliz viéndolos reintegrados a sus familias y a las buenas costumbres, productivamente.

Se sabe que muchos han tratado de eliminar sus tatuajes usando cuchillos con mucho filo para cortarse la piel.

La mayoría, si no se planifica su re-inserción para que tengan una vida honesta y productiva, no tendrán otra opción que una existencia entre paredes de cárcel o una vida subterránea que pronto no sería vida pero si estaría realmente cubierta por tierra.

La guerra civil no fue culpa de esas familias, de paso de escasos recursos. Los muchos gobiernos anteriores y los que siguen viendo en el comunismo la solución, fueron los responsables de que la guerra se suscitara. Asimismo era de aquellos gobiernos la responsabilidad de tanta pobreza en el país, lo cual no permitió mayor educación a muchos sectores sociales. Pero como hemos reiterado que este proyecto no es para recriminar sino para buscar soluciones; debemos ahora insistir en los métodos aplicables hasta que la violencia pandilleril y sus ramificaciones de narco-trafico terminen en este bello país que tiene derecho a vivir una nueva y productiva vida. Y tampoco nos conformemos porque las pandillas sean un problema de extensión mundial.

En pocas palabras, porque ya se ha dicho en otros párrafos, la solución a la violencia pandilleril y de narco-traficantes en estos años del nuevo siglo, si no se logra su re-inserción  en la vida honesta, es la exclusión y confinamiento de quienes infringen la ley con tanta violencia. Se habrían de excluir de cualquier posición de derecho y ser confinados en una isla del Golfo de Fonseca, sin el lujo de visitas familiares o de comunicación a base de tecnología moderna. Poco a poco se limpiaría la escena nacional y algún día, primero Dios, las leyes restrictivas sean menos necesarias.

Para eso también el gobierno necesita carácter, rectitud, fortaleza, prudencia y justicia para con todos. Si alguien falla, incluyendo ministros de Estado o ministros religiosos, diputados, empresarios o quien sea que infringe las leyes, debe pagar las consecuencias. Si es buen ciudadano, también merece el elogio.

Es urgente combatir el consumo de drogas porque eso resulta ser "la demanda" que es satisfecha por "la oferta" de los expendedores de droga pero convidadores de crimen. Esa es la causa cuyo efecto es la venta intensa de drogas. Claro, venden las drogas pero regalan la muerte. Por tanto es a la sociedad "limpia" a la que también hay que responsabilizar por el consumo constante.

Similares penalidades deben ser aplicadas tanto a un miembro de pandilla que hace muchos años se descarrió, como al "joven bueno" que ya está cayendo. Por supuesto que en ambos casos hay que intentar por todos los medios un plan metodizado a convertir esas pobres mentes y reinsertarlos en la sociedad de buenas costumbres, fuera de sus limitaciones por voluntad pre-establecidas.

De allí que sea urgente el énfasis en la educación a todo nivel. En ese aspecto se necesita una actitud de constante vigilancia tutorial del avance académico de cada estudiante y a veces, cuando las circunstancias lo ameriten; aun a nivel universitario para evitar el desperdicio.

## ME ENORGULLEZCO DE EL SALVADOR

Observaremos entonces que los mejores gobiernos no necesitan tanta ley pero sus mandatos se aprenden a respetar, a base de una adecuada educación y disciplina.

Siempre he creído que si hubiese como antes, un conglomerado estudiantil dedicado cada día al estudio y tareas escolares, aunadas a la constante supervisión de maestros y padres exigentes; habría mayor responsabilidad por parte de la juventud.

## ME ENORGULLEZCO DE EL SALVADOR

## SEGURIDAD SOCIAL

No hay razón para proteger como suele hacerse, con exageración, a los pandilleros o narcotraficantes, criminales que llenan a diario de más y más dolor a nuestras familias. No podemos permitir seguir siendo rehenes de semejantes bárbaros. Sin embargo ellos son protegidos en las cárceles y separados de sus rivales pero en su mayoría no están bajo ningún plan de re-inserción social.

Sería factible, el establecimiento de una "Comisión Supervisora de Juicios de Pandillas y Narco-tráfico," de carácter secreta para evitar sobornos o amenazas; que analice los errores cometidos en un juicio cuando se haya con obvia certeza demostrado la corrupción prevaleciente en el caso. Otra opción, extender suficientemente el tiempo para encontrar las pruebas necesarias para la convicción sin derecho a apelaciones, hasta treinta días, en vez de las setenta y dos horas habituales.

Se dan tantos casos y tan obvios en la culpabilidad del sospechoso pero por omisiones legales evitables no hay acusación formal. Más aún si los sospechosos son un grupo.

Recordemos que actualmente existe una gran abundancia de Licenciados en Derecho quienes ganarían mejor por defender al criminal que por ser parte de la fiscalía pues los sueldos de gobierno son bajos. Por otra parte, si estos licenciados posiblemente estudiaron en universidades de menor respeto; pueden estar propensos a cometer fallas técnicas del Derecho que dan lugar a que algunos casos judiciales sean declarados nulos. La pérdida de la vida de un solo salvadoreño más es mucha, y se debe buscar "cero tolerancia". Pongamos énfasis en que no se repita. No podemos darnos el lujo de perder gente que ya es o sería valiosa en el futuro. Si su vida les hubiese sido respetada, cada víctima salvadoreña pudo haber contribuido en grande al progreso nacional.

Quiero repetir esta sugerencia con respecto al problema de pandillas:

Ante todo se debe planificar estratégicamente, con tácticas militares puestas en práctica inmediatamente por el Ejército y la PNC sin afán de predominar.

Esa burocracia a la que me refiero son las limitantes establecidas por los acuerdos de paz que no previeron la situación actual de violencia extralimitada. Por tanto y en bien del país pero con sensatez, cuando sea necesario, se debe autorizar el uso de la fuerza armada para combatir el crimen aún si los famosos acuerdos lo prohíben. Es solo por sentido común. El ejército no puede dormir mientras la familia llora.

Los arrestos se deben dar cuando sean necesarios y mantener encarcelados a los sospechosos hasta un período de treinta días –medida de emergencia- suficiente para encontrar pruebas. Luego se impartirá justicia y no en base a sobornos.

Este proyecto preferiría irrespetar un mandato de la ONU y no la Constitución Nacional. Si es necesario autorizar a la Fuerza Armada de El Salvador para combatir el crimen organizado implementado por pandillas, que así sea, para salvaguardar la paz de la nación.

Ya ha quedado demostrado que nuestro país ha pecado de inocente al obedecer a los organismos internacionales puesto que otros países en iguales circunstancias, ignoran esos mandatos. Si según los Acuerdos de Paz de 1992, la PNC es la sola institución autorizada para combatir el crimen brutal de estos tiempos, ese mandato debe ser ignorado con tal de emplear además al ejército nacional con el mismo objetivo. Urge evitar una muerte más.

Se debe planear simultáneamente la re-incorporación de pandilleros a la sociedad toda vez que cumplan con una estrategia social adecuada y concebida para largo plazo.

De ser encontrados culpables, bajo un proceso limpio, pagarán tiempo en cárcel pero sin los privilegios de acceso al celular, a cónyuge, drogas o cualquier otra conveniencia. Esas cárceles, por el contrario deben edificarse en alguna isla deshabitada del Golfo de Fonseca. Las visitas familiares serían prohibidas durante los primeros siete años y luego de ese tiempo, aún muy limitadas a dos visitas por cada año. Los presos han de estar juntos y no segregados según diferentes pandillas de origen. Si aprenden a convivir se estarán preparando mejor a su reinserción a la sociedad, de lo contrario ellos mismos sufrirán.

Como prisioneros solo podrán recibir una reducción de tiempo al ochenta por ciento de la pena que se les haya impuesto si y solo si su conducta es absolutamente distinta y comprobable aun a los ojos de todo empleado del sistema carcelario y por supuesto documentado en detalle. También deberán cumplir con un proceso de remoción de tatuajes excesivos y la dedicación completa al trabajo dentro de la cárcel y al estudio progresivo, no solo eventual. El trabajo en agricultura para su propia alimentación debería ser combinado con el deporte o el aprendizaje del arte u oficio que prefieran.

La vigilancia en este centro de máxima seguridad debe también ser supervisada y rotada para evitar sobornos y total corrupción. Tal vigilancia deberá incluir patrullajes de la Fuerza Naval en el golfo, alrededor de la isla. Quien acepte la disciplina será insertado a la sociedad y bajo monitoreo electrónico estatal, el presidiario obtendrá recompensa y así, nuestras ciudades también. Este plan no está grabado en piedra pero la necesidad de implementar una idea similar si debería de serlo.

Me parece ridículo que teniendo un enemigo común llamado pandillas, el gobierno no se decida a autorizar a la Fuerza Armada con la misma capacidad que lleva a las zonas "de guerra" la Policía Nacional Civil. Si, son zonas de guerra; por los calibres, por la estructura no convencional de sus maras y porque desde ya están atrincherados si les conviene o actúan como guerrilla urbana cuando así lo deciden. Sí, es guerra y un ejército, en cualquier lugar del mundo se prepara precisamente para eso. Entonces no me queda la menor duda que al ejército no se le ha dado completa libertad de acción, de acuerdo con las circunstancias. Es porque hay disputa de "honores" con la PNC ¡QUE RIDICULO! Mientras los mareros ¿gozan?........con otro de nuestros muertos.

Estas son sugerencias que quizás llevan discernimiento lógico. La comisión supervisora de juicios antes aludida estaría formada por un cuerpo de abogados con dos cualidades difíciles de encontrar es decir, capaces e insobornables y sus miembros serían precisamente un secreto.

Su función, apego a la ley y que se eviten errores por tantos tecnicismos legales que solo ofrecen más luto y cuya aplicación a nadie convenza de ser correcta. De tal forma se prohibiría la libertad a quienes prohibieron a otras personas el derecho a su vida.

A los abogados tramposos hay que clasificarlos en una lista negra y no permitirles jamás el ejercicio de su "oficio" si faltan a la ética profesional. No debería jamás practicar aquél que violó niñas en cuerpo y derechos civiles porque también grabó sus fechorías en videos y quien además, defiende narcos; alguien a quien todos reconocen. El es arrogante, carece de ética y es abusivo pero se lo permiten... ¿por pago?

## ME ENORGULLEZCO DE EL SALVADOR

Qué lástima. En el ámbito judicial se requiere de una verdadera limpieza institucional y de caracteres.

# ME ENORGULLEZCO DE EL SALVADOR

## GOBERNABILIDAD

Los partidos políticos deberían respaldar al Primer Mandatario en sus funciones para que sus planes, después de estudiados, sean efectivos y de esa manera compactar el terreno de nuestra democracia para que no se corra el riesgo en el futuro, de caer por decisión del fmln en la sartén Castro/Chávez.

Y es que ya no podemos darnos el lujo del desperdicio: de vidas, dinero y tiempo pues son factores que incrementan la pobreza.

Si el pueblo todo se encontrara en cualquier tiempo satisfecho con el accionar del Presidente en funciones, se acostumbraría a una vida política estable y reclamaría en caso de que alguien busque alternativas de perpetuación.

En otras palabras, puede el mismo fmln mantenerse en el poder de forma consecutiva pero sin que pudiera gobernar a su antojo sino por consenso nacional. Esta aclaración se debe a que es el único partido que nos sigue ofreciendo una agenda promulgada en el exterior y por los intereses del comunismo global y no nuestro propio beneficio nacional.

Las diferencias de ideologías en la actualidad de nuestro país evidencian la falta de objetividad y honestidad. ¿Por qué no podemos dentro del país, aceptar las bondades de alguien más, aunque sea nuestro oponente político? Debemos reconocer las "virtudes" de otros.

Además ¿Por qué permitir que gobernante extranjero alguno (de izquierda) tercamente sugiera que El Salvador solo recibe órdenes "del imperialismo" (Estados Unidos)? Si esa fuera toda la verdad, ¿Cómo explican que su afiliado FMLN haya ganado elecciones presidenciales en el país? Un patrón o jefe autoritario no lo habría permitido, bueno, al menos no el patrón de Venezuela.

Especialmente importante es deshacerse de la polarización entre partidos políticos pero para ello es necesario ser incluyentes, pensar más en la nación que "en nosotros" como es costumbre.

Debemos respetar profundamente nuestra nacionalidad y luchar por su verdadero mejoramiento y solo se logrará trabajando en equipo. Pero resulta que en la Asamblea Legislativa solo hacen equipo cuando los "fósiles" quieren perpetrarse en el poder, hasta que se lo reparten. ¿Acaso no hay más salvadoreños verdaderamente pensantes dentro y fuera del país? Muchos de los actuales diputados solo piensan en sí mismos, por tanto ya no deberían de estar.

Probablemente muchos de ellos hayan llegado a creer el alabo de la prensa con el cuento de ser "los padres de la patria". Ya basta de semejante tontería. Por eso ellos hacen y deshacen a placer y se mantienen, empotrados allí.....como fósiles.

## ME ENORGULLEZCO DE EL SALVADOR

La diáspora también merece participar, porque son quienes más aportan. Ellos tienen buenas intenciones, bastantes experiencias y seguramente capital para invertir. En cambio como dice el dicho, los fósiles de la Asamblea "no disparan ni en defensa propia". No es malo ser claro, ha estado haciendo falta y es el único valor de este escrito.

El país está en una crisis de identificación. No estamos convencidos todavía de la necesidad de ser visionarios y planificadores de nuestro futuro.

Vamos solo reaccionando, jugando en el tablero de damas y no en el de ajedrez. No nos percatamos de la necesidad de un plan nacional pero la expresión de una voluntad nacional que llamaremos ALMUESTRA, como una contracción de Alma Nuestra, nos advierte de un plan de conducta con misticismo al menos por su contenido y propósito de aunarnos en una conjunción de pensamientos e intenciones destinadas a obtener una solución a los diversos problemas que aquejan a nuestra patria.

Ese misticismo que conlleva una reflexión y cambio de la conducta individual nos acercaría a la Divinidad y EL corresponde siempre efectivamente cuando las intenciones son genuinas.

Aparte de eso, nos falta aún reconocer que nadie más, excepto nosotros mismos, somos responsables de nuestro progreso. Estados Unidos o Venezuela, Cuba o Japón pueden ser amigos pero no influencias, esa debe ser la meta.

## ME ENORGULLEZCO DE EL SALVADOR

Por supuesto que todo el pueblo debe mantener vigilancia en caso de una posible intromisión directa en la política nacional por parte de cualquier país. Esto solo nos corresponde a nosotros.

El papel de alguna otra nación, incluyendo Estados Unidos, la Unión Europea o Venezuela, que ayude a la nuestra; es parecido al papel de los suegros. Ellos pueden dar todo lo que quieran pero no les corresponde opinar en las decisiones internas de una familia, a menos que se les solicite opinión.

Así, Estados Unidos continuamente nos ayuda pero no nos impone si no lo permitimos. Claro que ha sucedido flagrantemente en el pasado o tal vez actualmente de manera disminuida, pero si sucede es porque se lo permiten por conveniencia o mejor dicho, por ganancia o incapacidad de gobierno. Sumisos en vez de dignos.

Las mentes que gobiernan con desinterés no logran planificar objetivamente los detalles y muchas veces, cuando solicitan dinero al exterior, abren la puerta para que ONGs o gobiernos extranjeros se entrometan en nuestros asuntos internos.

Esto es lo peor ante cualquier circunstancia. No vendamos nuestro país, es muy lindo como para entregarlo.

Al señor Presidente le conviene usar más diplomacia cuando de hablar con "su partido" se trata. No puede vivir divorciado cuatro años más, le sería imposible gobernar así. Creo que debe apelar al mejor sentido común de quienes en cierto modo son sus contrincantes, y siendo ese su partido también debe ser participante de un FELIZ PORVENIR.

¿Dónde escuchamos esto? Es el Himno Nacional por supuesto y por tanto es en nuestra nacionalidad donde encontraremos las soluciones de ese porvenir para que sea mejor.

La más grande necesidad no solo del Ejecutivo sino también de cualquier otra entidad de gobierno es la clara objetividad en lo que se pretende lograr y como conseguir las metas propuestas.

El gobierno no tiene un Plan y por tanto le toca reaccionar a los problemas. Si lo hubiese, a pesar de cierta autonomía en los Ministerios, las acciones en éstos estarían de acuerdo a lo planeado. El Presidente quizás haya sido sorprendido por los masivos despidos de los empleados ministeriales, sin más que hacer que justificar tal hecho.

Siendo que no existe objetividad ni claro planteamiento de progreso y siendo también que hay una mentalidad de acción reactiva, se ha recurrido del populismo como medida de soluciones. Esta conducta gubernamental no es la mejor indicada y este proyecto, en su gobierno hipotético, sugiere la abolición de medidas que no permitirán mayor desarrollo porque provocan conformismo y dependencia. El ser humano se satisface mejor cuando con su propio empeño logra sus objetivos de vida. Por tanto se requiere abolir el populismo, eliminando así los siguientes programas:

1- Vaso de leche en las escuelas. No es generalizado ni se entrega a diario.

2- Zapatos a escolares. Este programa solo puede asignar un número limitado de zapatos por año y posiblemente ninguno para educación física. Aparte de eso, solo se ha incurrido en deudas con los fabricantes.

3- Uniformes escolares. Por igualdad de razones al numeral 2. No incluyen ropa deportiva y causan deuda ante el fabricante.

4- Subsidios a los transportistas. Esto es sustentado por un impuesto extra a la gasolina lo cual significa que pagan los que no necesitan transporte público. Además, los empresarios del transporte público deben administrar mejor sus empresas y poco a poco serán más productivas sin depender del Estado. Y recuérdese que los taxistas no fueron incluidos.

5- Subsidio de gas propano. Me luce inapropiado pues lo reciben hasta familias de clase media o comedores y pupuserías (comercios) lo cual significa, gente que puede comprar sin ayuda.

6- Una de las más dañinas formas de populismo disfrazado es los puestos políticos de suplentes. Estos son la extensión de un gasto casi incontrolable e innecesario. Ninguna empresa privada podría mostrar eficiencia y ganancia si duplicara su fuerza laboral. Es hora ya que se reduzca a la mitad el número de diputados, que se eliminen los diputados suplentes así como los ídem en otras dependencias del Estado como TSE, CSJ, CCR etc.

7- El populismo en realidad no es más que una compra inapropiada de voluntades o ineficacia de funcionamiento y en el caso particular del gobierno de El Salvador, el populismo se practica hasta para los funcionarios del mismo. Por eso reciben exageradas prebendas que no son más que un despilfarro. Para eliminar tanto mal gasto es imprescindible, de inmediato, establecer límites bajos y AUSTERIDAD. Esta es una de las razones para decir que esto "Es Mi Plan Porque...Me Enorgullezco De El Salvador".

8- También por eso se habla de un gobierno hipotético. Muchos se reirán y encontraran solo ingenuidad o quien sabe, alguna estupidez pero si usted, quien está leyendo, lo ve a fondo encontrara que es solo un reto a nuestra sinceridad y amor por la patria.
Ya basta de pensar negativamente y aunque hasta cierto punto con razón cuando la mayoría dice:" Todos los políticos son iguales, CORRUPTOS". Por eso reto al próximo candidato a la presidencia a que cambie las forma de operar, el puesto no es de enriquecimiento, es de servicio. ATREVETE, SALVADORENO ATREVETE!

Por otra parte:
Recuérdese que si el gobierno otorga subsidio a ciertos ciudadanos, también otros en la misma categoría lo merecen.

Esto principalmente en cuanto a empresarios. Un fabricante no es diferente a un transportista y el primero posiblemente genera mayor cantidad de empleos. Además, como medida máxima de populismo, toda la población estudiantil, de cualquier edad, podría demandar becas para estudios superiores dentro o fuera del país y eso significaría una debacle financiera.

Para que haya un gobierno eficaz y un país en alza económico-cultural, se requiere no el populismo que induce a la irresponsabilidad, sino al contrario, un sistema que fomente la creatividad en todo aspecto siendo que de esa forma se crearían productos e industrias pequeñas que requerirán créditos apropiados dispensados con facilidad y la asesoría técnica, de ahorros e inversión y de mercadeo antes mencionada.

Lo único popular que cabe es este dicho: "Al pueblo no hay que solo proveerle el pescado sino enseñarle a pescar".
El pueblo salvadoreño es muy digno y si reconocemos que nuestra única riqueza es de carácter humano eso es, creativa, inteligente, con fuerza física y mental; entonces la obligación del gobierno es generar más y mejores empleos. Muchos empleos con salarios excelentes.

Si los empresarios aceptan elevar salarios como medida de altruismo, ellos mismos serán retribuidos. Estoy seguro que es la mejor vía para elevar el nivel de riqueza del trabajador y manteniendo aún el del empresario. Esta es la parte mística.

211

# ME ENORGULLEZCO DE EL SALVADOR

Esos son los preceptos que este proyecto cree convenientes para el gobierno utópico en mente.

Pero que conste, las sugerencias son del que esto escribe y es "Mi Plan". Si, mío porque yo lo estoy escribiendo pero NO es para mí. Cualquier ciudadano lo puede hacer suyo y modificarlo toda vez que lleve clara honestidad y sea para beneficio de una nación que URGE CAMBIAR.

Se juega con la idea de una presidencia solo como una forma de ilustración. Por eso se menciona la falta de ego; que lo haga cualquiera pero con vergüenza y honor. Respeto mi integridad.

Volvamos a la gobernabilidad. Similar situación, sin planeamiento, ha sucedido en el ámbito diplomático y consular que por falta de claridad ha causado acefalias en todo el mundo.  Quienes han sido empleados del sistema, deberían saber, sin embargo, que sus puestos principales son vulnerables ante un nuevo gobierno.

Y como la generación de empleos es también primordial, esto debió tener prioridad desde el principio pero  por el contrario, muchos salvadoreños humildes han sido despedidos de sus puestos de gobierno.

Si la conducta laboral de los empleados era como se aduce, un problema, la contratación de Gerentes o Supervisores, gente capaz y honesta  que además sepa dar buen trato y adiestramiento a los empleados, hubiese sido importante para no complicar la vida a empleados cuya ineficiencia haya sido ignorada por mucho tiempo de parte de sus anteriores ineptos jefes, haciéndoles creer su capacidad.

En otras palabras, nuevos jefes con suficiente conocimiento gerencial habrían conducido a sus empleados por el camino de la eficiencia laboral y por tanto era mejor despedir a uno o dos –los jefes- que despedir a muchos empleados, creando nuevo desempleo aunque manteniendo estadísticas por reemplazo.

Para un buen gobierno deben prevalecer las  personas y no solo los números. Eso haría un gobierno eficaz.

La mejor forma de estabilizar y hacer crecer la economía es manteniendo un nivel alto de empleo eficaz en cualquier área de trabajo.

Los médicos no son excepción para mantener un buen nivel de salud pero también entre ellos ha habido despidos. Se asegura que los cambiaron por "médicos" cubanos que en muchos casos no son realmente médicos pero si exportación de Fidel. No tiene sentido...ah claro, no hay Plan de Gobierno.

Si la solución a los problemas de conducta laboral es botar empleados, ¿Quién nos asegura que los nuevos, sin experiencia, sabrían hacer mejor sus funciones? En vez de crear empleos, solo se cambia personal.

Reitero, es aún más ilógico despedir a los médicos. Todo denota posible discrepancia en la afiliación política como si se gobernara para un sector únicamente. La eficiencia o falta de ella es únicamente responsabilidad de quien supervisa o delega funciones individuales. Esto va de la mano con un verdadero Control de Calidad.

Por esta razón se presume, en un país como el nuestro, que el Presidente funja como un Gerente General y por tanto no distanciado del diario funcionamiento de "la empresa" que a propósito no es "su" empresa. No cabe que alguien diga "mi" gobierno cuando se trabaja para la sociedad.

Y aun en el sector privado, democracia significa tolerancia en lo operativo y por tanto es un sistema donde los derechos individuales se deben respetar. Asimismo los derechos patronales deben ser respetados por miembros del gremio de los trabajadores.

Sin embargo, como se ha mencionado antes, ambos, un trabajador y una empresa tienen justos derechos y también poseen deberes que cumplir. Y esto es muy delicado, se necesita la comprensión de todos.

Por su propio derecho los trabajadores pueden crear una asociación sindical y esto les da mejor estatus porque asociados pueden luchar más por sus metas. El sector empresarial debe atender justamente a quienes son responsables de la producción de la empresa.
Esto es simplemente elemental y ni siquiera debería de

mencionarse acá. Si se menciona es porque cuando hay un reclamo justo, la empresa tiende a ignorar la petición tan pronto como es presentada.

El hecho de que una petición sea ignorada o rehusada origina generalmente un impasse que tarda mucho en solucionarse y solo sucede esto después de huelgas y mucha producción y salarios perdidos.

Ahora bien, si la empresa accediera inmediatamente a las peticiones laborales, los representantes del sindicato interpretarían tal acción como debilidad y pronto después presionarían por más peticiones. ¿Por qué sucede esto? Porque ante todo, el sistema de gobierno ha permitido que los dirigentes sindicales se apropien de sus puestos por tiempo indefinido además de que se protejan tanto entre dirigentes de diversos sindicatos.

No existe la verdadera voluntad social por parte de los empresarios ni por parte de los sindicalistas. Una empresa por rica que sea necesita a sus empleados pero estos al momento de ser contratados posiblemente solo pensaban en el salario que ganarían para sostener a sus familias.....hasta que cayeron en el juego. Así mismo, el empresario que está inaugurando una fábrica solo se preocupa en crear una base de clientes y progresar económicamente basado en los salarios mínimos establecidos legalmente; cuando podrían explorar la idea de incluir un pago mejor......antes de darse cuenta del juego sindical y cuando han perdido producción.

## ME ENORGULLEZCO DE EL SALVADOR

Si el empresario adivinara el juego peligroso de los dirigentes sindicales, no hubiese necesidad imperante de la participación de ellos como encargados de proponer equilibrio social por medio de leyes y conquistas sindicales que los trabajadores podrían anticipadamente recibir como un reconocimiento justo por su labor. Si así fuera, las empresas se ahorrarían los lujos y prebendas a la élite sindical.

El Departamento de Recursos Humanos de una empresa podría anualmente hacer un análisis junto a su contraloría para establecer términos de beneficio al trabajador sin la intervención de sindicatos y sin esperar un incremento oficial al salario mínimo.

Los sindicatos se forman cuando los trabajadores pierden confianza en los dirigentes de una empresa que carece de una filosofía adecuada a todos los que con su esfuerzo contribuyen. Luego vienen los celos del empleado al observar los lujos del dueño... y empieza la debacle.

Todo lo que usted está leyendo es bien sabido por la generalidad, nada nuevo. La razón principal es concientizarnos de la necesidad de formar una sociedad de respeto mutuo y que en realidad, con sinceridad, se sienta orgullosa de su país. Es una labor común, nos corresponde a todos.

Con el entendimiento de que la responsabilidad social es de todos y no solo del gobierno, avanzaremos precisamente como dos líneas del deber y del derecho que en este caso deberían ser paralelas para mantener estabilidad económica y social y por tanto esas líneas también deberían ir en una misma dirección de progreso.

De lo contrario, nuestra sociedad se aparta más y más, demostrando que no hemos aprendido la lección que debió dejarnos la guerra civil.

A propósito de esas líneas paralelas, acá se pretende demostrar que si hay ecuanimidad por la parte empresarial, acompañada por el deseo de contribuir a que el país triunfe; se podría encontrar una fórmula que relacione la ganancia corporativa con el incremento económico familiar de cada empleado.

Es posible determinar dicha fórmula conociendo los saldos de ganancias finales de un año para establecer los incrementos del siguiente año. Con esa idea se haría justicia a empresas cuyo nivel de ventas es menor porque cuando el salario mínimo es aumentado universalmente, puede haber un incremento a la inestabilidad financiera de la corporación.

Como primera instancia se establecería un salario mínimo oficial, suficiente y generalizado, como base del mejoramiento social. Los empleados bajo escala salarial más alta debido a sus labores especializadas, recibirán a partir de entonces, el mismo incremento universal anual de la empresa después de establecido su salario base.

Aplicando el concepto descrito anteriormente, se encontraría a partir del segundo año; una cifra constante o equivalente a un porcentaje predeterminado para distribución salarial individual (determinada por cada empresa y desligada del índice inflacionario), que multiplicada por las ganancias corporativas permitirá un monto de incremento salarial total que siendo dividido por el número de empleados, determinaría el salario de cada individuo.

De tal forma todos recibirían un mismo incremento anual. Así se generaría lealtad para la compañía, orgullo por el producto y posiblemente se incrementaría la producción de nuevo año, como incentivo individual. Recomiendo este método de repartición de ganancias por ser equitativo. Un tanto complicado pero con cooperación de gente pensante esto se puede lograr.

Habiendo establecido este proceso que me parece justo, es ahora importante sugerir para todo empleado de El Salvador, un salario mínimo de $ 3.00/ hora.

No lo dude señor empresario, acoja la idea. No habrá ninguna situación particular que amenace las finanzas de la compañía porque la estabilidad mental de los empleados y sus familias será reflejada en la producción total. Será prácticamente una inversión 100% efectiva.

Lo anterior, reiteramos, quiere decir que no se trata de establecer un  salario mínimo universal que afecte a algunas empresas de menor capacidad sino que debe basarse en la capacidad de cada empresa. Eso sí, el acuerdo entre la empresa y el área laboral es extremadamente importante para lograr el éxito.

Finalmente, otra cosa, creo conveniente expresar opinión muy personal sobre la interpretación de la constitucionalidad en diferentes aspectos del desarrollo gubernamental.

La Asamblea Legislativa no está formada solo de abogados pero muchas decisiones u ordenanzas son sometidas a la interpretación legal de los diputados para verificar la constitucionalidad de las mismas.

Eso debería principalmente suceder bajo asesoramiento legal para verificar la intención con la cual pretendieron ser escritas, evitando así, versiones tal vez resultantes en acciones dictatoriales o de corrupción.

Se debería comparar el efecto de las leyes constitucionales únicamente cuando existe un verdadero riesgo de obtener el resultado negativo de alguna decisión. Sin embargo, si el propósito es de total conveniencia para las funciones del Estado, no es necesario asumir ideas contraproducentes. Ahora veamos un par de ejemplos.

Si debido al auge intolerable de la violencia criminal el ejecutivo decide utilizar los servicios del ejército para que contribuya a mantener control, las órdenes deberían de ser directas puesto que las atribuciones de la fuerza armada serian para la eliminación del crimen. No hay razón para limitarles acceso o tipo de armas, número de soldados etc. Lo importante es que cumplan su misión en beneficio del pueblo.

La constitucionalidad relativa a esto, solo debería analizarse cuando se envía una tropa fuera del territorio nacional. Dicho con toda sinceridad, ¿Cuál es la justificación para tener a las tropas siempre encuarteladas? ¿Acaso no pueden cooperar cuando sucede una emergencia civil por desastre natural o violencia criminal?

Debe notarse que aunque los criminales usen armas de todo calibre, su actitud no pasa de ser un problema social y no militar solo porque son civiles; pero el ejército podría fácilmente ser autorizado –en funciones de Guardia Civil- para complementar una acción que evidentemente la Policía Nacional Civil no tiene total capacidad de resolver.

Lo mismo sucedería en otros campos cuando se necesiten tomar medidas de emergencia toda vez que la decisión tomada sea una de total sentido común y no afecte a la población en cuyo caso no debemos inventar posibles violaciones a La Constitución de La República, por el simple deseo de figurar de forma partidaria y egoísta.

Hemos hecho énfasis en el aumento de la producción industrial del país como medio para aumentar empleos y crecimiento fiscal.

Cuando un industrial está considerando ampliar su producción, analiza si debe contratar nuevo personal, comprar maquinaria o extender las horas de trabajo como horas extra (esto sucede en los países verdaderamente industrializados, bajo reglas apropiadas de compensación). También puede considerarse ampliar el horario diario y reducir el número de días laborales de la semana bajo salario regular, aunque obviamente manteniendo el total de horas semanales.

Estas decisiones las debe tomar la gerencia de producción de la empresa, según la necesidad de producción. Es normal, legal y aceptado por los empleados. Inclusive tal práctica es utilizada no solo en el campo industrial pero en campos como ingeniería o medicina, policía o bomberos etc. según sea la necesidad o emergencia. El empleado recibirá una mejor compensación de dinero si trabaja más del límite semanal o tendrá más tiempo libre para compartir con su familia.

Ese tipo de decisiones en nuestro país requiere aprobación legislativa, innecesariamente.

Es absurdo, se pierde competitividad industrial. O habríamos de pensar que es inconstitucional que un estudiante se desvele cada noche, especialmente cuando se prepara para un examen o eximir asimismo de tanto trabajo doméstico a una madre que lucha por el bienestar de su familia y no podría hacerlo por ser inconstitucional tantas horas de labor.

La idea del trabajo exhaustivo y de calidad tiene ventajas y así hay que verlo, no es imprescindible confundir la finalidad de progreso con un incumplimiento inexistente a la Constitución.

Me luce que al suponer que una ordenanza como los anteriores ejemplos no está cumpliendo con la Constitución, solamente está reflejando la idea de que, al contrario de lo que es correcto, es fácil violar la Carta Magna hasta con pequeñeces. De allí viene el irrespeto al principal documento cuando los grupos políticos necesitan un cambio que les autorice sus ambiciones. Evitemos tal irrespeto.

Que quede claro, la Constitución no se debe violar fácilmente, su contexto es muy sabio como regla de conducta pero asimismo se respeta y no se modifica solo por capricho y por eso mismo antes se ha sugerido una revisión al documento constitucional pues debido a los avances tecnológicos y de derechos civiles, una actualización podría ser justa siempre que no haya interés político de reformarla.

# ME ENORGULLEZCO DE EL SALVADOR

## LA EDUCACION FORTIFICADA

En general, la educación de todo habitante de El Salvador debe establecerse como una absoluta obligación del Estado sin ninguna excusa y con el verdadero propósito del avance social por medio de la riqueza adquirida en base a la educación y las grandes oportunidades que esta brinda.

Será entonces que el gobierno provea educación a máximo nivel para todos y así los estudiantes con su mejor esfuerzo coronarían sus carreras o sus negocios que les permitirían avanzar tanto en lo social como en lo económico.

De esa forma habrá una sociedad más nivelada y equitativa. Eso sí, se otorgará la igualdad de derechos civiles y el respeto del Estado a sus ciudadanos, sin necesidad de que sean reclamados por estos y sin especulación de niveles, conglomerados, razas, género o categoría social.

Base primordial para lograr lo anterior es la dedicación de un presupuesto lo suficientemente fuerte y capaz de soportar la construcción, en períodos cortos, de muchas escuelas tanto como la enseñanza y promoción de la población escolar infantil y juvenil. Es una necesidad mayor. Al mismo tiempo debe convertirse en prioridad para compensar por medio del estudio masivo la falta de recursos naturales en nuestro país. Nuestro mayor recurso natural son el cerebro y la vocación individual.

Comprendamos tal necesidad y dediquémonos a construir no solo escuelas primarias sino también secundarias y sus respectivos laboratorios. Asimismo, hay que fortalecer la enseñanza superior tanto en universidades como en institutos técnicos y tecnológicos.

A propósito, es necesario dar más apoyo y mejor categoría tanto al Instituto Tecnológico Centro Americano como a sus estudiantes, quienes jamás han sido acreditados como merecerían. En Europa habrían logrado un mejor estatus pero en El Salvador los egos son tan inmensos que a la par del nombre ITCA va el nombre de la institución que lo patrocina. No es un estadio. Nada que ver en realidad.  Es como darle una moneda al ciego y poner a su lado un estandarte con mi nombre. "Lo que hace la mano izquierda……."

La promoción generalizada de estudios debe ser expandida con mayor énfasis en los cursos de Ingeniería en las ramas de química, agronomía, metalurgia, mecánica, sistemas, electrónica y electricidad. De ser posible se incluiría la aeronáutica y diseño automotriz. Se necesita ser agresivo en los programas pero también comprometer a los graduados a permanecer en el país por cierto período de tiempo antes de emigrar en búsqueda de mejores condiciones monetarias. Hacer énfasis por tanto en la necesidad de dar al país el mejor esfuerzo y conocimiento posible para su crecimiento económico y social.

## ME ENORGULLEZCO DE EL SALVADOR

Es bueno mencionar como se hizo en otro lugar de este proyecto, que hay muchísimos compatriotas desempeñando labores muy importantes para diferentes empresas por todos lados del mundo pues sus posibilidades escasearon a su tiempo en el país. Ellos podrían tener una gran influencia en el progreso pues lo mismo se puede lograr a nivel local, en un futuro muy próximo si empezamos a planear ya, cuanto antes. Hagamos todo lo posible por establecer ese plan de educación con carácter de urgencia.

Paralelo a los estudios anteriormente mencionados, mayor impulso es necesario para las carreras de la salud como medicina, odontología y enfermería. La Universidad de El Salvador debe ser apoyada completamente sin relacionarla con intenciones políticas.

Para evitar intromisiones políticas en los centros de estudios superiores, éstos o directamente los estudiantes, deberían recibir un apoyo mucho mayor que permita a los estudiantes progresar en sus estudios. No es posible que los recursos asignados a la Universidad Nacional sean desperdiciados por el simple hecho de permitir la inoperancia de muchos de sus matriculados que en realidad no son verdaderos estudiantes porque están divagados, confundidos. Esto crea otra clase de fósiles, como algunos diputados, que permanecen alrededor pero sin dar mucho de sí mismos.

En el caso de los diputados, es caso perdido si no se cambian las leyes que los rigen. En el caso de esos "estudiantes", bastaría con darles mejor asistencia tutorial o sicológica y hasta ayudarles a conseguir algún trabajo; todo esto como motivación para que mejoren en su proceso académico. Entonces estarían menos ociosos.......recordemos que el ocio es pariente cercano del crimen.

La Universidad es autónoma, obviamente, pero las autoridades que rigen la educación nacional,  si son muy ecuánimes y no velan solo por sus planes de partido, podrían al menos tratar de buscar un convenio inteligente con las autoridades universitarias por tantos matriculados que nunca se gradúan.

Una universidad claro que no es una escuela infantil y por tanto sus estudiantes son los únicos responsables de su propio futuro pero siendo que muchos de los nuevos estudiantes se distraen por la falta de control e irresponsablemente se atrasan como resultado también de las insinuaciones pro-revolucionarias de siempre; se sugiere para ellos una re-orientación y exigencias de control que los guíe nuevamente hacia el ritmo y entusiasmo con el que originalmente se sometieron al examen de admisión.

A lo mejor esta idea no sea muy popular pero, como en el caso de los pandilleros que podrían ser limpiados (de tatuajes), evaluados y re-insertados en la sociedad productiva; también en la Universidad Nacional se podrían rescatar muchos jóvenes como a los que actualmente se les ve perdiendo el tiempo y al final, no progresan. La idea del socialismo siempre los acecha y para la sociedad honesta representan tristeza en forma de vicios, futuros padres irresponsables, estafadores y hasta algunos nuevos criminales en un abismo donde nunca debieron haber caído, si se hubiesen educado y fueran productivos.

Aunque la universidad como tal es autónoma, el bienestar de sus "estudiantes" como miembros de la sociedad es en cierto modo –civilmente-responsabilidad del Estado, entonces ¿Qué hacer? Solo una solución, un acuerdo con las autoridades universitarias buscando el rescate de los muchachos en proceso de desperdicio. Si todos abrazamos la idea del misticismo nacional expresado en LA ALMUESTRA, comprenderemos que nuestro futuro será muy fructífero, pero se necesita disciplina.

Como parte de la educación que necesitamos ampliar, muy importante es que adquiramos una cuota razonable de responsabilidad reconociendo al mismo tiempo que no todas las debilidades de la sociedad han de ser curadas por el gobierno.

Se ha incrementado la idea de que "me tienen que dar, debo recibir". Pero al mismo tiempo y muy consciente de las circunstancias nos apartamos y renegamos de cualquier oportunidad para ser parte de la solución. La gobernabilidad se volvió desde hace mucho tiempo algo inoperante. Hay que cambiar tal verdad.

Por cierto, nuestra mejor educación y la puesta en práctica de LA ALMUESTRA nos permitirá comprender que para exigir también tenemos que dar, en razón de impuestos por ejemplo. ¿Cómo puede el gobierno ser más efectivo si no cuenta con suficientes ingresos por falta de colección de impuestos? Las tasas impositivas deben ser razonables y cumplidas por toda la población, grandes y chicos.

Y siendo además que hay una CORRUPCION de alto nivel en diferentes áreas del Estado, se nos presenta otra disyuntiva; contribuimos responsablemente al mejoramiento social o nos permitimos ser dueños del dolor constante que aflige y destruye. Sera nuestra decisión o nuestra colaboración.

Por medio de la voluntad salvadoreña podríamos superar nuestro deseo de evasión e incumplimiento. Ser participativos debe ser un compromiso para el bienestar de toda la población.

Es cierto que el Estado debe demostrar respeto por todos los habitantes del país pero éstos deben principalmente asumir sus responsabilidades cotidianas.

La resultante principal de la aplicación de LA ALMUESTRA sería la paz social y mayor producción. Habría ahorros cuando se gaste menos en sistemas policiales, de emergencia de salud y sistemas de legislación. Todo gasto relacionado a lo anterior debería ser principalmente preventivo.

En este momento, insisto, es muy importante incrementar la educación y se pueden incluir los estudios a través del internet los cuales son de valor toda vez que el estudiante pase las pruebas finales en persona. Hay que utilizar la TV Educativa en su mejor función, inclusive para la alfabetización masiva tan necesaria para el Plan de Desarrollo industrial.

Decidámonos por una macro-economía en base a una educación especializada sin despreciar cada oportunidad de aumentar micro-empresas. La economía mundial ha cambiado y los sueños individuales se ajustan a los aumentos de población. Poseer una casa u otra propiedad es cada día más difícil en cualquier parte. Por ello hemos de ser creativos. Por eso se ha creado este Plan y por ello también sugerimos la Voluntad Salvadoreña como instrumento para alcanzar el desarrollo.

# ME ENORGULLEZCO DE EL SALVADOR

## ALFABETIZACION

Para llevar a cabo un "plan masivo de alfabetización" podría apelarse al patriotismo de los estudiantes y sus padres para colaborar a cambio de algunos premios o menciones honorificas , concientizando en padres de familia e hijos  la enseñanza de la lectura y escritura a sus empleadas domésticas y otros habitantes de áreas rurales o urbanas.

Grupos juveniles acompañados por sicólogos y respectiva seguridad (dada la situación) podrían dedicar algún tiempo visitando lugares necesitados de atención. Estos jóvenes serían un puente de comunicación para que el sicólogo o consejero complete la labor social de la cual todos los participantes estarían orgullosos, bajo un Plan de Nación.

Esto es sencillo, no se necesitan programas extranjeros, basta la VOLUNTAD SALVADORENA. Es bueno que pensemos con seriedad en los beneficios de una población totalmente alfabetizada y lo que representaría en nuestra cultura.

La idea expuesta debe convertirse en una verdadera y definitiva cruzada nacional complementada por los diferentes medios de comunicación como un todo, algo masivo donde los medios audio-visuales produzcan con eficiencia programas consistentes con el plan de alfabetización diseñado por el gobierno y el cual sea primordialmente destinado para la enseñanza de la lectura, escritura e historia nacional generalizada pero no politizada.

## ME ENORGULLEZCO DE EL SALVADOR

Dediquemos seis meses por año durante tres años, al menos, para establecer esa campaña de alfabetización con participación institucional tanto pública como empresarial. Que se nos haga costumbre, los resultados serán fantásticos si no existen los celos y egoísmos por la competencia de los medios participantes. O quizás se necesite una orden de gobierno para asegurar participación de periódicos, TV y radio combinadas. Un compromiso semanal de pocas horas obviamente diseminadas en presentaciones parciales o de cierta cantidad de material producido para el propósito.

Este escrito expresa cierta inquietud y preocupación porque aunque las razones anteriores también sirven para acentuar la insinuación de crear una Oficina Nacional de Planificación, tal idea podría encontrar detractores, simplemente como resultado del egoísmo.

Tal oficina, en vez de ser otra rama de la burocracia, debería responder en la coordinación para resolver objetivos efectivos en todo aspecto de la producción del país.

Con pleno interés, pronto se verían los resultados positivos. Una campaña exitosa debería incluir la idea de la voluntad salvadoreña expresada en el concepto de LA ALMUESTRA.

## ME ENORGULLEZCO DE EL SALVADOR

## EL DEPORTE COMO INSTRUMENTO DE PROGRESO

Como parte del Plan Educativo, hay que incluir el apoyo monetario para la práctica masiva pero estructurada de los deportes en cada escuela del país con profesores competentes y dedicados a la enseñanza de actividades corporales para promover mejor salud y aplicación en los estudios. MENTE SANA EN CUERPO SANO.

Al momento de la oportuna participación en un evento deportivo fuera del país, éste debe ser representado dignamente por verdaderos atletas realmente bien preparados para una competencia internacional de real envergadura, donde la sola participación no sea consuelo.

Cada atleta debe convertirse en una fuente de su propia inspiración con el fin de estar anímicamente preparado para una competencia, sin excusas y con el máximo objetivo de buscar resultados que también se conviertan en el instrumento para un eventual sostenimiento económico.

Nuestra nueva mentalidad de nación de progreso nos indica prepararnos bien y ser competitivos en todos los aspectos de nuestra vida para asegurar logros valiosos pero tomados con humildad porque ésta nos guiará hacia el camino del misticismo expresado en la voluntad salvadoreña cuyo resultado final será una sociedad en paz consigo misma, capaz de obtener precisamente UN FELIZ PORVENIR.

La práctica deportiva o las clases de educación física aumentarán la capacidad mental y física de los estudiantes y sería un instrumento de salud –al crecer– para la sociedad adulta. Así mismo, se instruiría a personas con capacidad de liderazgo tan necesario.

Al fomentar la actividad física se incrementarán las ilusiones y el deseo de sobresalir, lo que nos daría un excelente futuro basado en una juventud con bases morales y cimientos para la competencia en cualquier campo a base de líderes que trabajan por su propio destino.

Para expandir la práctica de los deportes es necesario incrementar el presupuesto de educación e invertirlo sin despilfarro. La mejor inversión de un país es aquella que se hace en la educación de su pueblo y el deporte es un factor de esa ecuación.

La organización y planeamiento parecen estar allí pero al gobierno le corresponde la logística de financiamiento de infraestructura o sea canchas, clínicas adecuadas y material deportivo para obtener los resultados necesarios para el desarrollo físico-mental de nuestra juventud.

A continuación hablaremos de la situación del fútbol en nuestro país pero eso no indica que los demás deportes merezcan menor atención. Lo que sucede es que el principal deporte –el fútbol– mueve a toda la nación cuando hay competencia, especialmente eliminatorias mundialistas, por ser practicado por la mayoría de jóvenes. Los resultados de

"La Selecta" afectan emocionalmente a la población en general.

El caso del fútbol es un tanto diferente porque como asociado de FIFA no puede el gobierno mostrar su influencia pero si puede y debe aportar en beneficio de la sociedad también con canchas y clínicas médico-deportivas.

El gobierno, por medio de la Corte de Cuentas de la República, puede corroborar el manejo del dinero administrado por la Federación de Fútbol.

Se ha demostrado que la afición a este deporte se beneficia con un paliativo a los problemas diarios. Esto significa que el fútbol tiene cierta influencia psicológica en el bienestar popular lo cual implica que el gobierno debe apoyar, no con todo el dinero necesario, sino más que nada con la infraestructura mencionada.

Por cierto, la Fedefut debe tener transparencia en todas sus actividades, evitando toda posibilidad de corrupción en sus actividades. Creo que aún para esto beneficiaría una liga mayor con clubes formales, legalizados y constituidos como empresas.

Como en otras organizaciones contemporáneas que se deben a la promoción de un producto, Fedefut para el caso, debería contar con personal bilingüe (español/ingles) y por supuesto, con conocimiento del internet, relaciones públicas internacionales y contractuales etc. Así se podrían ejecutar mejores contratos, hacer intercambios y promover equipos o jugadores. Actualmente les falta mejor sentido de negocios para reconocer las buenas oportunidades cuando estas se presentan. Gracias a Dios existen organizaciones privadas que trabajan y promueven el fútbol con mayor seriedad.

Con igual buen deseo, he aquí una sugerencia audaz y aunque la vuelvan controversial, se cree que sería muy beneficiosa al progreso del futbol nacional lo cual es también de beneficio a la economía del país pues es también una fuente de empleo o de negocios.

La controversial idea no lo sería si se analizan con tranquilidad los beneficios que después de unos años se cosecharían a niveles personal, de clubes o de la misma Selecta.

La idea principal a sugerir es esta:

Debido a que la mayoría de los equipos de primera categoría son prácticamente tradicionales y sabiendo que los de segunda que logran ascenso muy pocas veces mantienen categoría en primera y siendo además una verdad que por falta de mayor número de jugadores no ha sido muy fácil estructurar una Selecta de buen nivel, se presume acá que una liga incrementada a 12 equipos, en dos años primero y luego a 14, en cuatro años, sustentaría las necesidades propias. ¿Cómo demostrarlo?

Lo primero que debe hacer la federación es reformar su reglamento si fuese necesario, para que cada equipo de fútbol profesional, al menos en primera categoría, sea también un club legalmente establecido. Debería ser una función de la FEDEFUT coordinar con los equipos y ofrecerles asesoría y respaldo jurídico para su organización como clubes.

Alguien diría que es impropio que el organismo regente promueva una situación legal que, se argumentaría, no les concierne. Bueno, pero esa oportunidad sería para convertirse en líderes, misma idea que todas las entidades gubernamentales deben optar para modernizar El Salvador.

Los clubes deberán contar no solo con socios contribuyentes de alguna cuota mensual, pero principalmente un plan de mercadeo constante que aparte de la venta de artículos, incluya diversos patrocinadores. Esos clubes deberían incluir a sus conciudadanos que viven en el exterior. Seguramente ellos quieran participar.

Al principio los nuevos participantes en la liga de futbol serán débiles pero al paso de unos pocos años se volverán muy competitivos, como cualquier otro.

Anteriormente hubo algún periodo con 12 equipos en liga mayor. En tiempo de guerra la idea no funcionó. Ahora la población es mayor y reitero que, como empresas clubes esta vez si la idea funcionaría indudablemente aunque no fuese prontamente. Ello generará empleos también y el fútbol mejorará. Otros deportes podrían también ser adheridos en cada club.

Debido también a que se necesita mayor estabilidad económica para mantener a un club, será necesario que éstos sean permanentes y por tanto sin las dificultades del descenso, pues siendo de esa forma se habrían de mantener como empresas comerciales, sociedades anónimas, que cuando se establecen no es por una temporada sino por tiempo indefinido.

Las condiciones de las empresas salvadoreñas nunca son de gran bonanza y por ello, en cuanto al futbol se refiere, menos aún. Por esta razón es que humildemente sugiero una liga permanente. Es más, creo que a la Universidad Nacional, a la Universidad Católica y a FESA, se les deberían adjudicar plazas permanentes dentro de ese plan por la calidad de gente pensante y apta a un verdadero profesionalismo y por su gran base estudiantil de seguidores inversionistas.

Igualmente determinar la participación de algún equipo tradicional de Sonsonate, Ahuachapán o La Paz, etc. De tal forma habría cuatro de esos clubes en San Salvador y los demás, bien repartidos en el resto de la república porque serian empresas cuyo producto básico, jugadores como empleados y competidores.

Ligas menores, clubes mayores y diferentes competencias de cualquier deporte en todos los niveles servirán para mantener a la juventud muy ocupada en el deporte tanto como en sus estudios.

# ME ENORGULLEZCO DE EL SALVADOR

## PARTICIPACION DE IMPORTANCIA

Para sostener el progreso, el gobernante de turno debe por todos los medios convencer a todo salvadoreño capaz de invertir en el país, especialmente a los grandes inversionistas, a hacerlo sin dudar. Es preciso que su dinero genere industria de alto calibre en el país en vez de centros comerciales u hoteles en otros países. Este será el mejor antídoto al marxismo que solo ilusiona multitudes pero promueve pobreza y para ello debe haber una absoluta voluntad de mejorar el nivel de vida de todos y cada uno de nuestros compatriotas. Para esto la confianza y seguridad son imprescindibles.

Las facciones políticas jamás deberían ser enemigas entre sí aunque opuestas por naturaleza de partido; porque de serlo, solamente se oponen al verdadero progreso individual y colectivo de la nacionalidad.

Todos debemos aunar esfuerzos y participación por nuestro propio progreso, sin intromisiones foráneas que desfiguren nuestra casi sólida democracia.

Antes he sugerido que haya una oficina de Planificación Industrial encargada de promover el diseño y fabricación masiva de diferentes artículos que pueden ser para patentar o de patente existente en otros países y que puedan utilizarse bajo los debidos permisos, que la misma oficina puede conseguir. Una oficina bilingüe o políglota con capacidad para la investigación de marcas. Luego contratar con pequeños o grandes empresarios industriales quienes bajo supervisión financiera y técnica de la misma oficina podrían manufacturar muchísimos artículos con un alto nivel de calidad para su segura comercialización, bajo un Plan de Mercadeo de la misma oficina, siendo ese su objetivo principal, generar mercados para la producción industrial masiva.

Estoy seguro que el gobierno de Estados Unidos u otros países como Japón, Alemania, España o Italia para mencionar pocos, accederían a brindarnos asistencia técnica o intelectual permitiendo el uso de información pertinente a patentes suyas que ya sean públicas, es decir para no infringir leyes.

Usando esos medios, habrá suficiente información para la promoción industrial de diferentes productos de mercado más seguro y obviamente creando incentivos y un sector laboral más extenso. No es una insinuación para obtener franquicias ni establecer más maquilas. Que quede claro.

La propuesta es para motivar y ojalá sea considerada importante. Basta con ponernos las pilas.

Ingenieros y gente experta en ramas de la mecánica, informática, eléctrica e industria en general hay en el país tanto como otros muchos salvadoreños viviendo en el extranjero, lo que me hace pensar que la  posibilidad de establecer una producción industrial masiva, sería un éxito.

Bueno, el Presidente Funes ofreció cambio ¿no? He aquí la oportunidad. Estoy seguro que muchas son las personas capaces de dirigir una empresa pequeña que fabrique algún producto bajo planos y especificaciones entregadas por el gobierno con su oficina de Planificación Industrial y la cual, reitero, llevaría un control de presupuesto para evitar el despilfarro de préstamos.

Esta idea ayudaría a personas que posiblemente no cuentan con capacidad monetaria para comenzar una industria con su propia inversión pero que si cuentan con la capacidad para lograr su ejecución  y quienes además de ganar sus propios salarios y progreso económico, también proveerían salarios para sus empleados.

Esto si le daría auge a las pequeñas y micro empresas. No hay que inducir a la gente a que produzca solo pupusas, zapatos o similares aunque eso nada tiene de malo. Tenemos que ampliar nuestro horizonte comercial.  Podemos convencernos en industrializar al país un tanto como la China o Taiwán, siempre que acostumbrándonos a respetar el mejor estándar de calidad que es el mismo que quisiéramos en nuestras pertenencias. Solo así romperemos el ciclo de dependencia de préstamos internacionales, de obsequios de otras naciones o de las remesas de nuestros compatriotas.

## ME ENORGULLEZCO DE EL SALVADOR

Pensemos en que se pueden fabricar turbinas a base del viento e instalarlas en el mar o la montaña, paneles solares, baterías, lanchas y porque no, hasta carros o vagones de ferrocarril, motores de combustión interna o eléctricos, circuitos integrados o toda clase de productos de vidrio o plástico etc. etc. Falta solo convicción y voluntad de asociación.

Si los países asiáticos importan materia prima –chatarra– pero también tienen leyes proteccionistas a su industria, ¿Por qué no podemos hacer lo mismo, que nos impide? Ah no, es que preferimos vender esa chatarra. ¡Qué tontos somos!

Con ello se llegaría a la conclusión que para lograr esas metas, se deberán crear consorcios financieros para emprender proyectos de gran envergadura. Toda industria grande ha comenzado con mucha humildad, muchas veces en un garaje.

Hacia este rumbo deberían ser orientadas las remesas de tanto salvadoreño en el exterior pero con absoluta supervisión con el fin de evitar desfalcos de cualquier tamaño. NO MAS CORRUPCION.

El gobierno y las instituciones que regula necesitan demostrar credibilidad y ésta solo se consigue a base de un proceso honesto y transparente que generaría mayor confianza e inversión de capitales extranjeros. Obviamente, esa conducta genera estabilidad y esta última genera progreso permanente.

He aquí una novedad, aunque mencionemos y admitamos que pueden aceptarse inversiones extranjeras, estas no deben ser admitidas si es que requieren trato preferencial en demasía pues ello nos limita a proveer únicamente empleados mal pagados.

Por eso se insiste en utilizar parte de las remesas de una forma mejor. Ya se ha dicho que con 1.5 billones de dólares, se pueden crear anualmente 50 empresas de 30 millones cada una o 30 empresas de 50 millones cada una. Imagínese el lector cuantos nuevos empleos habría en el país después de cinco años. Por otra parte, después de ese mismo tiempo también habría muchos nuevos accionistas (los receptores de remesas), dueños de las nuevas empresas.

Lo más importante en este caso es que quien vaya a gobernar con sentido de patriota honesto debe efectuar una campaña para convencer tanto al que envía como a quien recibe remesas, a que participe en la mencionada inversión la cual sería canalizada por un mercado de valores sin corrupción y por ende, totalmente confiable.

Del total anual de dinero recibido por remesas, 4 billones de dólares, nuestra gente todavía contaría con 2.5 billones de dólares al año para sus gastos particulares más un ahorro productivo (su inversión) de valor perenne.

## ME ENORGULLEZCO DE EL SALVADOR

SE SUGIERE UN SISTEMA DE AHORRO DE 3/8 DEL TOTAL DE LA REMESA RECIBIDA BAJO EXCELENTE CONTROL E INVERSION.

Eso jamás lo ha imaginado candidato alguno y espero que al menos si usan la idea que no reclamen el mérito de la misma pues esta corresponde al autor de este proyecto quien no pide ese mérito pero si honestidad aplicada en el proyecto; ES PARTE DE MI PLAN...

Las remesas nos han mal acostumbrado porque solo sirven para financiar los gastos mensuales de la familia salvadoreña que no invierte sino solo compra, solo participa de esa economía de mercado cuyo resultado final es limitado.

Es un dinero que regresa al extranjero cuando nuestra gente usa las remesas para comprar productos importados o se queda en las cajas de los restaurantes y que los dueños invierten, cierto, pero principalmente en ampliar sus cadenas o como inversión en el exterior...y vuelve el círculo vicioso, del cual hay que salir.

Debemos pensar en programas de gobierno que promuevan la inversión de las grandes cantidades recibidas y cuando lo logremos, ellas serán un superávit para estabilizar nuestra economía. Los gobiernos pasados vieron ese dinero como algo por lo que trabajaron y jamás pudieron generar la debida confianza en la población para que esta invirtiera en empresas dignas. A gobiernos anteriores les bastaba con pedirle a Washington prórroga del TPS. Algunas familias, gracias a Dios, al menos compraron sus casas aunque otras, creo, desgraciadamente hayan preferido invertir en el narco-tráfico.

Cuando hayamos logrado todo lo anterior, habrá menos pobreza y el crimen de ella resultante, porque todo mundo querría tener un negocio o profesión evitando caer en el ocio porque el salvadoreño es trabajador y progresivo.

UN GOBIERNO INTELIGENTE DEBE PLANIFICAR PARA PRODUCIR A BASE DE EDUCACION E INCORRUPTIBILIDAD, PARA PROMOVER ESTABILIDAD ECONOMICA Y EMOCIONAL. UN PUEBLO CON TRABAJOS SERA UN PUEBLO FELIZ Y UN PUEBLO QUE GENERA SU PROPIO BIENESTAR SIN DEPENDER DE OFRENDAS EXTRANJERAS, TAMPOCO PERMITIRA INFLUENCIAS EXTRANJERAS. SERA UN PUEBLO DIGNO BAJO SU PROPIA RESPONSABILIDAD SOCIO-ECONOMICA, LISTO PARA RECHAZAR OFERTAS DE INJERENCIAS IDEOLOGICAS.

El gobierno debe siempre observar y por tanto también continuar una política de no intervención con relación a otras naciones para poder con todo derecho y razón, rechazar alguna imprudente injerencia política de extraños en nuestros asuntos internos. Se debe sostener la soltería del país aunque se corteje a otras naciones.

El Salvador es un país responsable y por tanto debe luchar especialmente por la erradicación del analfabetismo, las enfermedades crónicas y la pobreza asfixiante que nos envuelve. Todo lo anterior se puede mejorar a base de una planificación verdaderamente sincera y sin egoísmos de clase, de partido político o ideología.

Todo salvadoreño, encabezado por su gobierno, debe participar —sin necesidad de intromisiones de ideologías inoperantes- hasta conseguir mayor estabilidad social en el país.

Hagamos de caso que lo nuestro es un desastre natural, que en cierto modo lo es. Cuando algo de tal magnitud sucede y en parte por el caos existente, el Estado permite la cooperación ciudadana mientras el mismo gobierno aún no implanta algún plan de rescate adecuado a las circunstancias.

Bien, el caso es similar y la urgencia definitiva. Por eso se sugiere que haya una conjunción de esfuerzos bajo la dirección del gobierno, pensando todos en resolver problemas bajo la idea de hermandad y solidaridad que nos permita una superación completa a los problemas de indignidad que han flagelado a nuestra nación debido al despilfarro de unos y la imposibilidad de otros.

No se sugiere que tratemos de imitar a este u otro país, solamente debemos actuar muy racionalmente y, reitero, planificar apropiadamente; convencidos que hay suficientes salvadoreños dentro y fuera del país con capacidad para participar en el desarrollo masivo. El pueblo salvadoreño es muy capaz de conseguir su propio bienestar sin beneficencia pública, a base de esfuerzo individual, ajeno a doctrinas que

## ME ENORGULLEZCO DE EL SALVADOR

vuelven al Estado dictatorial y a los pueblos dependientes y sin voz.

Eso no es verdadera libertad y El Salvador ama y está dispuesto a mantener el concepto político que le permite diariamente confirmar nuestros ideales de Paz, Libertad y Unión. Tanto es así que tenemos tres departamentos con esos nombres y una nación con el nombre de Dios. No podemos permitir que haya retraso. Por El Salvador Del Mundo, salvemos a El Salvador.

"Cumbres, Divinas Cumbres". Debes individualmente escalarlas. ¡ATREVETE, SALVADORENO ATREVETE!

# ME ENORGULLEZCO DE EL SALVADOR

Fredericksburg, VA. Diciembre 5, 2009.

## EL EXITO DE LA REPUBLICA

El futuro es nuestro y lo podemos rediseñar empleando métodos de educación, de salud y de producción contantes para nuestra evolución. No necesitamos revolución, éstas solo traen muerte y obvio dolor. El sentido común nos daría el derecho a la verdadera felicidad hasta hoy excluida.

 Por ello debemos convencernos evitar el lamento y solo recordar la historia para elevar nuestro espíritu y nuestra consciencia y a base de esa gran experiencia, lograr en nuestro futuro, el éxito de la república.

Y para lograrlo tendremos que recordar que durante muchas décadas del siglo XX, el pueblo salvadoreño fue engañado políticamente en cuanto a la forma de ideología apropiada para gobernar como función de estado y la cual pretendían llamar democracia pero que era extremadamente militarizada y autoritativa.

Si bien es cierto que los principios democráticos de la república fueron establecidos desde su independencia, y siendo, según la historia, que la mayoría de los verdaderos Padres de la Patria de nuestra nación centroamericana fueron salvadoreños; fue algo muy desafortunado que a base de su poder, pronto se establecieran, creo que por un orgullo nacionalista equivocado y por tomar ventaja de carácter económico, gobiernos de características derechistas basados en un matiz militarista protector del latifundismo.

Sus protagonistas, los terratenientes, eran quienes formaban gobiernos que sometían a la población en general con leyes opresivas y de explotación laboral; hasta que llegó la época de tristeza y muerte de tanto indígena en el occidente salvadoreño cuando por orden de la que posiblemente haya sido la peor dictadura del país, se reprimió a los "sublevados por necesidad".

Ellos ya estaban siendo impulsados por quienes desde entonces se inspiraban en consignas del comunismo internacional con reglas de expansión dictadas desde Moscú. Desde entonces se practica esa costumbre vieja y fácil de ser seguidores y no líderes. Luego empezó la polarización política.

Tanto el Partido Comunista en 1932 como la horrenda dictadura del General Martínez, pudieron al menos intentar ideas, insistir en encontrar una solución nacional y evitar la masacre. Ambos lados con una misma culpa, no lo hicieron.

El general era maestro de muchos en aquel San Salvador de principio de siglo XX. Enseñaba cálculo y química y por ello quizás creía que el militar en él lo convertía en alguien especial o que solo él tenía la verdad. Por otro lado, los comunistas de entonces también reclamaban para ellos el plan perfecto. Mientras tanto el pueblo salvadoreño demostró su fortaleza mental al aguantar por décadas el engaño bilateral.

A la caída de tan cruel dictadura con una huelga general de brazos caídos en 1944, empezó un largo período de gobiernos similares que se mantuvieron por los intentos superficiales y cosméticos que eventualmente sucedían para sugerir una mejoría social totalmente irreal.

Ante las épocas alternativas de esperanza y sufrimiento, ha seguido la madurez del pueblo que parece que está llegando hasta a su zenit emocional.

En una forma ascendente, desde 1972 se han hecho logros en la conquista de la democracia al tener elecciones cada vez más representativas de los deseos del pueblo, a pesar de afrontar votaciones en días difíciles durante fuertes lluvias, de agua o de balas, de terremotos o lo que es peor, la gran desconfianza a los candidatos del momento.

En esa progresión hacia la democracia se llegó al momento definitivo en 1979 cuando la dictadura militar perdería su fortaleza a causa del despertar del pueblo y bajo la acción de un grupo de jóvenes oficiales de la fuerza armada que logro la destitución del General de turno y la captura del Mayor de turno.

Y la izquierda tomó acción directa.

La izquierda institucionalizada de El Salvador ha tenido para quien esto escribe, el mérito de haber sacudido a las élites, militares y terratenientes, estableciendo en los años setenta, la imperante necesidad de un cambio que desafortunadamente llegó a través de una guerra que pudo desde todo punto de vista, también ser evitada. Sin embargo, todos continuaban alineados, recibiendo órdenes extranjeras.

Costumbre vieja y fácil, falta de carácter. Pudieron, de nuevo, al menos intentar idearse una solución nacional, como al final prevaleció.

Aquí hay que hacer un paréntesis. La dictadura e IMPERIO Castro no ha podido hacer nada por su propia población cubana, no ha tenido progreso. Aducen que les afectó el bloqueo comercial internacional promovido por Estados Unidos. Ahora bien, ¿Por qué no pudieron exportar e importar de y hacia sus camaradas alrededor del mundo siendo que los rusos si llegaban a Cuba? Porque sus aliados no estaban comprometidos y tampoco eran grandes productores y no compraban, hacían trueques. Además porque la URSS no podía respaldarlos, diplomática o militarmente.

No se trataba de empeorar la guerra fría pero la intransigencia soviético-cubana no hizo lo necesario por mejorar la situación porque los cubanos si encontraban soluciones ante el embargo cuando se trataba de participar en la política nuestra, exportando armas o agentes mercenarios o entrenando a salvadoreños que para llegar a Cuba seguro pasaban por otros países, evitando el embargo.

## ME ENORGULLEZCO DE EL SALVADOR

El que esto escribe siempre ha creído en la capacidad de El Salvador para mantener su independencia tanto política como ideológica. Apoyamos el capitalismo como fórmula de solución económica porque esta permite la auto-determinación de los ciudadanos, invirtiendo o trabajando en sus preferencias, con libre albedrio y libre circulación así como libre expresión. Esas libertades son básicas para el progreso de los pueblos y han sido enfatizadas por la antigua Grecia o la Revolución Francesa y la fundación democrática de los Estados Unidos ante su propia independencia de Inglaterra.

Lo más importante que Estados Unidos hace a este respecto es el profundo respeto a su Constitución la cual está escrita con el mayor énfasis en la democracia. Tanto así que la Constitución no se modifica, es sagrada. Aún en casos controversiales, se interpreta la intención con la que fue escrita. Eso podría ser un equívoco o inadaptable pero es grandioso.

Así mismo, en El Salvador se puede apoyar ideas de mejoramiento social generalizado, por convicción nuestra pero sin insinuación extraña.

La solución está en nuestras manos y cerebros y por tanto debe ser inadmisible que otro sistema que corrompe con dinero se nos quiera imponer. NADIE tendrá derecho a influenciar negativamente el destino de la NUEVA sociedad salvadoreña.

## ME ENORGULLEZCO DE EL SALVADOR

En el tiempo anterior a Castro, Cuba era una nación próspera en muchos aspectos. Claro está que había grandes desniveles sociales y económicos. Eso debió haber tratado de corregir Fidel ya estando en el poder, sin ser radical. En vez de nivelar a su propio país con leyes justas y bajo consenso, comenzó a expropiar y siendo que desde entonces Cuba tenía mucho, él empezó a exportar mentira. Prefirió matar la vaca y luego quería leche.

Aún siendo reconocido por muchos estudiantes de la época como un líder del socialismo mundial, no lo era exactamente porque en realidad nunca fue más que un obediente del comunismo internacional por el afán de expansión y dominio mundial generado en el Kremlin. Tal dominio no llegó pero los políticos del Kremlin si han logrado su finalidad de convertirse en poderosos capitalistas. ¿Cómo se explica eso congruentemente?

En realidad todo aquel "progreso" de la Cuba de antes sucedió a causa del espejismo que producen las estadísticas de la economía y las fachadas turísticas. Todos los indicadores mostraban una economía en constante ascenso, lo cual no significaba mayor progreso a los pobres de Cuba, especialmente a la familia negra. El promedio de los ingresos del rico y del pobre no representan la realidad del pobre.

De esto se aprovechó Castro pero como al igual que el FMLN ahora en El Salvador, él tampoco tenía planes excepto importar el comunismo y luego exportarlo; su idea en Cuba fracasó y ese mismo fracaso nos envió.

## ME ENORGULLEZCO DE EL SALVADOR

Como antes he expresado, adjudico a la izquierda salvadoreña el valor de haber despertado a la nación en cuanto a la displicencia de la oligarquía para reconocer los derechos del pueblo a disfrutar una vida mejor.

Reitero esa opinión y me habría gustado atestiguar la reivindicación de los ideales sociales de la ciudadanía. Sin embargo, los principales actores del fmln se olvidaron pronto de las vicisitudes sufridas e inventivas empleadas en desarrollar sus planes militares durante la guerra civil de doce años.

Y sobre todo, se olvidaron del fin perseguido, que debió ser la total reivindicación del pueblo salvadoreño y por tanto, sin la eliminación pero si la transformación de consciencia por parte de la oligarquía. El problema es que la izquierda no es incluyente, y cree tener toda la verdad y esa verdad, para ellos, es confrontar a la derecha sin darse cuenta lo difícil que resulta simplemente eliminar a los "oligarcas", quienes siendo salvadoreños por nacimiento, tienen derecho a seguir participando en política. Era cuestión de estrategia política. El fin -LA REINVINDICACION DEL PUEBLO- hubiese justificado los medios.

Al llegar al poder el fmln, reiteramos, debió extender la mano pacífica a la derecha y sin rencores, entre ambos, reconstruir un país desbastado por una cruenta guerra fratricida. ¿O cuál era el objetivo de firmar paz?

## ME ENORGULLEZCO DE EL SALVADOR

Así que a finales del año 2013, los nuevos gobernantes de El Salvador son simplemente, otros oligarcas a base de los grandes lujos, viajes y negocios resultantes de inversiones dudosas (no declaradas) del gobierno venezolano y las leyes a priori creadas, aparte de que se autorizan cuantiosas prebendas.

Y si bien en este mismo año 2013, el fmln ha aprobado una ley que rebaja entre 40%-60% el precio de las medicinas, este es un movimiento obvio, calculado. Primero hay que considerar que el precio de las medicinas se mantuvo altísimo por mucho tiempo debido a que, casi sin dudas, fue elevado por Arena, cuyo jefe ha sido distribuidor y como tal, monopolista. Segundo, siendo esa la realidad, el fmln solo podía ganar ante tal perspectiva pues carecía de un interés particular. Al presente el fmln ya piensa en torcer otra ley a favor de la viuda —Alba de Chávez- para convertirse ellos en fabricantes o distribuidores de medicinas. El monopolio solo cambia de manos.

Da la impresión, por los antecedentes, que si el comprador se puede ahora beneficiar con el precio bajo de las medicinas, es porque sin ser intermediarios, los del fmln pueden conceder una ventaja al pueblo y justamente antes de las elecciones de febrero 2014, lucen muy bien con...otra medida populista y seguramente temporal. Esta opinión contiene cinismo pero es objetiva en comparación.

Era admirable lo que realizaban las guerrillas para persistir, subsistir y para mantener al aire su famosa radio; en realidad si hubiesen sostenido una línea nacionalista y sin destruir lindos puentes colgantes que pronto eran sustituidos por los funcionales Bailey o abstenerse de otras destrucciones y muertes; entonces hubiesen conquistado el corazón de una nación entera. Debieron ser los menos malos pero prefirieron equidad con el contrario.

Por esa actitud incongruente con la actitud de rescate que predicaban, es posible que muchos de sus líderes se hayan desligado de sus ideas a posteriori.

Y el fmln al constituirse como partido, quizás quedó sin sus mejores pensantes y por tanto sin más que seguir dependiendo de Cuba con ideología caduca y Chávez, a base de dinero lleno de corrupción.

Total, lucharon y soñaron casi un siglo y no lograron mayores resultados por la falta de identificación con su nación.

En 2014 habrá elecciones que podrían ganar por estar ya allí, en el poder, pero que posiblemente podrían perder porque hace mucho tiempo desperdiciaron esa identificación de revolucionarios que ilusionó a muchos estudiantes, pero conste, no a éste porque me era evidente la falta de nacionalismo.

Además, es tan triste corroborar a diario la inmensa e inexcusable corrupción que no han intentado controlar efectivamente. Los enriquecimientos ilícitos han estado a la orden del día y con flagrancia desesperante para el pueblo en general y más aún a muchos de sus seguidores, indignados. El nepotismo y la modificación a priori de leyes protectoras o creadoras de los negocios privados de quienes nunca tuvieron; han sido incontenibles e injustificables.

Este proyecto jamás ha aplaudido ningún tipo de injerencias de otras naciones, por supuesto tampoco de los Estados Unidos, aunque ésta no limita por completo las libertades personales como si lo hacen en los países comunistas.

Lo ideal sería una sociedad con total libre albedrio pero para ello se requiere la absoluta responsabilidad de planificar el desarrollo en producción, educación, salud y demás. En otras palabras, se requiere verdadero auto-respeto. Se necesita absoluta convicción para no ceder a la corrupción.

La dificultad o fracaso electoral en el futuro del partido de izquierda sucedería por la simple razón que la ambición personal de sus integrantes ha prevalecido hasta el punto que, aunque mencionen cualquier caos provocado por Arena en los anteriores veinte años, ellos suponían ser los referentes para asegurar la victoria social de El Salvador, defraudándolo sobremanera.

El futuro de la república es complicado y desde acá auguro la posible solución por medio de la participación de algún movimiento de los salvadoreños que viven en el exterior, quienes con vocación, aseguran, podrían ejecutar un plan de gobierno de verdadero crecimiento socio-económico. Más que nada deseo que la sociedad nuestra reaccione y encuentre su "propio camino al andar".

## ME ENORGULLEZCO DE EL SALVADOR

Dado el nivel de deshonestidad concurrente en la política salvadoreña, no considero por los niveles de corrupción, a ninguno de los existentes partidos políticos operando en nuestro país, capaces de resolver los profundos problemas actuales y tampoco los considero con entereza para unificar la nación o para consolidar esfuerzos reales para salir del tercer mundo. No lo harán Arena, ni fmln y menos los otros.

El nivel de corrupción es máximo e intolerable. Solo existe polarización constante y contubernios de media noche.

Es realmente triste aceptar que arena continua con la actitud arrogante y poco conciliadora de su principal fundador y su primer presidente. Pésimos gobernantes quienes solo han buscado su interés sin ninguna compasión. Se les responsabiliza por crímenes y conducta criminal pero su necia arrogancia los cegó y nunca han escuchado ese clamor.

Además, también se responsabiliza a arena del robo directo de dinero para obras inconclusas, en contratos con dedicatoria, también de leyes ad-hoc, a priori, para ejecutar la privatización de empresas de gobierno y la  malversación de la partida secreta y más y más y más.

Insisto que la única solución está a partir de los movimientos en el exterior o la creación de uno nuevo a base de gente integra. Hay dos en el exterior, creo que uno de Milán, Italia y el otro con base en Los Angeles, California. No se si el primero sea antiguo seguidor del mismo fmln y de la Internacional Socialista o si el segundo, que parece estar decidido a gobernar de forma nacionalista e independiente, ciertamente lo esté.

Tal vez ambos sean buenas opciones pero es incierto si el segundo sea más responsable para cumplir el deseo de la población. Habrá que ver, el país necesita gente pulcra, pensante y dinámica.

Reitero lo mencionado antes. En nuestro país ha habido intromisión de Estados Unidos, no lo negamos, pero ¿Qué es lo que Cuba ha hecho? Simplemente entrometerse y causar caos en los países latinoamericanos quienes dentro de su pobreza, estaban viviendo para entonces en mejores condiciones económicas y de LIBERTAD que la gente cubana que antes contaba con más. La élite Castrista al igual que los "Chaviburgueses" ahora, jamás ha tenido verdadero interés de ayudar al pueblo salvadoreño. Ni siquiera cuando sus amigos del fmln fueron instalados en el poder, esos "grandes líderes socialistas" les pudieron acompañar en persona.

Si como ellos dicen, nuestro pueblo es utilizado, engañado o mangoneado por Estados Unidos, que ojalá lo sea cada vez menos, entonces ¿para qué queremos que lo hagan dos o tres? Lo que DEBEMOS hacer es procurar menor dependencia económica de Estados Unidos pues solo así llegaremos a ser sus aliados respetables.

Por eso urgimos de una industrialización mayor, ejecutada ante todo por manos y capitales salvadoreños aunque siempre con apertura para el inversionista extranjero en un plan de negocios y no político.

Tal desarrollo industrial ha de ser con suma responsabilidad en cuanto al uso de nuestros limitados recursos naturales (ser humano, bosques, ríos, lagos, fauna y flora menores). Eso es, NO permitiendo la explotación minera de nuestro país si es hecha por consorcios extranjeros cuyos planes no incluyan una operación verdaderamente limpia, química y ecológicamente hablando, algo que no origine desperdicios difíciles de neutralizar y que por tanto afecten ríos, poblaciones y montañas.

Demás está decir que todo contrato con consorcio extranjero no debe por ningún punto de vista, ser dado en comodatos casi eternos ni bajo un mínimo pago.

Una empresa canadiense ha querido llevarse el pastel y pagar solamente por la cereza o sea el 2 % por la explotación de nuestras minas de oro. Eso significaría únicamente $20000.00 (si, solo veinte mil dólares) por cada millón obtenido. RIDICULO, aún después de gastos y más si debido a que el precio internacional del oro es fluctuante, la cotización ofrecida fuera aún menor. ¡INACEPTABLE!

Precisamente ese sería un buen proyecto para empezar a utilizar la inversión de salvadoreños dentro o fuera del país. Para lograrlo hemos de ser honestamente ambiciosos y astutos. Y que el gobierno muestre su liderazgo.

Y basta decir que el procesamiento limpio del oro, al extraer la broza de la tierra, solo requiere lavado a base de agua, sin mezclas químicas.

Pongamos énfasis en el desarrollo con menos contaminación ambiental y mejores retribuciones al ser humano con una posible limitación a las actividades estresantes que robotizan al empleado y por tanto, deterioran la sociedad. Japón sufrió una crisis de suicidios precisamente debido a las exigencias exageradas y por un tiempo bajó su enorme estatus en el mundo económico.

Otro proyecto interesante del que se hablaba hace unos años es Portopango que incluiría una red completa de conexión a internet. ¿Se imaginan cuántos negocios relacionados se podrían originar en Santiago Texacuango, a base de turismo, call centers, exportación, diseño etc. a través del internet?

Ahora, al hablar de capital extranjero, se incluiría al capital cubano ¿Cuál? O al venezolano ¿de quién? Recordemos que Don Hugo anda por todos lados saludando con sombrero ajeno, sombrero del Estado de Venezuela. Fidel Castro, un Flautista de Hammelin completo con sus ratoncitos se divierten soñando en ser ellos los dominantes. Para ellos es cuestión de cambio, pero de cancha. Quieren reemplazar a Washington DC sin que en realidad les interesen los pueblos.

Es también una defensa para su supervivencia personal porque si ellos —Castro o Chávez- cayeran mañana, ¿a dónde en el mundo irían a parar sin enfrentarse a cárcel? Solo a

Rusia o China pero viven demasiado cómodos como para exponerse. Si les pasó a Pinochet y a Fujimori ¿Qué le esperaría a la familia Castro/Chávez? Lo de ellos es puro EGO y el EGO en todas sus manifestaciones es muy dañino al ser humano.

Las particularidades del ego son todas negativas y si las podemos eliminar, funcionamos mejor como seres humanos y como sociedad. Por nuestro beneficio debemos controlar: la cólera, el miedo, el odio, juzgar a otros, y el orgullo y todas las pasiones derivadas que nos atan y siendo ellas nuestro ego, nos limitan en el completo desarrollo de nuestras facultades.

Reiteramos, lo que mucha gente preferiría en El Salvador es un régimen de verdadero cambio y progreso para todos – ricos y pobres- por tanto PCN, ARENA y FMLN deberían completamente reformar sus cartas o formatos políticos o desaparecer. No sirven. Está comprobado que no pueden desligarse de sus intereses únicos, personales. Por eso jamás reconocen méritos al oponente, posiblemente hasta les odian – sí, no se asombre-luego por eso mismo no hay consenso aunque si componendas por interés. El bienestar de la sociedad salvadoreña les sale sobrando. Pero no veamos tanto hacia atrás sino, CORRIJAMOS.

Despertar a las esferas dominantes del país fue el único mérito de la guerrilla salvadoreña, nada más. Con un belicismo tan descontrolado como el mostrado por la fuerza armada nacional y la guerrilla durante la guerra, no puede justificarse que, como decían, el bienestar del pueblo salvadoreño haya sido el principal objetivo de la izquierda.

La población sufrió durante esos crueles doce años de inoperante destrucción. Ambos contendientes parecía que se habían olvidado del motivo y ambos causaron una destrucción física sin precedentes, amén de causar la pérdida de una vida (una más de la cuenta y que nunca debió haber caído)...multiplicada por casi cien mil.

Sí, porque ningún salvadoreño debió morir por lo que con los años se ha comprobado haber sido una guerra inútil. En otras palabras, si estamos de acuerdo hoy, pudimos lograr ese acuerdo ayer probablemente con esfuerzo pero seguramente con suficiente voluntad; tal como si la hubo en mil novecientos noventa y dos.

Ahora la guerrilla está bien pero no controlada, los militares están controlados, los ricos mejor y los caídos de entonces.....QDDG.

Durante la guerra civil, a la Fuerza Armada se le adjudican injustas masacres que nunca debieron suceder. Error número uno.

La guerrilla también masacró a muchos (la otra mitad) pero de forma individual y no colectiva (excepto a sus propia gente por desobediencia o a quienes no les acompañaban) pero destruyó la infraestructura castigando al pueblo principalmente. Error número dos.

## ME ENORGULLEZCO DE EL SALVADOR

Las barbaridades del ejército y de la guerrilla fueron equivalentes y eso posiblemente sería el error número tres porque la combinación de dos negativos solo en algebra hacen un positivo.

La izquierda debió usar alguna otra táctica política para crear una imagen menos sucia y poder ganar más adeptos en el futuro.

Solo la amnistía resultante de los acuerdos políticos al firmar la paz y el deseo vehemente de cada salvadoreño de perdonar, olvidar y superar tan dolorosa situación o sea, los remanentes de la guerra de doce años, es lo que nos ha permitido sobreponernos al sufrimiento de esa guerra cuya culpabilidad recae en ambos bandos. Pero no basta, hay que hacer más.

Sin embargo, hay que reconocer, reitero otra vez, que fue la izquierda la que al fin despertó la conciencia nacional lo cual, al final, permitió al país entrar ejemplarmente a una nueva época democrática que para entonces ya es mérito de todos.

Lástima que los resultados positivos anhelados no se han producido por la falta de convicción, puesto que ya en el poder el fmln ha preferido el populismo que a la vez le ha permitido el enriquecimiento personal de sus funcionarios, lo que es desmoralizador a la nación por su muy mal ejemplo.

Durante los primeros meses de gobierno, el FMLN pudo utilizarlos como experiencia nueva; especialmente porque el partido de izquierda seguramente quiere ganar un segundo período consecutivo para ejecutar esas políticas de austeridad, anticorrupción y promovedoras del verdadero mejoramiento social y conducta limpia que tanto han pregonado, y las cuales de acuerdo con sus aseveraciones, el fmln si puede lograr y los gobiernos de derecha nunca quisieron llevar a cabo.

Con correcciones, eso pudiera suceder pero sin la necesidad de querer imponer un socialismo incoherente que ahuyentaría cualquier tipo de inversión, aún la nacional proveniente de remesas. Y sin dinero no habrá nada.

Después de medio año de gobierno por un partido izquierdista y bajo un Presidente que no es miembro del mismo, era de esperar que el partido en sí buscara realizar sus "fantásticos programas" de gobierno en aparente discrepancia con el Presidente Funes.

Pensando en pasado puedo decir: "Es todavía temprano para suponer que el Señor Presidente es verdaderamente independiente del FMLN. Posiblemente lo es, pero sin ser cínico, es mejor esperar".

No existen verdaderas razones por las que un partido de izquierda, en cualquier país, deba ejecutar todo su proyecto político siguiendo patrones que no corresponden al deseo de las mayorías de su propio país. ¿Por qué no hacer una propuesta nacionalista incluyente de las intenciones de los votantes, con una resolución para confrontar el problema social pero sin ninguna intervención extranjera?

## ME ENORGULLEZCO DE EL SALVADOR

El comunismo internacional combate en cualquier lugar del mundo "a la intervención imperialista" y se refieren a los Estados Unidos únicamente. ¿Cómo calificarían ellos a la intervención de la Unión de Repúblicas Socialistas Soviéticas años atrás o a las aún presentes intervenciones izquierdistas de los gobiernos de Cuba y Venezuela?

A propósito, Rusia que todavía está atrás de Cuba y Chávez tanto como China, son en la actualidad de esta segunda década del nuevo siglo, nuevas potencias económicas en el mundo. Rusia con el petróleo y diamantes y China exportando productos de baja calidad.

Los Estados Unidos al menos no sofocan abiertamente a los pueblos pero esa izquierda comunista es posesiva e incongruente aún con sus propias declaraciones.

Lamento que los pueblos en su desesperación por una mejor vida, se entreguen a las promesas y oratoria de los políticos inescrupulosos de izquierda o derecha.

Los pueblos igual comprometen su inteligencia a causa de su pureza por confiar ciegamente en líderes religiosos en muchos casos son faltos de escrúpulos.

¿Qué pasa con tu sistema? preguntaba mi hijo menor a su hermanito un tanto mayor cuando éste le quería mandar en algo. Me parecía risible cuando escuchaba a un niño de cinco años que contestaba así.

## ME ENORGULLEZCO DE EL SALVADOR

En este caso el querer imponer un sistema político que no necesariamente es aceptable por todos, también me parece risible. Se vuelve terco e impositivo. No es sensato ni adaptable a la sociedad de un país que aunque pobre y por tanto no completamente feliz; tampoco dispuesto a perder el placer de su libre albedrío.

A propósito, trabajar para los pueblos debería ser una propuesta importante y un reto para los políticos de todos los países después de "cien años de calamidad", con el perdón del genial Don Gabriel (García Márquez); y no una falsedad como resulta ser después de las promesas incumplidas.

Supongo y deseo pensar que así sería pero.......pero para serlo, la idea solo podría ocurrir por el beneficio de toda la sociedad de un país, ricos y pobres incluidos y no podría ser sin el capitalismo porque no progresaríamos a base de austeridad únicamente, si no hay influencia de capital, no hay progreso porque la población aumenta constantemente.

El socialismo siglo XXI solo está creando ricos nuevos que son peores por su hipócrita falla a sus promesas de revolucionario. Por esto mismo los Castro no pueden dejar el poder. No podrían vivir bien en ningún país y siendo viejo, Fidel no se expondría a la justicia internacional.

En países que son dominados por "Alba" de Chávez y la suegra Doña "Oscuridad" se supone que hay gobiernos establecidos para el crecimiento social de sus pueblos pero lo único que está creciendo es la cuenta bancaria de los funcionarios. Si no lo creen, pregúntenle a Evo por su nuevo y lujoso avión, Hugo mismo estrenó un Airbus 320 hace un par de años o a Ortega por sus costosos lujos y propiedades, etc. Pronto quizás tengamos que preguntar lo mismo a algunos "albalcaldes" de nuestro país.

Las ideas de promoción social podrían ser efectivas sin denigrantes luchas de clase, sin odios y sobre todo sin la creación de élites de mando que después de todo viven fuera del contexto supuesto.

Todo se lograría con el respeto y la tolerancia funcionando como fuente de transparencia y equilibrio de la sociedad. Eso es lo que anhelamos para El Salvador.

Por esto creo que en nuestra patria todos los partidos deberían tener la única función de engrandecer la nación y dejar de copiar esquemas y lemas inoperantes. Lo que necesitamos es un verdadero y nuevo comienzo y no más la farsa socialista. No deberíamos ser franquicia de transnacionales económicas pero tampoco de internacionales políticas.

Acá recomendamos algunas ideas del capitalismo y no de comunismo o socialismo porque el primero es permisivo de las básicas libertades humanas mientras que el segundo es demasiado restrictivo y el último, prácticamente utilizado por dictadores de cualquier tiempo para ganar adeptos y luego perpetrarse en el poder. ¿O no fue así en el Kremlin, o no es así todavía con Castro, Chávez, Ortega, Morales y hasta el matrimonio presidencial que solo cambia de manos en Sur América?

Ese proceder no es justo y por tanto si El Salvador desea salir de su pobreza, debe de una vez por todas, planificar su futuro bajo reglas estrictamente democráticas y de desarrollo económico generalizado; no bajo la gran mentira del socialismo del siglo XXI que como tal solo sería la antesala de un gobierno comunista y dictatorial –en un futuro muy próximo- e irrespetuoso de los derechos de los más necesitados, principalmente.

Esta última frase se comprueba por el hecho de que cuando hay una amenaza social como la que podría darse en nuestro bello país, los más pudientes y muchos elementos de la clase media de un país –sea Cuba u otro- siempre sacan a tiempo la mayoría de sus riquezas y viven bien en otro lado. Los pobres, sin embargo, se quedan a disfrutar "el paraíso" y a dolerse de "su gobierno" que les haya sido de una forma u otra, impuesto a las mayorías.

Se dice a veces que Jesucristo fue el primer comunista; cuestión de opiniones, pero EL con su pureza pudo ser equitativo, JUSTO y lleno de compasión. Podemos estar seguros que ni Lenin o Castro, Chávez o Mao TseTung o Sánchez Ceren se han parecido en nada a Nuestro Señor Jesús y estarán siempre muy distantes de ser llamados justos.....ni siquiera cuando escrito con minúsculas.

# ME ENORGULLEZCO DE EL SALVADOR

Carl Marx seguramente hizo su más profundo análisis para la superación de los pueblos europeos, que eran su realidad. Si en él hubiese existido la posibilidad de controlar los efectos de sus teorías y si esas teorías hubieran considerado el progreso social de una manera incluyente de los ricos o si él mismo hubiese sido gobernante de alguna nación que no desestimara la capacidad de lo que los comunistas llaman burguesía, tal vez tendríamos una sociedad ideal en algún lugar de este mundo.

Pero en Europa aprendieron un tanto la lección del socialismo y la combinaron con capitalismo y a base de producción industrial, disciplina e ingenio, viven un sistema socialista pero con inclusión de todos, sin comunismo. Conservaron su cultura, viven bien y no los amenazan los regímenes totalitarios porque aunque un día cierta elección la gane un partido socialista, su estancia en el poder es transitoria, según lo decida el electorado. No siguen ni al alba, ni al Castro ni al kremlin.

En un giro de ciento ochenta grados estaría una nación absolutamente capitalista, particularmente los Estados Unidos, que hubiese controlado sin equidad lo que en realidad es un absoluto y quizás exagerado libre comercio en donde la oferta se basa en la demanda y en base a especulación y propaganda, beneficia más al productor, quién, de paso, encontró en La China a su mejor aliado para explotar al obrero chino que no participa del festín. El otro aliado es el consumidor de todas partes y los gobiernos, incluso al de Estados Unidos porque las grandes corporaciones y sus influyentes dueños no pagan suficientes impuestos sobre sus extravagantes  ganancias.

El sistema capitalista hubiese podido establecer un mejor procedimiento de apreciación de cada producto, sin dejarlo completamente a la libre decisión de los productores o expendedores como ha sucedido hasta la actualidad. Por eso proponemos cambios justos para el crecimiento de la sociedad salvadoreña.

# ME ENORGULLEZCO DE EL SALVADOR

Noviembre 10, 2013. Springfield, Virginia USA.

## ECONOMIA ESPECULATIVA

El alza de precios de cada artículo se debe a que este en principio nunca ha podido ser considerado únicamente por el valor intrínseco sino por el mismo significado de su demanda, con especulación incluida.

El resultado siempre ha sido y será inflacionario y por tanto los pueblos pobres se han vuelto aún más pobres porque los sueldos de su clase laboral no incrementan en la misma escala que la inflación.

Hasta hace casi cuarenta años el hombre más rico del mundo, el Shah de Irán, era poseedor de dos o tres billones de dólares. Luego vino Microsoft con programas faltos de información clave para completarlos con la siguiente edición, a precios altísimos. Tal táctica permitió a Bill Gates llegar a tener una cuenta de 98 billones de dólares en tiempo relativamente corto. ¿Hubo o no un sobreprecio del producto? Y así muchos más.

Esta es en opinión propia una debilidad del capitalismo y por eso consideramos que los polos de la línea de la riqueza se alejan en rumbos opuestos (el rico cada vez más rico etc.)

Por el contrario, en lugar de ser una línea, deberían ser dos, pobres y ricos, representados por las dos líneas, empresarial y laboral, levemente inclinadas y en forma paralela que, yendo en la misma dirección, van tras el mismo objetivo de progreso económico-social.

La distancia entre ellas debería ser la idea de una constante para que las riquezas laboral y empresarial crezcan de manera relativamente proporcional.

En El Salvador se podría estudiar alguna forma de compensación más valiosa para el trabajador y el empleado. Se podría obtener un logro de tal naturaleza al limitar un tanto las ganancias netas pero sin inflar gastos de operación.

No podemos darnos el lujo de ignorar las razones de nuestra pobreza porque entonces es cuando el pueblo empieza a clamar por el comunismo disfrazado con traje de sindicalista o líder político. Es desesperación, es hambre y debemos entenderlo claramente. Nosotros mismos tenemos el antídoto pero hay que admitir la necesidad de un curativo. De lo contrario, solo queda lamentarse...otranvex.

Una actitud de innovación es urgente. Atreverse a establecer un CAPITALISMO más JUSTO no es ningún error, al contrario, será una ventaja establecer la prevención de las conmociones políticas. Y no podemos esperar en este sentido, instrucciones desde Washington o New York.

Debemos darnos cuenta que El Salvador puede convertirse en un buen referente, quizás un ejemplo; si establecemos un sistema incluyente y por tanto, aunque absolutamente capitalista, también absolutamente dispuesto a subsanar las necesidades de la sociedad entera. Estamos proponiendo un sistema económico en el que haya congruencia entre el capitalismo edificante y el socialismo responsable.

Se creerá que estaríamos demostrando poca humildad o quizás una enorme arrogancia al sugerir una variante hacia un capitalismo más justo. Bueno, nada de eso.

Probablemente me caiga también el mote de ignorante y algo más, lo cual no molestara mientras se haga un esfuerzo por comprender los motivos de semejante propuesta.

Y por ello debemos reiterar nuestro mejor deseo de progreso permanente para nuestro bello país. Es cierto que muchos dicen que se vale soñar y es cierto. Podemos soñar bajo un lineamiento de esperanza, de corregir y atreverse. Es tiempo que haya un interés especial para cumplir el objetivo.

Eso significa que para solventar nuestra crisis podemos aspirar a cambios inobjetables en el aspecto económico. Sería cosa aparte si esos cambios se convirtieran en teoría nueva. Eso no es una meta pero la estabilidad económica si lo es.

Considerando que la producción mundial se vende en dólares y que toda la economía está basada en el dólar, y siendo que el capitalismo de los Estados Unidos utiliza el dólar su moneda, como referente mundial de su sistema, este debe ser justificado por el progreso.

Bueno, no nos interesa aplicar una medida así a nivel mundial pero si podemos sugerirla como medida de crecimiento a la economía salvadoreña, es todo. ¿Quién puede asegurarnos que el capitalismo o el comunismo son sistemas perfectos?

Pero como estamos acostumbrados a un sistema de libertad individual que es característica del capitalismo; por eso exploramos estas ideas.

Y tales ideas serán rebatidas por los economistas o empresarios tradicionales de El Salvador por el simple hecho de creer en el "establecimiento" dominante y aceptado por tanto tiempo o porque reducen sus ganancias.

De nuevo, se ha estado buscando el efecto pero hay que revertir la idea buscando originalmente la causa. Así encontraremos mayores probabilidades de satisfacción y buena vida para los pueblos. Esto no es locura pero se requiere decir: ¡ATREVETE SALVADORENO ATREVETE!

Y también considerando que los líderes comunistas del pasado, Rusia y China, son ahora países con economía capitalista que querrán pronto utilizar su nuevo capital político en su afán de expansión geo-política; se debe también anticipar una medida contraproducente porque es más factible que el capitalismo de oportunidad de crecimiento a la sociedad de lo que permite el comunismo.

Hasta hoy solo se ha comprobado que este solamente busca la riqueza individual de sus dirigentes, olvidando las promesas de sus intelectuales. Para lograrlo es imprescindible aplicar nuevas ideas y estas serían las claves:

1-Se sugiere establecer una economía de líneas paralelas, hacia una misma dirección, de progreso.

2-Establecer un salario mínimo  nacional, justo y en el caso particular de El Salvador, $ 3.00 /hora en vez de un bajo salario por día, lo cual no resuelve las necesidades. El resultado de esta legislación será mayor capacidad de compra para cada familia, por tanto cada empresa incrementaría la producción; total, una medida progresiva.

2a- El salario de ejecutivos, gerentes, supervisores o personal de oficina se podrá determinar al momento de contratarle, según su capacidad pero obviamente mayor al mínimo establecido.

3- Habrá un porcentaje de crecimiento igual para la empresa y el trabajador, utilizando las declaraciones de impuestos de cada empresa en el año anterior. Toda ganancia anual implicaría también cierto aumento de sueldo asegurado de tal forma para el año siguiente.

3a- A partir del establecimiento del salario mínimo nacional, cada empresa determinaría por ley los incrementos salariales a sus empleados, según las ganancias reportadas anualmente en su declaración de impuestos.

4- El capital original de una empresa podría dividirse en un total de acciones bursátiles que pueden ser puestas a la venta, de preferencia entre empleados, para generar mayor capital empresarial y mayor orgullo y ganancia al empleado.

5- Solo se incrementaría el salario mínimo nacional cuando el gobierno de la república haya comprobado la factibilidad para hacerlo, después de una revisión anual a la economía nacional; es decir, cuando después de todas las obligaciones del Estado, todavía haya un superávit estatal y sobre todo empresarial. No se decidirá por partidarismo o populismo pre-electoral.

6- Solo un aumento al salario mínimo en una empresa "insolvente" (con pérdidas en el año previo) podría justificar aumento de precios a sus productos aunque haya que buscar otra solución anticipada, de lo contrario tales aumentos de precios estarían prohibidos por inflacionarios. Tenemos que ser creativos y creadores de una economía sana.....y mantenerla así.

7- No podrá haber aumento al salario mínimo nacional sin la solvencia adecuada del 90% de las empresas, grandes y pequeñas, establecidas en todo el país.

8- En todo caso, las ganancias netas de un ano pueden ser repartidas exactamente entre cuatro rubros: 40% para reinversión de la empresa, 20% para retribución entre el número de acciones –si las hay- o para un solo dueño si así es (retorno a la inversión) y 40% para ser distribuido entre el número total de empleados, asalariados y no asalariados; como aumento salarial durante todo el año siguiente.

De esta forma se establecería cierto paralelismo salarial. Tanto ejecutivos como empleados lograrían el mismo aumento anual. La única diferencia seria el sueldo base. Sería también la mejor forma de combatir las envidias, promover la producción y establecer un antídoto a la inconformidad social.

ME ENORGULLEZCO DE EL SALVADOR

Noviembre 14, 2013. Springfield, Virginia. USA.

## PROGRESO TRUNCADO

Hace años probablemente mucha gente hubiera logrado esperanza de vivir mejor porque ya poseían algo de valor que les elevaba la estima pero si de repente llegó una catástrofe o lutos por crimen o guerra, enfermedades o desempleo, tuvieron que caer en uno de esos pobres asentamiento de los que abundan en San Salvador y otras partes. Viven a la orilla de un río, llevan décadas allí pero los gobiernos no les construyeron multifamiliares para vivir con decencia. No es tarde, todavía se puede empezar. Poco a poco, "se hace camino al andar".

En realidad estamos solicitando que los conflictos futuros sean evitados desde ahora siendo que la derecha debe comprender EL DESEO de progreso social de todo salvadoreño, eso es ser incluyente pero la izquierda comunista también debe ser justa sin comprometer los capitales existentes o LA LIBERTAD de cada quien.

Y por tanta expectativa social hemos sugerido adoptar medidas de compensación económica un tanto más equitativas y agresivas aunque no pretendemos que nuestra sugerencia sea una teoría económica sino solamente una observación de lo que se puede lograr con el esfuerzo común.

Después de todo, compartimos un territorio limitado y debemos aprovecharlo bien. Esto es nada más que la búsqueda de un compromiso íntimo entre gobierno y empresa, entre izquierda obtusa y derecha terca, entre ricos alejados de los pobres y pobres rencorosos de los ricos y más importante aún, entre la inmensa cantidad de políticos corruptos y el fin de la corrupción, haciendo todos una promesa a la nación por empeñar NUESTRA PALABRA DE HONOR en ofrecer tolerancia y amor al "hermano connacional" por medio de LA  ALMUESTRA.

Con ello habremos obtenido satisfacción y estabilidad monetaria para la ciudadanía que vive enclaustrada en su monotonía de vida. Nacer, crecer y reproducirse ¡y en qué forma! pero sin los logros de una sociedad moderna.

ME ENORGULLEZCO DE EL SALVADOR

## ¿Y LA ALTERNATIVA?

¿Y qué de la alternativa? La Unión Soviética fue establecida forzosamente con un grupo de naciones y no por un grupo de naciones, después de la Revolución Bolchevique y bajo las teorías comunistas anteriormente mencionadas. Lenin y Stalin establecieron y mantuvieron en Moscú un gobierno totalitario, absolutista y expansionista.

Este último mal, acarreó al imperio soviético irónicamente a su propio Waterloo, su propio fin, con lo cual terminó la guerra fría entre Oriente y Occidente.

El territorio de la URSS era inmenso y lleno de riquezas naturales, pero también de inviernos muy fríos y largos que no permitían la suficiente producción de alimentos básicos, además tenían tensiones étnicas. Tampoco el país tenía como prioridad la producción de otros artículos útiles para que los ciudadanos llevaran una vida satisfactoria. El Kremlin prefería producir armas y prepararse para lo que al final resultó ser una guerra casi fantasma, conocida como la guerra fría pero dirigida por mentes calientes, sin ninguna sensatez.

La necesidad de productos que eran de uso común en el mundo occidental era cada día más obvia debido a la fronteras casi herméticas del país, lo cual creó una sociedad insatisfecha aunque silente....hasta que, bajo la Perestroika, cayó el muro de Berlín y cayó la URSS.

# ME ENORGULLEZCO DE EL SALVADOR

Los tanques y las balas ablandan a los pueblos temporalmente pero no se comen y de ellos solo resultados tristes se obtienen. La voluntad es más dulce que la miel y más fuerte que el metal.

El comunismo soviético no podía dar buenos resultados y la práctica expansionista era solamente para conseguir en el exterior y por la fuerza, los recursos que ellos mismos no podían producir, como el azúcar de Cuba. Aparte se proponían obtener la supremacía mundial por la misma razón.

A propósito, ¿alguien me puede explicar porque la Venezuela de principios de siglo XXI (ahora 2013 todavía), aun no produce tantos productos básicos que debe importar, sabiéndose que viven en un clima mejor que el de Rusia, de suficiente tamaño y con mucho capital natural, el petróleo de Maracaibo? ¿Cómo es que su dictador Chávez mantuvo hasta su muerte reciente el concepto de socialismo de siglo XXI para América Latina si ni siquiera alcanza para ellos?

Es el resultado del comunismo básico, lleno de ofertas populistas y falto de producción.....mientras sus líderes gozan de ideas capitalistas sumadas con despilfarro y lujos consumistas como los que su sistema critica.

Sintetizando, la URSS nunca buscó el verdadero progreso de su sociedad, una que fue reprimida y a la que se le obligaba sus actividades. Y mucho menos le importaba el progreso de pueblos extraños y lejanos. Los ciudadanos soviéticos podían estudiar y graduarse como excelentes ingenieros, médicos, físicos o químicos pero con sus ínfimos salarios no podían disfrutar de ningún artículo "occidental", de por si prohibido por "alienante" etc. etc.

Que pobres excusas utilizaba el Kremlin para controlar a su gente. Tanto tiempo –aproximadamente cinco años-estuvo ahorrando el matrimonio Mintz, amigos míos de los ochenta siendo ella una profesional en ingeniería mecánica y él, ingeniero eléctrico, ahorrando sus pequeños sueldos, casi enteros, para comprar en los setenta un Lada con ningún lujo más que el aire de las cuatro llantas. Tuvieron oportunidad de salir de aquel lugar y lo hicieron. En el trabajo les conocí y me aseguraba el que todo eso era cierto.

Aparte de eso, puede decirse con toda seguridad que la Cuba de hoy y la de hace 50 años es la misma, estancada, y NO se debe por completo al famoso boicot. Más que nada se debe a las restricciones individuales. Si no hubiese sido así, jamás habría salido de la isla tanta gente desdichada porque con la ayuda monetaria recibida de la URSS por 30 años, a base del ingenio y el intelecto propio logrado con "su educación especial", Cuba pudo haber fabricado al menos ciertos productos para facilitar su propia vida y desarrollo...... Y el comunismo cayó también en Alemania Oriental, Hungría, Polonia etc.

¿Cómo es posible que la Venezuela de Chávez que pronto habrá de soportar una inflación del cuarenta por ciento y peor, pueda prometer a los pueblos latinoamericanos que el comandante les traerá independencia económica? Ahora se conoce que Cuba posee grandes yacimientos de petróleo, todavía no explotados; pero Venezuela siempre ha sabido de los suyos y los ha hecho producir. Actualmente eso no les sirve de mucho porque carecen de mil otros productos debido a que las políticas chavistas no inspiran ninguna confianza y a menos que compre en efectivo, nadie querría hacer negocio con él, pues hace decisiones unilaterales, dictatoriales, explosivas.

Entonces, ¿Dónde está el genio de Chávez y su Gran Plan? ¿Quién ha sido él para creerse hermano del Gran Simón Bolívar?

Permítanme aclarar, Chávez no es Bolívar ni mucho menos. Bolívar era un verdadero héroe de Sur América, un gran Masón visionario y recto como lo eran George Washington, Benjamín Franklin, José Martí o Benito Juárez en sus respectivos países. Lo era también Wolfang Amadeus Mozart y muchos hombres virtuosos más. No se sabe con certeza pero hay indicios, que algún prócer de nuestra independencia también haya sido Masón, lo cual sería factible por los valores que expresaban aunque realmente irrelevante en este caso.

Significa eso sí, algo especial porque la estirpe, visión patriótica y principios morales y de respeto al Ser Supremo, también son afines a la de los mencionados y muchos grandes hombres en todo el mundo, lo cual definitivamente disiente de la personalidad del señor Chávez; para fortuna de El Salvador.

A propósito, hay un gran mal entendido en la sociedad salvadoreña. Se asume que los masones practican cosas del mal, satánicas; pero eso está alejado de la verdad; tanto así que en la historia contemporánea hay, en otros países, hasta sacerdotes y hubo algún Papa que, se dice, formo parte la fraternidad masónica.

Debido a los exquisitos principios de la masonería universal, muchos políticos y hombres poderosos han sido miembros de tal organización; lo cual desde hace siglos provoco roces políticos con el "Establecimiento de Ciudad del Vaticano".

En ocasiones se advierte cierta reticencia a la comunicación entre el Estado y la Logia Masónica, en cualquier país; como resultado de esa mala información.

Que quede claro, la fraternidad masónica es solo eso, una fraternidad y no una religión. Sin embargo es relevante que ningún ateo puede ser masón -no sería admitido- y que la mayor obligación que la organización profesa es el respeto a quien llaman Gran Arquitecto Del Universo. Este nombre unificador del Creador es para evitar cualquier divergencia con personas creyentes de diferentes religiones. En otras palabras, se mantiene una fuerte hermandad de hombres con dignidad.

Así como creer en Dios es imprescindible para pertenecer a esa organización masónica, también es importante reconocer la práctica de virtudes como la tolerancia para todo ser humano, la prudencia para con toda la Creación y la justicia universal. También hay que hacer notar la práctica del altruismo y caridad para cualquier persona, sin discriminación.

Por esos principios que profesan los masones, ha habido muchos grandes estadistas durante la historia de todo el mundo.

Lo siento por los que le creen a Chávez quien dista mucho de la inteligencia, honestidad e idealismo de Bolívar. Se nota, como en el abecedario, que la B está antes de la C. El Libertador construyó el Estado Bolivariano, Chávez propone constantemente la guerra a Colombia.

Ahora bien, para lograr progreso; LA ALTERNATIVA ES NUESTRA. La corrupción vuelve ciegos a los dirigentes de los pueblos y éstos no necesitan ninguna teoría extraña a su idiosincrasia. Bastaría saber que una sociedad esté dispuesta a observar "el máximo de su sentido común y honradez" para obtener progreso.

Si, se logra todo cuando se aplica una palabra que posiblemente asusta a muchos: honestidad. No pensemos que esa es una expresión extravagante, mentirosa o difícil de lograr. Nada de eso, es solo una expresión de convicción y verdaderos principios morales, finalmente un sueño pero con despertar agradable.

## ME ENORGULLEZCO DE EL SALVADOR

Los males sociales son el resultado de los actos de corrupción pero si éstos no existieran, los pueblos podrían distinguirse por ser genuinamente felices y su progreso generalizado sería mucho más factible. Excepto que no habría ricos nuevos dentro de la política.

De aquí podemos deducir que la solución está al alcance de todos, en el cambio.....y por tanto nos arriesgamos con este proyecto a ser calificados como deshonestos, lo cual le sucede a quien pretenda ser honesto porque esa es una cualidad tan extraña que generalmente tal pretensión resulta ser hipocresía o mentira. De allí proviene la apatía electoral.

Valdría la pena arriesgarse de tal manera si al final, probando lo contrario, se puede demostrar capacidad de resolución.

Si los ricos empresarios de una nación y los poderosos gobernantes de la misma lograran analizar sus conductas y concluyeran que con más ecuanimidad llegarían al punto de beneficiar a las diferentes clases económicas y por tanto promoviendo un nivel social equitativo con lo cual también la nación progresaría económicamente, con seguridad optarían por una combinación de sistemas, creando algo así como un "Sistema de Sociedad Justa" pero propio.

No vamos jamás a sugerir el comunismo de ninguna clase ni ese socialismo del siglo XXI el cual es solo un apéndice del primero y en el que sus actores de comedia ni siquiera disfrazan bien.

## ME ENORGULLEZCO DE EL SALVADOR

La idea estaría basada en el capitalismo el cual promueve mayor libertad humana aunque posiblemente requeriría evitar esa dispar devaluación constante de los salarios.

Las monedas sufren devaluación pero el que posee suficiente dinero, mantiene un balance de capital por intereses ganados. El problema real es para quien solo cuenta con un salario, por obvia devaluación. Entonces hay que encontrar el equilibrio ¿Cómo? Tal vez procurando salarios ajustados periódicamente o, mejor aún, estableciendo una constante aproximada y paralela de crecimiento, como antes se explicó.

Me atrevería a decir, aunque sabiendo que la idea podría considerarse mala, que la mejor propuesta para absorber los efectos inflacionarios de la oferta y demanda podría estar en evitar el aumento constante del precio de un producto.

Entiendo que se rompería con el esquema de la libre empresa. Sin embargo no se trata de hacerlo así sino de buscar un balance que nos permita satisfacer necesidades pero sin establecer dependencia de la demanda. Se sugiere más que todo, si los precios de materia prima lo permiten, un incremento más lento al precio del producto o una mejor negociación de precios con el productor de materia prima y evitar toda posible especulación de precios para elevar ganancia.

Posiblemente haya que sacrificar un tanto el margen de ganancia empresarial. "Gran Problema", excepto para la VOLUNTAD SALVADOREÑA.

## ME ENORGULLEZCO DE EL SALVADOR

Como resultado de su propia ineficacia e impopularidad, el comunismo está desprestigiado quizás por la misma razón que lo están quienes abusan para fines propios, de la palabra honestidad.

Sería tanto o más difícil encontrar a alguien con un genuino propósito de ejecutar los principios de beneficio a la sociedad en general como sería encontrar entre nuestros políticos actuales a alguien absolutamente concentrado en los fines primordiales de la nacionalidad anteponiéndolos a los intereses personales y totalmente desligados de la continua polarización pública, con sus contrapartes. Ya es hora de actuar como unidad.

Por la razón anterior estamos proponiendo una actitud voluntaria que nos satisfará colectivamente.

Grande será la diferencia pues el comunismo se expresa en razón de masas pero pocos asisten a la fiesta de repartición, a la piñata. Ofrece cambios radicales pero produce corruptos que llegan a controlar grandes cantidades de dinero en proyectos populistas que son factibles "para su negocio".

# ME ENORGULLEZCO DE EL SALVADOR

## AUTO - SOLVENCIA

Aún con todas las dificultades de nuestra individualidad como participantes de la sociedad salvadoreña, lograr el objetivo del progreso humano solo depende de nosotros mismos con una constante actitud que conlleve rectitud.

No es imprescindible para nosotros ni responsable de parte de un "líder socialista" o "derechista" que se nos conduzca a donde no hemos pensado arribar.

Inclusive una persona económica y socialmente desesperada, basado en una explicación real del plan socialista XXI, podría rechazar un sistema que solo le ofrezca maravillas. O peor aún si tales explicaciones son omitidas a cambio de promesas que no caben en el plan ofrecido, ya sea por incapacidad financiera para tanta maravilla, por negligencia de los actores una vez en el poder o por el verdadero desconocimiento de la estructura y funcionamiento del Estado.

Si la verdad fuera dicha, habría rechazo. Lamentablemente, las gentes se creen las mentiras y votan por aquél que no ha sido tan objetivo pero quien, solo así, con engaño, logra lo que quiere. Es lo que sucede en El Salvador, hay buenos vendedores de ilusiones.

Lo anterior obviamente va también contra los planes de un partido de derecha, cuyos miembros siendo en el fondo non-gratos, no merecen el respaldo de una población desesperada por encontrar solución a sus problemas de vida diaria y después de  años ya imperceptibles.

Uno de los principales matutinos de El Salvador, siempre ha tenido la reputación de ser ciegamente conservador, derechista al máximo y que ha escogido en todas épocas a sus escritores contribuyentes y por lo tanto no es accesible a la mayoría de los habitantes. En esta era de internet, sin embargo, dan cabida a comentarios que como en el siguiente caso, me ha parecido una opinión interesante aunque, de cualquier ciudadano quien, tal vez sin mucha educación (por su pobre ortografía) pero que por la misma razón la nota parece haber sido escrita no por alguien sofisticado sino, exclusivamente sincero.

Ese ciudadano escribió su comentario el viernes 13 de noviembre, 2009 sobre un artículo publicado en tal periódico bajo el título de FMLN PIENSA CONSTRUIR COMUNISMO EN EL PAIS. El comentario dice así:

"Señores governadores escuchen con atension necesitamos un salvador con livertad y lleno de amor y de paz, lleno de sivilizacion de riqueza y hermosura y belleza con poder y un pueblo fuerte con saviduría no comunismo, eso es esclavo y miserable y pobreza que no beneficia, ala familia y no ayuda para nada cuiden su patria tierra vendita que dio".

La inicial de nuestro compatriota es J y su correo-e incluye el número 9631. Su comentario es genuino e inspira el deseo de progreso del país, así es como el señor también demuestra su orgullo de ser salvadoreño. No puede negarse que el pueblo de nuestro querido El Salvador, dentro o fuera del país, vive un constante deseo y convicción de progreso humano pero rechaza la intervención extranjera que coarta las libertades.

Otro ciudadano comento el mismo día y sobre el mismo artículo de la siguiente manera:

"El FMLN no llego al poder 18 años después por haber demostrado su capacidad política, sino que tuvo la visión de llevar, "por fin" un candidato que valía la pena. Un país no se construye a base de sueños e ideales, se construye con conocimiento, paciencia y voluntad. Dejen descansar el comunismo, la historia ya nos demostró que no funciona"

Las iniciales del nombre de este señor son L.A.

Estas dos opiniones ejemplarizan la opinión de un sector de la población. Por supuesto que debe haber quienes opinan lo contrario pero si hacen un análisis sincero sus opiniones también serían muy valiosas. Las de estos señores fueron escogidas únicamente para demostrar que sí hay disentimiento en cuanto al actual gobierno, no necesariamente el Presidente; cuyo apoyo supuestamente fue el de la mayoría de las personas. El pueblo parece que escogió que la fuente de poder provenga de la persona del Presidente de la República y no de su partido.

Eso significa que debemos analizar mejor nuestro futuro y planificar nuestro progreso con bases nacionalistas pero sin ahuyentar la inversión extranjera.

## ME ENORGULLEZCO DE EL SALVADOR

Generalmente la mayoría de inversionistas foráneos en nuestro país son de Estados Unidos, Japón, Alemania, España etc. pero acaso tenemos una Madre Patria más tres entre estas naciones. No señores, nuestra lealtad debe ser realmente con el más pequeño país de Centroamérica y no con algún socio comercial aprovechado. Si antes hemos sido de alguna manera intervenidos, eso debe de terminar y exigir el respeto que como nación nos merecemos. Entonces, con toda sinceridad, ¿necesitamos que la influencia cubana o venezolana nos imponga oficialmente y por la fuerza, estilos de vida que no nos corresponden?

Cualquier salvadoreño puede adquirir literatura o música de esos países pero eso no implica que la educación de Cuba se nos deba imponer como pretende el Vice-Presidente hacer con el sistema educativo. Es más, el mismo Vice-Presidente siendo Profesor debería de formar un comité que diseñe un plan educativo genuinamente nacional en vez de buscar lo fácil, importar un concepto ajeno. Nuestra juventud no necesita libros basados en la idiosincrasia cubana o comunista. ¿Acaso no hay maestros y literatos excelentes en El Salvador quienes pueden formar una comisión ad-hoc para re-orientar nuestro sistema educativo? ¿Cómo plantearemos una campaña de alfabetización o ¿Cómo haremos para que los programas educativos sean eficientes como lo eran anteriormente cuando era obligatorio pasar exigentes exámenes privados de bachillerato y que puedan existir en el sistema actual, bajo un contexto puramente salvadoreño? ¿Por qué forzar el estudio preferencial de otros escritores si podemos ante todo reencontrarnos con Alfredo Espino, Claudia Lars, Salarrue, Alberto Masferrer y Arturo Ambrogi así como con los nuevos escritores? El estudio de la literatura universal podría cubrir a los extranjeros.

Debemos demostrar el verdadero placer de decir "me enorgullezco de ser salvadoreño". Para ello, no necesitamos ser oficialmente copiones; por el contrario, seamos originales, hagamos nuestro propio destino en cada etapa de nuestras vidas.

Por otra parte se debe permitir toda forma de expresión popular si se hace con decencia. El gobierno de la República no sugiere que la juventud escuche rock and roll, jazz, hip hop u otro tipo de música americana, es libre albedrio que los socialistas han tratado de controlar al igual que a las "cachiporristas colegiales".

Nunca existiría la posibilidad de eliminar la Federaciones de baloncesto y béisbol solo porque tales deportes fueron inventados en Estados Unidos, por el contrario, se deben promover porque está comprobado que su práctica es beneficiosa para cuerpo y mente.

Estas cosas se dan sin imposición y cuando lo determinan las preferencias personales. Algunas expresiones si pueden ser coartadas pero sugestivamente, sin imposición, como el exceso de tatuajes o  como la música estridente que causa malestar a otros.

## ME ENORGULLEZCO DE EL SALVADOR

De mayor importancia será corregir y editar artículos de periódico escritos con horrendos errores o que incluyen tanto extranjerismo. Los periódicos también tienen la misión de enseñar. Pero de igual forma deben cuidar su lenguaje los personajes de radio o televisión.

Como parte de la educación física, quizás sería conveniente que todos los muchachos practicaran diferentes deportes pero sin obligarlos, excepto en el ejercicio básico para la salud durante la etapa escolar; como no se puede obligar a nadie a que sea poeta.

Los ejemplos anteriores probablemente no tengan mayor importancia pero se utilizan para demostrar que hay influencias culturales positivas  y por tanto, que no todas las influencias sean alienantes, como expresa el FMLN en acusaciones sin explicación. La juventud necesita descubrir sus intereses aunque tenga guías educativos.

El Salvador definitivamente no necesita empezar a reeducarse en términos foráneos. Amamos la libertad y la naturaleza y por sobre todo a Dios y al azul y blanco de nuestra patria. No podríamos ser ateos como es la voluntad estatal en los países comunistas donde la deidad es un ególatra. Gracias a Dios nuestro país sostiene una sólida alternancia de poder político y no debe cambiar. Que nos quede claro, debemos eliminar injerencias tanto como debemos respetar las decisiones de otras repúblicas también soberanas.

## ME ENORGULLEZCO DE EL SALVADOR

Si como los dirigentes del fmln aseguran, los Estados Unidos son una nación que se inmiscuye en nuestras decisiones de gobierno y nos dominan ¿Por qué entonces el gobierno de ese país permitió a ellos a llegar al poder en este "intervenido país"? ¿Cómo explican por tanto que la nación más poderosa del mundo "se rinda" ante ellos?

Si los Estados Unidos, siendo una nación tan poderosa ha decidido respetar la voluntad política de la más pequeña república de toda América, es solo una prueba de que su injerencia, no lo es tan radical como la que nos ofrece el señor Chávez o la que ha pretendido Castro por mucho tiempo. A todos ellos les debemos hablar de frente.

Así como el golpe de Estado de Honduras en junio 2009 no ha pasado desapercibido (como hubiese sucedido antes) al menos por los países latinoamericanos; de la misma manera –debido a las amplias comunicaciones actuales- la pretensión de conducir a El Salvador a través de ALBA no significa un AMANECER por renacer sino más parece que sería el atardecer o más tarde aún, el ocaso.

El comandante de Venezuela no es por sí solo de culpar, resulta difícil que haya algún ser humano o grupo que quiera comprometer la libertad de todo un pueblo como el nuestro, pero allí están. ¿Quién los ha autorizado? Una cosa es ser gobernante y otra muy diferente es tomarse atribuciones inapropiadas, especialmente si el resultado será contraproducente. Ahora analicemos razones.

## ME ENORGULLEZCO DE EL SALVADOR

Si la Constitución Política fuese respetada por todas las instituciones y habitantes, el resultado sería una nación más democrática y bien acostumbrada a serlo, muy interesada en el progreso colectivo y en promover los factores que inciden en ese fortalecimiento. Seríamos dominantes de nosotros mismos y orgullosos de serlo. Los valores humanos habrían de ser nuestro constante recordatorio de esas virtudes cardenales: Templanza, Fortaleza, Prudencia y Justicia.

Propongamos mayor esfuerzo en el estudio y en el trabajo, en el amor bien manifestado a nuestro prójimo lo cual nos ha de remunerar con la bendición de Dios y el control de nuestras pasiones y vicios. Si así sucede, estaremos construyendo un mejor país, más tranquilo y feliz.

El problema es que los países menos avanzados, por la avaricia de sus políticos, tienen la pésima costumbre de cambiar o al menos intentan cambiar su Carta Magna tan pronto como confrontan un problema porque esos dirigentes llegan a creer que son insustituibles e imperecederos, lo cual es en sí una conducta dictatorial e irrespetuosa de los derechos civiles.

Los países tradicionalmente más estables del mundo tienen sistemas políticos tan seguros como sus gobiernos porque respetan los documentos que incidieron en su creación.

Puede haber, por ejemplo, secciones de la Constitución de un país que parezcan no responder a las necesidades del momento (como a veces parece ser el caso en USA, ejemplo:

el 2o. mandamiento relacionado a la posesión de armas) pero les es primordial mantener la pureza de tal documento, como base de su democracia. Si asimismo se le respeta, la Constitución se mantiene intacta, incólume.

Esta es la clave del éxito. No se puede cambiar la Constitución o ninguna ley secundaria simplemente para acomodar situaciones políticas que afectan exclusivamente a determinado grupo. Que si el PCN quiere al fulano más maquiavélico como Presidente de la Asamblea u otro oportunista que desea serlo después o que si "hay que acomodar" en la mesa directiva a los que no tienen ni siquiera una real definición. ¿Por qué sucede semejante ultraje a las instituciones que nos dan el genuino derecho de ciudadanía? Simplemente por la inmensa corrupción y el interminable factor de insatisfacción y codicia. Aquí radica nuestra alternativa.

Es comprensible que los diputados de la Asamblea Legislativa tengan asesores legales para mejor interpretar la Constitución y escribir las leyes secundarias apropiadamente; pero esos asesores deberían ser parte de un cuerpo establecido para asesorar a cualquier diputado, de forma generalizada y no exclusiva. Al presente, cada facción tiene sus asesores y eso significa opiniones interesadas, partidarias y causantes de toda la polarización existente. Si hubiese un único grupo de asesoría legal, los resultados fueran justos y coherentes respecto a la población. Además, se ahorraría una enorme cantidad de dinero en salarios y prebendas conocidas que reciben esos abogados que asesoran y el resto del equipo que necesitan para su "función" (que más parece una en el circo).

Los países europeos ofrecen a sus ciudadanos programas médicos y educativos socializados al igual que ciertas escalas de salarios que ponen a la población en condiciones equivalentes, no porque estén los gobiernos europeos dispuestos a alienar a la clase estudiantil por medio de los estudios dictados por otra nación.

También se establecen reglas de incentivo a la producción nacional la cual, por libre albedrio, sus ciudadanos optan por comprar. Todos son países relativamente pequeños que usan su potencial humano al máximo y muy apropiadamente. Optemos por calidad nacional versus marcas de renombre internacional.

Países como Italia, Francia, Suecia, Holanda, Noruega por ejemplo y hasta Inglaterra y España, se atreven a alternar gobiernos de corte socialista y hasta comunista (en el caso de Italia) porque hay absoluta libertad para elegir al candidato deseado sin necesidad de comprometer la democracia recurrente en un periodo posterior. No hay riesgo para el establecimiento de dictaduras.

La América Latina todavía no conoce ese truco y se deja convencer por demagogos. En El Salvador debemos establecer esa gran diferencia, mostrándonos como líderes (únicamente por dar ejemplo y no por cabildeo) mientras los otros países del continente nos observarán. Podemos ser el verdadero referente. Y aquí también encontramos la alternativa.

Solo por el hecho de ser justos y desear que progrese nuestra incipiente democracia, al FMLN se le dan posibilidades de un futuro gobierno, tienen derecho y esto es constitucional si con sus intenciones y programas actuales no alteran nuestra gobernabilidad. De lo contrario, este proyecto invita definitivamente al pueblo salvadoreño a comprometer sus votos con otras instituciones sanas y de progreso para velar por los intereses únicos de El Salvador que es lo que acá nos interesa. Tampoco hay que malgastar votos con los prostituidos y egotistas que conocemos, a menos que corrijan su carta de objetivos para la nación.

Si el presente partido de gobierno de El Salvador continúa con sus coqueteos a las dictaduras de Cuba y Venezuela, deberá someterse al rechazo de los votantes cuando de elegir a un nuevo gobernante dentro de cuatro años se trate. O les será más difícil por ejemplo, si solo han obtenido un 51% de los votos puesto que el resto de ciudadanos no les aprobará y su trabajo será cuanto más difícil porque suponen gobernar para el 100 %.

El salvadoreño se merece el derecho a cantar El Carbonero felizmente. Señores del fmln, no limiten a su pueblo a costa de las ideas de Hugo que no deja de ser sino la mitad del todo, formado por Hugo y Evo, cuyo ego compuesto se transforma en un hue…..."Desastre".

## ME ENORGULLEZCO DE EL SALVADOR

Estas sugerencias y estos análisis solo quieren ofrecernos la mejor alternativa para un futuro seguro en El Salvador. Si queremos deshacernos de las "pandillas con corbata" o las de los que tienen tatuajes o de los corruptos en su totalidad ya sean narcotraficantes, extorsionadores, violadores de toda clase y otros criminales; debemos unirnos no necesariamente como campaña anunciada, aunque válida, sino con la adquisición de una mística o sentimiento espiritual sincero que nos provea voluntad de progreso individual y colectivo.

Cuando hayamos avanzado espiritualmente y podamos compartir el plano vertical con Dios, entonces para mayor satisfacción material, aprenderemos a compartir el plano horizontal con nuestros semejantes por lo que el Ser Supremo nos premiará por nuestra satisfacción íntima, con un nuevo proceder y de ello, como resultante, mayor abundancia para suplir las necesidades individuales. Una persona internamente satisfecha y feliz va a desempeñarse mejor en su trabajo, en sus estudios, con la familia y con la sociedad. Eso está claro.

Por cierto, tendrá que ser como una nueva cultura basada precisamente en esta concientización por parte de cada persona, con toda honestidad manifestada hacia la Divinidad, Quien siempre retribuye las acciones humanas ofrecidas con pureza. Esto no es religiosidad y si así se entiende, enhorabuena, porque se trata de cumplir con la moralidad, con los Diez Mandamientos.

## ME ENORGULLEZCO DE EL SALVADOR

El estudio de las diversas religiones es típicamente conducido por sus Ministros que analizan, opinan y demuestran las formas manifiestas de las mismas. Ellos también se encargan del adiestramiento de sus feligreses y esa es la parte que nos interesa pues estos mismos líderes religiosos pueden contribuir a unir las mentes en esa conjunción de tipo horizontal que nos satisfaga espiritualmente bajo la enseñanza de los Diez Mandamientos y las diversas formas de conducta empleadas en la búsqueda del plano vertical en cuyo primer eslabón arriba -siendo como una cadena de bondades- se encuentra la máxima expresión o Divinidad.

En un país Cristiano como el nuestro, tal labor la deberían dirigir los ministros religiosos haciendo énfasis y guiando al pueblo a mantener una conducta digna para evitar las peores costumbres, vicios y crímenes. Esa es la principal razón para mencionar la influencia que ellos puedan tener en nuestra población.

No se trata de una clase de doctrina todos los días sino de concientizar sobre la relación entre el hombre y Dios asimismo como entre el hombre y el hombre. En síntesis, entre el hombre y Su Semejante, porque ante todo somos semejantes a EL. Apelar con ello a la búsqueda individual de nuestra fortaleza interna, de los méritos y debilidades, es como transformar estas últimas en un aliciente y mayor fuerza espiritual que nos frene en cuanto a los excesos y pasiones. Inmensa fortaleza y convicción propias y genuinas tal que sin modificar nuestra alegre forma de ser, nos permita ver nuestros errores y convertirlos en motivación para un mejor trabajo, para el ahorro y nuestra relación con toda persona, evitando roces y antagonismos, lo cual nos favorecería muchísimo.

Nuestro proyecto es netamente nacionalista e independiente de cualquier influencia religiosa o política. Por todos los medios estaríamos lejos de abrigar esas influencias  para evitar controversia.

Por otra parte y como alternativa diremos que las costumbres ajenas, buenas o malas, se obtienen principalmente a base de ser expuestos voluntariamente a ellas, vienen como influencia extraña, no siempre son edificantes. Esas mismas costumbres las mantiene el individuo también por voluntad propia, de allí que haya gente de buenas y malas costumbres sin estimar la educación recibida.

Cuando las costumbres son malas es imposible que la persona que las posee pueda llegar a coincidir en el mismo plano vertical con EL aunque eso no significa que Dios no quiera a tal persona. SU cariño está diseminado entre toda la humanidad pero nuestros mejores logros no dependen del Señor, Nuestro Padre, sino de nuestras acciones y la más valiosa relación que mantengamos con EL.

La idea de establecer una fuente que dirija nuestras energías espirituales hacia Dios es con el fin de lograr una nación unida y por tanto apta para el progreso conjunto. La labor de los líderes espirituales es por tanto, de vital importancia.

## ME ENORGULLEZCO DE EL SALVADOR

Las costumbres de naturaleza apropiada o inapropiada son fácilmente transmitidas en esta era de globalización con la rapidez de las comunicaciones vía internet o teléfono celular, los cuales, aunque también inventados en Estados Unidos, son herramientas muy útiles........si no le importa a un gobierno que se conozcan sus debilidades, como sucede... en Cuba.

Del gobierno venezolano actual no se puede decir más que es el resultado de la arrogancia personal alimentada por los petrodólares de Maracaibo. Así también está representado por la solvencia monetaria que no se refleja en obras generales a favor del pueblo venezolano tanto como por el despotismo de un personaje insidioso que insiste en parecerse a Simón Bolívar aunque nunca le dijeron (posiblemente por mandato oficial) o no quiso escuchar, que posee una personalidad e historial diametralmente opuestos al Libertador.

Este proyecto, a propósito, no hubiese preferido ser tan opuesto a los regímenes de Caracas y La Habana. Desafortunadamente los dirigentes comunistas de esos países nos invitan a éso cuando quieren convencer a toda la población de nuestro país allá y aquí que "el imperialismo nos devora". Esa hipocresía es la que no podemos aplaudir en este proyecto.

Es exactamente lo que ellos desean hacer, que les respetemos como imperio porque solo ellos tienen un "gran plan", la razón y los cimientos para nuestro progreso. Por favor ¿Podremos de ellos creerlo o nos esperamos cien años a que la inflación y desempleo en aquel país antes próspero, Venezuela, mejore cuando haya terminado el presente mandato de Chávez, como ya lo planeo de cien años o se recupere el extraordinario avance que tenía Cuba antes de Fidel? Hay constante cinismo en las vociferaciones de la familia Castro/Chávez.

Explicado todo lo anterior, es posible que el pueblo salvadoreño analice libremente y sin la presión constante y poco sutil que el FMLN suele ofrecer para que el pueblo vulnerable preste atención a sus ofertas de cambio social que el partido rojo únicamente interpreta como cambio político a la usanza comunista. ¿Por qué suponen los políticos seguidores de Chávez que el pueblo salvadoreño no es capaz de demandar una mejoría de aspecto social sin necesidad de una asociación de dependencia con quien no nos conoce? ¿Será que nos adjudican poca inteligencia?

Mientras tanto vale preguntar ¿Que se debe esperar de cualquier candidato cuando hace campaña y promesas? ¿No es acaso que trabaje fuerte por las mejoras de una sociedad cuyos votos son realmente valiosos? Entonces ¿Por qué esa misma persona, convertida ya en Presidente se ufana tanto al inaugurar una obra? ¿O no es esa parte de su labor, planificar y ejecutar obras de todo tipo?

Las respuestas silentes ante el párrafo anterior significan que no hay razón para reclamar que "el mío es un gobierno de cambio". De antemano se esperaba que así fuese, ¿cierto o no?

La perspectiva común debe ser cambiada por una que implique un examen personal íntimo pues al reconocer nuestras debilidades también conocemos nuestras cualidades y una muy importante es ser verdaderamente nacionalistas en el mejor de los sentidos o sea cuando de comprometer o no el destino de nuestra patria se trata.

Tratemos de entender esta propuesta con la claridad absoluta de que El Salvador puede y debe aprender a resolver sus propios problemas.

Por eso es que se sugiere una entidad de gobierno que se encargue de la planificación y promoción de la industria salvadoreña a largo plazo así como del incremento de las instituciones culturales en general, incluyendo las artes cinematográficas. Dar asimismo apoyo a la creatividad y diseño no solo artístico pero también de ingeniería tanto como lo concerniente a las otras ciencias.

Todo lo anterior es con el objetivo de hacer de nuestro país una fuente de trabajo estable para sus habitantes. Ojalá ésa no sea considerada como una gran IDEOTA!!!

Es totalmente cierto. Alguien podría creer que esto es una idea de idiota pero suele ser tan valedera como aquélla que nos invita a lucir bien y afirmar..."Es mejor estar a dieta que ser idiota"......jajaja

## ME ENORGULLEZCO DE EL SALVADOR

No nos sorprendamos al respecto pues cuando se discute un tema con cierto respeto, también se obtiene el derecho a expresar un poco de humor si se desea. Esto nos permite terminar una discusión sin ofender y que concluya con un apretón de manos porque en todos los aspectos importantes de la vida, en los cuales pueda existir un tanto de discrepancia, como la política, los deportes, religión u otra opinión que proponga alguna pasión; se debe demostrar que las ideas pueden ser opuestas sin enemistar a quienes las exponen. Una convicción con prudencia.

Este proyecto muestra cierta irreverencia a algunos de los personajes de quienes aquí se habla. Las referencias tratan de no ser ofensivas pero si realistas y quizás crudas a tal punto que podrían considerarse controversiales. La intención no es mostrar irrespeto a nadie, ni a Hugo Chávez siquiera, pero si existiera la posibilidad de haber creado tal malentendido es simplemente debido a las intromisiones constantes en las que los poderosos políticos mencionados incurren sin nuestra aprobación. Nuestra mayor ambición es el respeto a las leyes y gente de El Salvador.

Lo anterior es el mecanismo de defensa utilizado en este proyecto para expresar libremente lo que las mayorías no se atreven a decir. Por la misma razón, éste se considera un proyecto sano y no uno de desencanto novelesco; se trata de responder por las necesidades de un pueblo que prefiere tomar sus propias decisiones políticas, como siempre bajo la guía de Dios y con elecciones absolutamente libres.
Volvamos a lo básico.

## ME ENORGULLEZCO DE EL SALVADOR

Ni el FMLN ni otro partido político de El Salvador, tienen ningún derecho a tomar decisiones dañinas a nombre de la población en general por el simple hecho de estar en el poder. Este mismo razonamiento se aplica como respuesta de cada salvadoreño independiente y con seguridad, también de muchos otros que a conciencia saben establecer la diferencia.

No hay un Presidente que gane una elección con el cien por ciento de los votos, prácticamente imposible. Por esa razón, en una democracia que se precia de serlo, el partido ganador no puede gobernar sin consenso porque su representación es incompleta.

Como ejemplo se da que en ciertas elecciones, cuando participan varios partidos; los porcentajes de votos obtenidos pueden ser normalmente bajos. Ahora, el partido que gana esa elección ¿podría con absoluta seriedad decir que representa a todo un pueblo? Definitivamente no. Ha logrado victoria por las reglas vigentes ya que no por un concurso de popularidad. Ah, pero si debe gobernar para todos.

Y que valga aclarar esto, un buen gobernante lo es por gobernar para todos y no a todos. "Para todos" significa democracia y "a todos", no es más que insensata dictadura.

La mejor expresión de la democracia es basada en la justicia y cuando exista la justicia política a cabalidad, nos deleitaremos con la erradicación de la corrupción.

## ME ENORGULLEZCO DE EL SALVADOR

Por esta última razón hemos de evitar el ser solamente seguidores y por el contrario, proponernos en ser originales.

Normalmente nuestro gobierno muestra una intensa disciplina cuando de respetar tratados internacionales se trata pero será mejor tener mucho cuidado a la hora de firmar nuevos convenios. Veamos hacia adelante. Esos convenios no siempre son útiles, por tanto en ciertas ocasiones sería mejor no firmar. Por esta razón debemos aprender a erradicar nuestra dependencia de otras naciones y buscar el respeto de todas.

Cuando encontremos el camino hacia la originalidad en nuestros proyectos o metas de nación es cuando empezaremos a funcionar más eficientemente.

Se sugiere no ser seguidor (de otros sistemas políticos o países) pero tampoco se recomendaría buscar un liderazgo entre los países de Centro América porque entre ellos ya existe el vínculo necesario. Aún a éstos debemos respetarles en sus decisiones internas. Por la misma razón ha habido alguna crítica al mandatario que sin merecerlo haya obtenido Premio Nobel cuando la actitud diaria de su gobierno es hasta disociadora hacia sus hermanas repúblicas centro americanas, lo cual no es congruente precisamente con la paz. Se es mejor líder por el ejemplo.

Si ocurriera algún liderazgo con respecto a los países hermanos del istmo, debería ser una propuesta de los demás y no como un ofrecimiento inmediato para sobresalir, lo cual no sería ético. Mantener la modestia es importante.

Si en realidad queremos para nuestra patria "un mejor porvenir" como canta nuestro Himno Nacional, entonces solo nos queda ser honestos y eliminar la corrupción. Suerte hermanos.

Es ya la hora de empezar a actuar y asegurarnos que el futuro de la República no sea comprometido por quienes luego no encontrarán las herramientas para rescatarla. Al cabo de unos meses del nuevo gobierno, el fmln todavía al final de 2009, no ha podido encontrar una verdadera forma de demostrar su capacidad para promover o fomentar una fuente económica segura y convencer al pueblo salvadoreño que, cuando menos, conoce la ruta prometida para el desarrollo nacional.

Los dirigentes más comprometidos con el movimiento de Alba de Chávez —no pude resistir la irreverencia, por humorismo y no por falta de respeto- dan la impresión de inseguridad y esa actitud es inexcusable.

Promueven por un lado la idea de confrontación con el "Imperialismo de Estados Unidos" y por otro lado permiten que alguno de sus más suaves representantes exprese públicamente que "el gobierno quiere mantener los lazos de amistad con los Estados Unidos".

¿Acaso no es eso una indicación clara de hipocresía?

## ME ENORGULLEZCO DE EL SALVADOR

La idea más importante es que el gobierno de Venezuela pretende la compra de la voluntad de los pueblos necesitados a base de sus petrodólares que ahora quieren llamar petro -sucres. Sucre, "perdónalos, que no saben lo que hacen".

¿Qué quiere lograr Chávez? ¿Cómo es posible que algún iluso crea que no hay interés material? ¿Qué quiere obtener de estos países y por qué? No habrá una respuesta fidedigna. ¿Quién, a cambio de nada invertirá varios billones de dólares sin esperar compensación? ¿Será que el señor del ALBA (todavía no amanece en su vida, pensando con la fantasía de un niño somnoliento) podría explicarnos como es que ante todo no invierte para que su propio país sea económicamente fuerte y su sociedad en general, totalmente satisfecha, eso es, ricos y pobres? Grandes problemas tiene Venezuela actualmente.

Por el contrario, él trata de regalar lo que no es suyo. Recordemos aquella frase en la que establecimos que si un gobernante no ha llegado al poder con un cien por ciento de los votos, no tiene total porcentaje de apoyo moral y por tanto su mandato es peor cuando resulta ser totalitario. Es el mayor compromiso de la democracia.

La política de este señor no es congruente precisamente con la realidad económica de los pueblos latinoamericanos del siglo XXI. Siendo la inflación venezolana muy alta y que continúa escalando, él no ha podido menos que conquistar a los pobres necesitados a base de prebendas y populismo pero sin permitirles abandonar el nivel de pobreza.

Tristemente, esos pobres se seguirán vistiendo de rojo gratis. Por cierto este color es bello cuando se utiliza individualmente pero como no siempre es elegante, les luce poco a las multitudes y solo sirve para que ellos sean comúnmente identificados. En otras palabras, a Chávez no le interesa el progreso de cada persona venezolana ¿Cómo podría interesarle un salvadoreño?

Los cuatro billones de dólares o siete, si así fuera, que Chávez dice invertirá en su necedad de liderazgo, no le alcanzarían para transformar a Latinoamérica y llevarla a un nivel que permita una vida más satisfactoria, sin pobreza y con absoluta integración social en cada nación. Pero si establecería ricos nuevos.

Mejorar las naciones solo se conseguirá con la participación –por convencimiento propio, reitero- de las clases más adineradas y sin marginarles del proyecto. Es al revés de lo que insinúan, los capitalistas deben ser integrados.

Chávez prefiere la confiscación de bienes a los que son económicamente más estables, sin recapacitar que también los ricos en su país, son venezolanos y por tanto él no tiene derecho a discriminarles.

Si en nuestro país se combate y vence el gran problema de la corrupción, mucha confianza será generada y el resultado positivo se observará automáticamente. Por lo tanto, la verdadera guerra debe librarse contra toda clase de corrupción; individual o colectiva, estatal o privada.

EL SALVADOR, para beneficio de todos, debe romper el ciclo vicioso de la CORRUPCION por medio de la HONESTIDAD y esta convicción debe ser íntima, verdaderamente privada y un absoluto propósito de enmienda individual para no caer en la posible burla y pérdida de respeto.

En El Salvador el presente gobierno u otro en el futuro deben hacer lo imposible por sacar a nuestra población entera de los niveles de pobreza y analfabetismo.

Debemos erradicar esas lacras sociales por completo, haciendo la vida de todos y cada uno de nuestros compatriotas verdaderamente más fructífera, más progresiva económica y culturalmente pues, por la misma razón, será mucho más satisfactorio a cada individuo. De una vida así deben también participar todos los salvadoreños ricos.

Ellos deben, por invitación del gobierno y su propia decisión, integrarse al progresivo estilo de gobierno que nos convierta en una nación con espíritu de lucha, con inmensa FE en Dios y un futuro pacífico... ¡Un Feliz Porvenir!

El futuro político de la República de El Salvador debe estar enmarcado por los dictados de la conciencia popular y con una idea nacionalista de progreso la cual sea la herramienta para nuestro avance intelectual e industrial que nos ha de traer una diferente noción de ser una nación más avanzada.

## ME ENORGULLEZCO DE EL SALVADOR

El Salvador del futuro no necesita estar aliado a movimientos renegados de quienes se autodenominan líderes o estadistas sin conocer o admitir que un gobernante se debe a todos sus connacionales y no solo a quienes les aplaudan.

Somos suficientemente inteligentes para poder llegar a un ACUERDO SOCIAL entre ricos y pobres, poderosos y débiles, hombres y mujeres y de esa manera, construir nuestro propio mejor futuro sin las intromisiones de gobernantes extraños porque eso sería permitir el pisoteo de nuestra soberanía nacional.

Esto también sería someternos al Imperialismo Comunista del Siglo XXI que no otra cosa es la gran ideota de Chávez.

Es cierto que no conviene a los intereses salvadoreños una presencia autoritativa de parte de los Estados Unidos pero tampoco vamos a caer, a sabiendas de los riesgos, en el Imperialismo Venezolano-Cubano.

Como se dijo antes, si el gobierno de Estados Unidos es Imperialista, lo es igual que Rusia o Cuba y mucho menos que lo que pretende ser la Venezuela del Comandante pues eso sí sería asfixiante. Además reitero que si Estados Unidos fuera tal imperio dominante de nuestro país y nuestro gobierno tan obediente, a estas alturas no estaría el FMLN en el poder. Algo hubiese sucedido para no permitirlo pero nadie puede negar que "el imperialismo yanqui respeta nuestra todavía incipiente democracia porque respeta las decisiones de nuestro pueblo".

## ME ENORGULLEZCO DE EL SALVADOR

En la famosa asamblea del fmln en diciembre 2009 el Presidente Funes no estuvo presente para mantener separación de sus funciones en cuanto al partido que lo postuló. Ah, sin embargo el Embajador de Cuba sí asistió y él representa al Presidente de su país. Eso significa intromisión porque aunque el mencionado partido no puede tomar decisiones estatales directas, la sola presencia del representante antillano denota tal intromisión en los asuntos nacionales porque no fue simple observador sino además un orador que apoyó una propuesta no universalmente popular en el ámbito salvadoreño.

El Salvador debe mantenerse alejado de la hipocresía comunista de Chávez cuando habla de bases americanas en cualquier país. Él prefiere no mencionar que ha comprado u obtenido gratis muchísimas armas rusas provocando un ambiente de tensión en toda América. Ha ofrecido armamento a Bolivia y apoyado de igual forma a Ecuador y Nicaragua, país este último que sintiéndose tan respaldado por Chávez, declaró la guerra a Colombia hace un par de años. Una acción ridícula que posiblemente haya sido planeada en Miraflores, Palacio Presidencial de Caracas. ¿No es todo esto una hipócrita representación de conducta dictatorial e imperialista?

Y ahora los intereses creados, Don Jacinto. Los mensajes dictados por algún Alcalde FMLN u otro funcionario mayor, solo parecen contener el léxico que les enseñaron y sin ninguna verdadera meditación propia sobre la realidad. Por supuesto que son discursos sumamente confrontantes, sobre todo si consideramos la posición oficial ocupada por los "eruditos disertantes" que no demuestran el mínimo respeto por la población nacional, olvidándose que un funcionario representa al pueblo pero no debe hablar a nombre de él solo por antojo. Se sienten invulnerables. Se aseguran el mejor sueldo y piensan que nadie los culpará por los trastornos que hagan en su función. Esto se da.

Gran parte de esos intereses, Don Jacinto, se perciben en los muchos despidos que el gobierno está haciendo y no se sabe cuántos más hará ¿Cómo es posible que un país con tan deficiente programa de salud se pueda dar el lujo de despedir a muchos médicos de sus labores? Luego los querrán sustituir con médicos cubanos por interés; de los cuales se dice que muchos no se graduaron o solo estudiaron carreras afines antes de llegar a nuestro país. Esto último no es para desestimar la reconocida calidad de la medicina cubana sino, de nuevo, tratando de evitar esa silente e inapropiada invasión extranjera.

Acá presentamos otra opción. La salud y la educación en El Salvador han sido siempre parcialmente "socializadas" como dirían ellos, acá preferiríamos llamarla "responsabilizada", porque su financiamiento para con la población de menos recursos es y ha sido una responsabilidad del Estado. ¿Entonces, qué es lo que se debería hacer? Simplemente encontrar los recursos para el financiamiento de un sistema de mejor calidad en cuanto a la salud y educación se refiere pero bajo programas exclusivos de nuestro país.

## ME ENORGULLEZCO DE EL SALVADOR

Lo más importante en cuanto a la educación es volver a los tiempos rigurosos del pasado cuando el estudiante recibía buena instrucción pero a quien le era exigido un resultado mejor bajo exámenes menos complacientes que los actuales. Se necesita el énfasis en Matemáticas, Ciencias y Letras –en general-como antes, aunque también con cierto énfasis en Informática tanto como en Idiomas, nacional y extranjeros.

A veces se encuentran errores de ortografía en artículos de periódico probablemente escritos por jóvenes Licenciados en Periodismo. Son deficiencias de secundaria.

El énfasis que se le dedique a tales asignaturas dará como resultado una preparación más adecuada para el progreso industrial y comercial futuro.

No se presume tener la panacea para todos estos problemas ni se está insinuando aquí que la educación actual sea muy mala. Claro que no. Lo que se sugiere es en base al número de habitantes jóvenes del país y siendo que la competencia por cada puesto de trabajo es mucho mayor que antes; la población estudiantil debe estar mucho mejor preparada de lo que está al momento de su graduación para poder ser mejores partícipes de nuestro futuro desarrollo sobre todo el industrial, que es el que más plata puede generar, por los empleos participativos que implica.

Que quede claro que si es preciso ser además de nacionalista también muy orgulloso de lo nuestro, debemos serlo. Solo nosotros podemos estar verdaderamente interesados en rezar nuestra linda Oración a la Bandera (como debería ser al principio de cada día) o cantar "Saludemos la Patria Orgullosos....." con el mismo sentimiento que emana de nuestros corazones llenos de FE.

Recordemos hace unos pocos años un huracán en el Océano Pacifico –Stan- que estaba a punto de azotar nuestras costas y el pueblo entero, católicos y protestantes, se unió en común oración y la FE lo logró; el huracán cedió contra todo pronóstico experto, antes de llegar a tierra firme. Esa es la actitud que debemos emplear, de unión espiritual y sacrificio conjunto. Hay que valorar la oración de ese momento.

Con esa misma energía mental debemos enfrentar todos nuestros obstáculos con la seguridad absoluta que EL, JESUCRISTO, nos ayudara a salir avante.

Como se ha mencionado antes, acá no se promueve a una religión en particular sino una opinión justa y apropiada al respecto. Tampoco se aboga por ningún partido político pues ambas decisiones deben ser totalmente privadas, intimas y llenas de sinceridad.

En opinión personal del que esto escribe, sin embargo, tres instituciones salvadoreñas deberían desaparecer pues solo han creado polarización política y han contribuido al retraso en que se encuentra el Estado salvadoreño, todavía en este principio de siglo XXI. Esos entes políticos son PCN, el cual debió desaparecer hace muchos años después de haber sido la peor dictadura (por diez y siete años) de los últimos tiempos, y que continúa como partido bajo un liderazgo ego-centrista que a nadie con apellido Pueblo va a beneficiar.

A propósito, el FMLN parece olvidar el hecho antes mencionado cuando hace tratos turbios con el primero, por unos cuantos votos. Siempre están dispuestos ambos a venderse." Hombres necios que culpáis a la mujer sin razón...." ¿Comprenden?

El tercer elemento de esta ecuación es ARENA el cual por veinte años gobernó por una infraestructura física únicamente porque construyendo también se gana mucho dinero. No establecieron planes de verdadero progreso que evitaran comprometer la soberanía de la nación, como puede suceder en 2014. Además, tal institución ha contribuido demasiado a la polarización, desde los tiempos de su principal fundador hasta estos tiempos cuando su primer presidente todavía no soporta a nadie que sea opositor suyo. Se nota en sus expresiones. Ellos han sido parte de la premisa de que si es pobre y reclama una mejoría social, es comunista.

Y curiosamente la institución política actualmente en el poder, confundida con el bienestar futuro de los salvadoreños, tiene una similitud de análisis con la anterior, excepto que en sentido inverso. Si, el FMLN concluye que si la persona tiene dinero suficiente es parte de una oligarquía burguesa y por tanto sus derechos podrían ser vulnerables.

## ME ENORGULLEZCO DE EL SALVADOR

Me imagino que los políticos creen que Dios se equivocó porque permitió que Noé tuviera tantos animales y peor aún, dos de cada especie.

En estos momentos tanto FMLN como ARENA tienen grandes problemas internos que afectan hasta su identidad.

Los primeros, a quienes es preferible llamarlos comunistas pues es lo que son, en vez de izquierdistas, término muy suave porque puede insinuar confusión con partidos de planteamiento menos radical; ellos están ahora provocando un impasse con el Presidente de La República debido a que él aparentemente quiere llevar al país por el camino independiente que le permita el progreso y que reciba el respeto de todas las naciones del mundo. Aquí está la primera prueba de que el fmln no quiere el verdadero progreso de la nación sino es bajo un compromiso internacional con "su" presidente Chávez.

Arena hace todo lo posible por buscar un chivo expiatorio y lo encontró (en un expresidente) quien aunque con culpabilidad, no es necesariamente el único culpable. Pero ellos quieren borrar la mala imagen.....o algo más que en su partido se pueda encontrar. Muy listos ¿no? Tienen mucho que les preocupa y prefieren mantener la guardia en los momentos diarios de la política nacional. Su actual jefe pretende acusar continuamente en público a algún funcionario actual porque quizás tema un contragolpe con la "pelota política" que al anotar gol en portería contraria, la de él, descubriría prácticas inapropiadas de gobiernos pasados, incluyendo el suyo. Es una posibilidad.

Por todas esas razones, me imagino que nuestro país no debería sufrir más estos avatares que solo empobrecen más.

Lo que se necesita es mayor afinidad y menos polarización. Quizás lo más cuerdo que pueda suceder es que en los próximos años nuestra gente de clase media, pobre o rica piense con un mejor sentido de nacionalidad, justicia y orgullo. La primera para no ser absorbidos por extraños y las otras, por permitirnos participar de una unión de sentimientos y propósitos, de anhelos y franca comunión de ideas para el progreso cultural y económico de todos y cada uno de los salvadoreños.

Si alguien se ha sentido aludido, respire profundo y en vez de culpar estas líneas, haga una incisión en su corazón y busque con verdadera sinceridad una muestra diferente que le permita concluir cuán grande es ese corazón y siéntase más humano y feliz de poder compartir con tantos millones de compatriotas que estando en cualquier parte del mundo, darían la vida por su patria.....y casi con seguridad, por usted también, amigo que disiente. Si quien lo hace tiene mucha intuición social, trate de comprender usted que si intenta ser más caritativo, y se puede ser hasta con una sonrisa, recibirá mucho más en retorno.

Quien escribe este proyecto tampoco tiene una razón particular para sugerir que tres partidos deberían desaparecer, puesto que no habiendo sido político o afiliado a ningún partido no existe un motivo personal directo para el rechazo, excepto el derecho que da el ser salvadoreño que ha observado el dolor producido por esos irresponsables, políticamente hablando.

Es solo una conclusión objetiva por un beneficio general. Con todo lo anterior en mente, habría quien considerara su incursión personal en el campo político, con el único afán de ser un verdadero líder a quien, después de terminado el trabajo, no le puedan achacar deshonestidad porque sería definitivamente una absoluta y horrible vergüenza. Esa expresión sería un derecho individual.

Por tanto, se concluye que con la guía de Dios, la fortaleza e inteligencia de todo el pueblo salvadoreño; éste pueda llegar a una ilusión que ofrezca a ese mismo pueblo una retribución inconmensurable y de resultados tan satisfactorios que con ello se establecería prácticamente una nueva sociedad más unida y productiva.

Indudablemente que se generará mucha adversidad contra quien escribe por la claridad del proyecto. Es muy agradable hacer amigos y sobre todo conservarlos pero en este caso es más importante analizar la situación de El Salvador con absoluta franqueza y con el mejor propósito de engrandecer a nuestro país, lo cual es todavía, prácticamente factible.

La conclusión más importante a tomar es la de evitar votar por partidos controversiales, que polarizan o que son de acción sumamente egoísta, es decir, poco edificante para superar la lamentable situación económica y estructural de la sociedad.

Molesta ser tan impotente ante sucesos diarios que resultan en decisiones de la Asamblea Legislativa donde se inventan funciones que se rotan como en un juego de baloncesto y para lo cual todavía necesitan representantes muy corruptos.

La impotencia se incrementa al seguir escuchando tantas historias del malgasto presidencial usando la partida secreta la cual debería de desaparecer en su totalidad.

Esta se presta fácilmente a la corrupción endémica ya que de esta forma, el Presidente –quien quiera que haya sido- pudo haber hecho gastos privados usando tal partida.

Se escucha que anteriormente se habrían asignado ciertos cargos a parientes en segundo grado, primos, quienes por tanto habrían viajado con todos los lujos del caso y pasaporte diplomático pero sin ninguna función oficial. Paro al nepotismo.

Eso es totalmente inaceptable, un desprecio a las leyes y una bofetada a la democracia. Significa que el Estado funciona como finca privada de la cual, a veces también se pierde "la cosecha".

No podemos seguir soportando esto, pero tampoco nos podemos dar el lujo de reelegir al FMLN si este partido persiste en seguir las políticas alienables procedentes de países extraños, no exactamente bajo una práctica verdaderamente democrática y nuestra.

El sentido común y el patriotismo de cada elector salvadoreño deben prevalecer durante cada próxima elección para mantener un sistema amplio, sin corrupción,  para obtener un efecto conciliador y para el progreso integral nuestro, sin intromisiones de países o políticos foráneos.

Es mejor que la sociedad salvadoreña comprenda su nueva función y adopte la actitud de hermandad resultante de la VOLUNTAD SALVADORENA, como una mística sobresaliente que nos impulse al progreso y a la paz. Y esa voluntad estará mejor expresada con la práctica constante de LA  ALMUESTRA.

Se ha dicho en este proyecto que tratamos de ver hacia adelante y no buscar ninguna controversia en cuanto a errores del pasado pero algunos hechos hemos de mencionarlos por la imperante necesidad de terminar con la corrupción en cualquier nivel.

Hablemos del último despilfarro. La cantidad en cuestión es ridículamente alta y callar al respecto, aunque el caso sea por todos conocido creo que sería igual una muestra de corrupción nuestra.

Siendo que esa práctica está tan arraigada en nuestra vida política y por ser la más delicada de nuestras debilidades, proponemos los siguientes puntos que afectarán el futuro de la república tanto como ahora nos esforcemos en sentar un buen precedente relacionado con la historia reciente.

Primero, el gobierno debe investigar el capital de los ex funcionarios (especialmente el último ex presidente) y nadie debe escapar a una investigación exhaustiva simplemente por un plumazo de impunidad del "presidente" de la Corte de Cuentas. Se habla de una posible desaparición o fuga (en realidad se llama desfalco) de DOSCIENTOS DIEZ Y SIETE MILLLONES de dólares y el plumazo lo habría arreglado todo.

¿Cómo es posible? Además el beneficiado cree limpiar su nombre promocionando candidatos en El Salvador y California pero no explica como construyó (según la voz popular) un palacio en las laderas del volcán y antes una mansión en Los Planes de Renderos. Si lo hizo con su plata, que lo demuestre hasta con la última bolsa de cemento. El que no la debe, no la teme. Solo se exige claridad.

Esta no es una acusación, no tenemos pruebas, sin embargo el punto acá es parar la corrupción definitivamente, dar un ejemplo y sin ser abogado creo que, dada la delicadeza del caso; el señor ex presidente solo debería ser avalado legalmente por la Corte Suprema de Justicia, como cuerpo regente de las leyes y no individualmente por su presidente u otro miembro y solamente después de revisar toda información de pruebas requerida, presentada e investigada por la Corte de Cuentas. Este último cuerpo no puede ser testigo, abogado defensor y juez.

De igual forma pueden haber malgastado otros.

El segundo caso para evitar corrupción es que no se repartan entre políticos (partidos y hombres) ciertos cargos claves que deberían ser adjudicados a gentes con suma independencia intelectual, justicia y muchísima honorabilidad. Nos referimos principalmente al Tribunal Supremo Electoral y a la Corte de Cuentas o al FOVIAL, DUI, RNPN etc. Los presidentes de esas entidades deben ser propuestos por el Presidente de la República y la aprobación final será por parte de la Asamblea Legislativa que evaluaría al candidato por sus méritos o experiencia para el cargo sin siquiera considerar su afiliación o creencia política. Evitar componendas es hacer lo sensato.

El tercer punto es evitar en adelante tanta burocracia que enloda y retrasa la función estatal. Por ejemplo, la oficina que extiende el DUI no necesita ser contratada bajo licitación. Basta con ser una dependencia del Ministerio de Gobernación. Se compra el equipo necesario y se pone el sistema a funcionar de manera constante, sin término del período contratado. Se requiere la creación de un banco de datos, computadoras, cámaras, impresores y otros equipos de oficina. Nada que el gobierno no pueda manejar. A propósito, no solo la partida de nacimiento puede servir para identificar a alguien. Aún documentos recientemente expirados deberían ser aceptados, si están completos. Se debe agilizar y no retrasar. Hay extranjeros que consiguen una partida de nacimiento pero hay salvadoreños que no pueden por deficiencias o les dan una con datos equivocados. Entonces ¿Por qué mejor no optar por la modernización?

Flexibilizar los trámites de gobierno. Si se necesita pagar por un servicio, ¿Por qué no hacerlo directamente en el mismo lugar en vez de ir a un banco, posiblemente alejado? No tiene sentido.

El gobierno NO debe dar subsidios por gas, diésel, electricidad o teléfono. De seguir así pronto se convertirá en Estado Benéfico (Welfare State) y no tenemos esos recursos. Todo el pueblo querría un subsidio. Puede promoverse la creación de negocios, ofreciendo orientación como se ha insinuado tantas veces aquí pero no para comprometerse a administrarlos o financiarlos totalmente.

Finalmente, podemos insinuar la agilización de trámites en cualquier caso pero especialmente para la creación de empresas grandes o pequeñas. Limitar el trámite a no más de tres requisitos fáciles de cumplir. Asimismo, estos pasos necesarios para el establecimiento de una compañía deben ser publicados en un sitio de internet bien construido y efectivo. No tenemos tiempo que perder.

Hemos sugerido tantas ideas porque de esta forma se puede agilizar el nuevo sistema de gobernar El Salvador. Este proyecto contiene prácticamente lo esencial de un Plan de Gobierno a largo plazo, posiblemente de entre diez a veinte y cinco años, toda vez que se tenga el deseo, disciplina y Voluntad Salvadoreña de buscar la solución a nuestros constantes problemas, que nos aquejan desde siempre, y con la convicción que encontraremos tal solución cuando empecemos a comprender y a aplicar el verdadero amor a Dios, a la familia y al prójimo por medio de LA ALMUESTRA.

Todo el esfuerzo que pongamos nos rendirá muchos frutos como una sociedad más libre, equitativa y capaz de acrecentar el nivel de vida de cada ciudadano, llegando así, por el amor que profesamos a nuestra querida patria, a ser dignamente llamados un país desarrollado. Salvadoreño.....ATREVETE!

En conclusión, me gustaría ver a El Salvador como un país totalmente independiente, eso es, no dependiente y por tanto, capaz de auto-abastecerse. Un modelo similar a Israel que no se deja imponer criterios porque su propia laboriosidad y las grandes contribuciones del "judío internacional" han sido capaces de establecer una nación de mucho poder y prosperidad conseguidos por la dedicación que tienen al estudio en general.

En solamente 62 años de vida independiente han sabido cosechar un buen número de patentes registradas, un número impresionante de ganadores del Premio Nobel y sobre todo la transformación de un desierto en un jardín productivo por su vehemente empeño en la forestación.

Su territorio no tiene mayores recursos, es equivalente al nuestro y con una población similar; además de un territorio originalmente muy parecido. Antes de permitir que Honduras

# ME ENORGULLEZCO DE EL SALVADOR

(que de por si no necesitaba territorio extra) nos quitara parte del nuestro, el territorio nacional era de más de 22000 Km cuadrados.

Israel es el país número 152 en el mundo con 22072 Km cuadrados mientras el nuestro es 153 con 21041 Km cuadrados.

La diferencia en extensión no es mucha pero si la actitud de su gobierno en comparación a la del nuestro. Las aptitudes también son distintas y es en parte lo que este proyecto sugiere que cambiemos, ambas.

Para lograrlo nos falta precisamente la disciplina y entrega por el país así como el misticismo que al pueblo israelita le sobra. De lo contrario, en solo sesenta y dos años no estarían donde están.

El otro país que nos merece atención es Uruguay pues aunque su extensión territorial es un poquito mayor, también tiene mejor educación y mayor respeto internacional, tanto así que hasta su futbol es totalmente reconocido. Dos veces campeón mundial y dos veces campeón olímpico.

Escojamos a los amigos por su inteligencia.

Como corolario, nos quedaremos estancados, siempre imitando pero incapaces ni siquiera de suplir nuestra propia demanda de alimentos. Ah, pero en jodarria somos campeones del mundo.

## ME ENORGULLEZCO DE EL SALVADOR

La población judía en el mundo incluye a muchísimos millonarios influyentes en diferentes áreas de las finanzas e industria quienes siempre invierten en "su" país aunque hayan nacido lejos.

Dado que la comunidad salvadoreña que vive en el exterior, lejos de El Salvador, ya estableció una forma de colaboración con el país, por medio de las remesas a sus parientes, es factible llevar a cabo lo que en otras páginas hemos sugerido, la inversión de nuestros "salvadoreños internacionales" para generar o impulsar más aún el desarrollo de nuestro país.

Aunque los capitales nuestros no se comparen a los judíos, si pueden causar un gran cambio en nuestra economía de producción.

El caso es similar pero para ejecutar tal plan se necesita un líder efectivo que utilice embajadas y consulados o bancos de datos en internet, como medios de comunicación directa con quienes, si conocen un plan estricto y serio, podrían en definitiva participar.

Ese líder que buscamos se llama Gobierno de El Salvador.
¿Es posible señor Presidente? Yo creo que si...
ATREVETE, SALVADORENO ATREVETE!

ME ENORGULLEZCO DE EL SALVADOR

Fredericksburg, Virginia. Marzo 19,2010.


## EL DECALOGO DE LINCOLN

(El decálogo, traducido por Mario N. López)

En el Monumento Memorial de Abraham Lincoln en Washington D C o en sus escritos publicados, se puede verificar la importancia de su obra a favor de la unión de su país y la liberación de los esclavos en Estados Unidos, lo cual inclusive lo llevó a la muerte por asesinato. Acá, sin embargo, nos interesa el mensaje que expresó en diez puntos admirables por ser mensajes constructivos para cualquier sociedad, incluyendo la salvadoreña.

El, al igual que José Simeón Cañas en nuestro país, fueron promotores de la emancipación de los esclavos. El Prócer Cañas por estar enfermo pronunció esta frase célebre al acudir a la cita de firma: "Vengo arrastrándome y si agonizando estuviera, agonizando viniera por la liberación de los esclavos". Ambos, gente visionaria y digna.

Lincoln recalcó su visión en el decálogo cuyos principios tomamos acá por la integridad y veracidad de los pensamientos que lo componen.

Su obra está escrita de tal forma que las ideas se pueden perfectamente adaptar a la situación general de un país como el nuestro, amante de la alegría, los principios morales y el progreso.

Es por ello que lo incluimos en este proyecto con la certeza de que reflexionaremos y mejoraremos nuestra actitud individual y social. Solo con el esfuerzo y la "voluntad salvadoreña" estaremos preparados para incursionar en la práctica de LA ALMUESTRA. He aquí, El Decálogo De Lincoln:

1-NO SE PUEDE CREAR PROSPERIDAD SIN INICIATIVA PROPIA.

2-No hay que fortalecer al débil, debilitando al fuerte.

3-No ayudar al pequeño, aplastando al grande.

4-No ayudar al pobre, destruyendo al rico.

5-No elevar al asalariado, presionando al que paga.

6-NO SE PUEDEN RESOLVER PROBLEMAS SI SE GASTA MAS DE LO QUE SE GANA.

7-NO SE PUEDE PROMOVER LA FRATERNIDAD HUMANA SI SE ADMITE E INCITA EL ODIO DE CLASES.

8-No se puede garantizar seguridad con dinero prestado.

9-NO SE PUEDE FORMAR EL CARÁCTER Y VALOR DEL HOMBRE, QUITANDOLE SU INDEPENDENCIA E INICIATIVA.

10-NO SE PUEDE AYUDAR A LOS HOMBRES, REALIZANDO POR ELLOS LO QUE ELLOS PUEDEN Y DEBEN HACER POR SI MISMOS.

Como puede observarse, vale la pena adoptar estos consejos por parte de todos. Definitivamente no hacen daño y que nadie sugiera que es doctrina mala y representante del capitalismo porque solo hay sensatez en ella. Es más, es acorde con el mensaje de este proyecto que sugiere comprensión mutua, austeridad y el esfuerzo de la sociedad salvadoreña; si es que verdaderamente nos interesa "El Cambio".

Por eso escogimos esas célebres líneas de ambos libertadores de la esclavitud, porque representan en si lo que estamos proponiendo como nuestra contribución individual para el mejor futuro. Esa necesidad es la RESPONSABILIDAD.

Precisamente los principios que denotan mayor responsabilidad se han escrito en mayúsculas.

Estamos seguros que las mentes sanas y abiertas entenderán no solo está inclusión sino también, todo el mensaje expresado en este proyecto, el cual, podría ser que por momentos quizás se vuelva un tanto repetitivo.

Cuando eso le suceda, tome un descanso en su lectura y al regresar trate de comprender que precisamente la razón para repetir ciertos conceptos es que estos, al final, después de analizar cuanta problemática hemos encontrado, se nos graben en nuestra mente como una fuente de reiteración para llegar a la práctica del misticismo salvadoreño necesario, para elevar nuestro nivel de conducta y enlazarnos horizontalmente –como hermanos que somos- para

## ME ENORGULLEZCO DE EL SALVADOR

conseguir nuestros objetivos por medio de nuestra práctica constante de LA ALMUESTRA.

¡ATREVETE, SALVADOREÑO ATREVETE!

## ME ENORGULLEZCO DE EL SALVADOR

Abril 5, 2010. Fredericksburg, Virginia.

### PLAN MODERNO

El Salvador del futuro necesita desde ya un Plan Moderno, aunque no quinquenal sino al menos de diez años o veinte años para obtener verdaderos logros sin el partidismo que resulta de un plan quinquenal.

El sistema podría depender de un segundo partido político que gane elecciones para el período presidencial posterior si tiene el propósito de lograr la mejor ejecución de las operaciones estatales que promuevan el progreso nacional en toda plenitud.

Antes se han mencionado las debilidades actuales, las causantes y posibles soluciones; todas estas sugeridas en nuestra manera de análisis individual y sincero.

Se tiene la intención de generar actividad sin controversia y si las ideas han de ser modificadas por otros, no importa que lo hagan si con eso se genera la llamada función que promueva la educación y buena salud, que genere empleos y elimine la pobreza. Solamente de esa forma se eliminará la violencia ya tan arraigada.

Este proyecto se ha tomado la libertad de opinar, proponer y hasta promover una idea totalmente inédita pero todo esto se ha hecho solo después del análisis, comparación y evaluación de las posibilidades. Como puede comprobarse, algunos capítulos o secciones han sido fechados mostrando tiempos y lugares aparte, tratando de demostrar que la idea completa ha sido plenamente analizada antes de ser presentada. Inclusive se hace notar que no hay orden cronológico pero si de la función del plan.

El Plan hace énfasis en fomentar la educación construyendo muchas escuelas, facilitando las carreras docentes y aún permitir que graduados o estudiantes de otras ramas como las ciencias humanísticas, ciencias naturales o matemáticas; puedan obtener una certificación como profesores en los diferentes niveles. No debería ser exclusivo de los estudiantes magisteriales el poder dar clases. Se están perdiendo talentos y podrían crearse estereotipos. Inclusive es cuestión de crear empleos.

El otro parámetro importante es mejores sueldos a quienes opten por compartir sus conocimientos con su enseñanza. Aumentos reales que verdaderamente motiven a esos profesores que en muchos casos deben caminar mucho por calles polvorientas para llegar a sus escuelas rurales. Y los que enseñan en zonas urbanas también tienen muchas limitaciones durante su ardua labor.

En otra sección hemos apuntado la importancia de la alfabetización hecha con toda la intención y capacidad para eliminar el analfabetismo. Hagámoslo una realidad con la cooperación de la población entera, en sus diferentes posibilidades.

La salud es el siguiente tópico de importancia. Construir hospitales regionales de acuerdo a la concentración de población y no solo la geografía; una prioridad suplementada por clínicas locales e inclusive clínicas móviles tipo caravana en vehículos terrestres o anfibios.

Se debe estimular a los estudiantes de carreras médicas: medicina y enfermería con sus respectivas especialidades. Para ello también el gobierno debe respaldar a la Universidad de El Salvador o la Evangélica en el desarrollo de sus profesionales en esas ramas.

La promoción industrial también sería una prioridad inexcusable. En otra parte de este proyecto se ha mencionado que el gobierno debe promocionar entre la clase empresarial del país, la inversión de sus capitales en empresas nuevas que funcionen dentro del territorio nacional y no en el extranjero. Eso ayudaría al mejoramiento económico.

Por supuesto que la estabilidad social no depende solo del aspecto salarial pero esto puede ser básico. Aparte de requerir la participación de inversionistas locales, también desde ya hay que convencer a los salvadoreños que envían remesas desde el exterior y a sus parientes en el país, a que por medio de un Plan de Desarrollo Industrial, bajo incentivos, el gobierno les conduzca hacia una propuesta de inversión en la cual no se pierda su dinero y los intereses sean pagados al poseedor de bonos con la misma exactitud que lo haría una empresa bursátil de alta reputación.

Las remesas de nuestra gente alcanzan niveles muy altos de dinero. Estoy seguro que las familias recipientes podrían cubrir sus gastos mensuales con una menor cantidad de dinero para poder invertir el resto del envío en una Bolsa de Valores con mucha reputación o el banco industrial sugerido, con visión y conocimiento en las inversiones y mucha responsabilidad en el manejo de cualquier cantidad, por pequeña o grande que fuera. Ese será un reto para el Gobierno de El Salvador por la supervisión y control que prestaría, ahora o mañana.

No aprovechar la oportunidad será totalmente erróneo. Ya se perdió mucho tiempo y no podemos asegurar cuánto tiempo más esas familias que viven en países lejanos, muchos en condiciones inapropiadas, vayan a continuar enviando tales remesas antes de morir o finalmente retirarse aquí o allá.

Las jóvenes generaciones no van a mantener el mismo ritmo de envíos a la familia cada vez más reducida también pero si se les motiva con inteligencia y no demagogia, ellos –aunque hayan nacido en lugares lejanos- podrían continuar dentro del Plan de Inversiones siempre que no exista el riesgo de la pérdida de capital, excepto los altibajos de una verdadera Bolsa de Valores como en Nueva York, Londres, España, Berlín, Hong Kong etc.

Esas nuevas generaciones de la diáspora saben ahorrar e invertir, son analíticos y cautelosos pero aman su patria chiquita aunque no hayan nacido allí.

Aunque se menciona la Bolsa, eso no impide que las inversiones sean hechas directamente en empresas de reciente creación o planificación. Precisamente por eso se involucra al gobierno como un ente de mayor responsabilidad. Si los dineros son puestos directamente en cierta empresa, la distribución de capitales y ganancias estará menos sometida a la burocracia y por tanto, los réditos serán mayores y esa será la verdadera atracción para nuestros inversionistas.

Anteriormente mencioné a manera de ejemplo que con 1.5 billones de dólares anuales se podrían crear 30 empresas con capital inicial de 50 millones de dólares. Esa cantidad, en cualquier parte del mundo es importante y treinta nuevas empresas de esa magnitud en cualquier país en desarrollo han de serlo mucho más. Basta con diseñar un buen producto y con administrar la nueva empresa con exactitud, honestidad y conocimiento. O podrían ser 50 empresas de 30 millones de dólares cada una. De cualquier manera, son cantidades importantes que generarían muchos empleos.

No se sabe con cuantos años más podríamos contar para llevar a cabo la idea porque tampoco sabemos cuándo las remesas dejaran de ser cuantiosas. Lo que se sabe es que todavía hay tiempo pero no para desperdiciarlo y al gobierno, de ahora o después, le corresponde empezar a "hacer el camino mientras andamos", mientras despiertos soñamos.

Pero no necesariamente es un sueño. Los números antes expuestos podrían no ser representativos por ser de aspecto macro-económico. Se entiende que solo una pequeña porción del dinero recibido en remesas podría ser invertido en la forma expuesta pero sería peor no intentar nada, inclusive por la mala costumbre creada para solamente esperar el envío; o por lo que sufrirían las familias el día que tales dineros no les puedan llegar cada mes.

Aun si fueran veinte empresas creadas cada año con capital inicial de 5 o 10 millones de dólares, al cabo de cinco años estarían generando mucho mayor empleo, impuestos y ganancia de capital a sus inversionistas.

Las treinta saludables empresas de 50 millones podrían ser posibles aunque para ello se requiera muchísima disciplina y voluntad de parte de las familias. De esa forma, todavía me atrevo a creer que es idea factible aunque el verdadero obstáculo sería la incapacidad del gobierno para supervisar tales empresas comprometiendo a los dueños con mucha burocracia o falta de transparencia.

Esto desde este momento se ha constituido en un reto para gobernantes, si al menos hubiese un intento genuino. Ah, sin embargo es más barato un viaje a Washington para solicitar extensión al TPS que permite a nuestras familias sin documentos migratorios de Estados Unidos a permanecer en ese país mientras en el nuestro se sigue esperando por remesas.

Este es hasta cierto punto un atentado a nuestra seguridad nacional porque jamás podremos, de continuar así, rechazar alguna injerencia de Estados Unidos en nuestra política interna, la cual, aunque ya no tan palpable, podría repetirse. Ante ellos debemos rescatar nuestra auto-estima.

A los gobiernos nuestros les encanta el juego del azar. ¿Cómo es posible que de una vez por todas no se establece un ambicioso Plan de Desarrollo Industrial? ¿Por qué están listos a buscar empréstitos internacionales que se gastan en pagar otros préstamos o servicios que duran hasta que llegue el nuevo préstamo? Así no se genera riqueza.

## ME ENORGULLEZCO DE EL SALVADOR

Por esto es que cada día que pasa "el pobre es más pobre" y en este caso sin mayor culpa del rico empresario. Si hubiese consenso y ningún riesgo por razones de inestabilidad política para mantener inversiones, no perderíamos en pobreza. Ese consenso con la clase empresarial es responsabilidad estatal. Pero no hay ideas, Se busca lo fácil.

Recientemente el gobierno (¿Por qué él?) solicitó un préstamo de 500 millones de dólares para la compra de 3000 autobuses. Es como para tapizar el país con buses. Muchísimos de esos posiblemente terminarían en San Salvador excepto que nuestra capital no es Nueva York, Londres o Los Angeles. Es una ciudad pequeña y con calles antiguas y por tanto, angostas.

Esos autobuses solo empeorarían el caótico tráfico. Imagínense que felicidad para el país productor, ganancia en la venta y ganancia en el préstamo mientras el fiador de la transacción, siendo nuestro gobierno, perdería mucho dinero por echarse al hombro una deuda de particulares, los mal acostumbrados transportistas. No un subsidio sino un regalo.

En cambio, este proyecto sugiere la construcción de un monorriel sobre tierra (la estructura encima de calles) para cubrir con dos líneas las zonas más populosas del área metropolitana. Desde Apopa a San Marcos y desde Colon o Las Delicias en Santa Tecla hasta San Martin, pasando ambas por el centro de San Salvador en donde se debería construir una explanada que incluya la zona del Palacio Nacional, Catedral, Teatro Nacional, Plazuela Morazán, Parque Libertad y todos los comercios allí enclaustrados, que para el caso serían remodelados o se mostrarían como Centro Histórico como objetivo turístico de mucha atracción.

Los buses deberían correr solamente en los cuadrantes de la periferia para alimentar al monorriel.

Eso habría de ser un reto que incluya hasta la fabricación de los vagones a base de aluminio y fibra de vidrio y por supuesto los rieles o plataformas, todo. El sistema funcionaria a base de electricidad por lo que sería silencioso y limpio. Se podrían utilizar paneles solares a todo lo largo de la ruta.

Nuestra sugerencia es específicamente un monorriel de hasta diez vagones cada uno durante horas pico. Se trata de un vehículo similar al utilizado en los parques Disney de Estados Unidos. En realidad se podría estudiar el diseño o solicitar ayuda técnica para observar los planos. No interesa escuchar opiniones negativas pues esto lo podemos desarrollar.

Se descongestionaría el tráfico de automotores y sería un sistema de muy larga vida. Estamos seguros que con una cantidad mucho menor de los 500 millones de dólares se construiría un sistema que además crearía trabajos hasta en el período de construcción, que no sería largo ni costoso como un subterráneo y estaríamos además agregando una mejor vista para la ciudad. Necesitamos de estos proyectos viables aunque se diga que estemos pensando en grande.

Obviamente se deberá crear un ente administrador de este transporte para la zona metropolitana pues sería una operación de logística complicada.

El resto del sistema (los buses) seguiría siendo privado pero constituido en empresas más grandes que las actuales, organizadas en rutas, con vehículos limpios y en buen estado; con un color uniforme y de un solo tamaño para evitar ese desorden palpable desde los años de la guerra.

Los empresarios actuales deberán ser socios de esas empresas nuevas. Ellos velarían por el éxito de sus empresas y olvidarse de subsidios. Asimismo aprenderían a ser hombres de negocios. Volvamos a ser civilizados, perdonen pero es cierto.

Hemos retrocedido en cada aspecto de nuestras vidas. Si el gobierno entrega subsidios a unos, lo debe a todos y entonces dejarían de ser empresas privadas.

En el aspecto político dentro del Plan Moderno que ejerza el gobierno, nuestro país debe adquirir la capacidad que como institución necesita para mantener una estabilidad política intachable.

Ha habido intentos de voluntad partidista para cambiar, sin la aprobación del pueblo entero, un sistema político al que casi todos estamos acostumbrados. Recuérdese que la última elección presidencial tuvo una diferencia escasa entre el ganador y el siguiente. Eso significa que el mandato no es absoluto y por tanto debe ser consensual, es decir, sin imponer conceptos de interés propio.

El pueblo salvadoreño toleraría los cambios sociales toda vez que se promuevan como idea propia, sin seguir los lineamientos de un socialismo internacional, con la cereza comunista y sus consecuencias encima del pastel.

## ME ENORGULLEZCO DE EL SALVADOR

Estamos en total acuerdo en cuanto a la necesidad de cambios para gozar una vida mejor. Eso no implica que haya que cambiar todo por un sistema absurdo por totalitario, elitista e igualmente imperialista como acusan al otro de ser. Sería un doble error.

El capitalismo no es necesariamente imperialista cuando trabaja para la pequeña o mediana empresa; aunque la familia Castro/Chávez lo afirme como extensión de su condenación de Estados Unidos.

En este proyecto proponemos precisamente trabajar con todo ahínco, inteligencia y responsabilidad para convertir a El Salvador en una nación sin dependencia y por tanto industrializada y capitalista; y no por eso habría de ser imperialista. De lo contrario el fmln, partido del "primero yo, después yo y por último yo" querrá ser Emperador.....mejor nombramos a Juan Bobo.

Nuestra obligación como nación –gobierno y sociedad- es cambiar esa actitud irresponsable y procurarnos mutuo apoyo; ricos, pobres y clase media en particular. Hemos de convencernos con humildad que tenemos capacidad y que sabemos reconocerla en nuestros compatriotas. Mostremos la sinceridad y eliminemos el egoísmo. Busquemos refugio en LA ALMUESTRA como la expresión nacional de misticismo o cambio de conducta, hagamos uso de la voluntad salvadoreña.

Esta es la única instancia en que podemos seguir una propuesta cubana si como lo hizo José Martí, nos atrevemos a ofrecer a cada compatriota nuestro una "Rosa Blanca" en razón de hermandad, en vez de una "Ortiga".

## ME ENORGULLEZCO DE EL SALVADOR

"Cultivo una rosa blanca

En junio como en enero

Para el amigo sincero

Que me da su mano franca.

Y para el cruel que me arranca

El corazón con que vivo

Cardos ni ortigas cultivo

Cultivo una rosa blanca".

José Martí

Aprendamos a compartir, a tolerar y a ser mutuamente justos. Limitemos el vicio y superémonos intelectualmente. Amemos a nuestro prójimo y evitaremos cruzar ríos caudalosos....de sangre.

La problemática de seguridad, con su gran magnitud, se estará reduciendo tanto como vayamos avanzando en la aplicación de las recomendaciones del Plan Moderno aquí expuesto u otro plan similar. Pero el gobierno debe prepararse con una infraestructura de seguridad como se ha mencionado aparte y sobre todo con un sistema judicial eficaz en todos aspectos. Es inverosímil que a los jueces y abogados es a quienes más haya que vigilar en ciertos casos.

La prevención tendría mayor importancia así como la reinserción en sociedad de los caracteres de pandilla. A estos se les prestaría atención psicológica congruente con su adaptabilidad. En síntesis, si no es rescatable el muchacho que prefirió la vida pandilleril, tendrá que soportar las decisiones de la justicia, inclusive una eventual pena de muerte.

Reiteramos que la contribución que puedan ofrecer los salvadoreños y sus descendientes residentes en el exterior debe ser aprovechada por valiosa y por la capacidad que ellos tienen, lo que aunado con una cuota de nostalgia les caracteriza como ciudadanos verdaderamente interesados en contribuir al restablecimiento y progreso definitivo de nuestro querido país. El gobierno debe apoyarlos a través de consulados y embajadas e invitarlos a participar, al menos por internet. Para ello se necesita una inscripción masiva, en todo el mundo.

# ME ENORGULLEZCO DE EL SALVADOR

15 de noviembre 2013. Springfield, Virginia.


## PAPEL VISIONARIO


Este proyecto, que es inspirado por amor a la patria y a nuestra sociedad, también se inspira en las palabras expresadas por Abraham Lincoln en su Decálogo y en el análisis de las raíces de nuestra pobreza, para obtener una economía responsabilizada. Por supuesto nos inspiramos también en la frase emitida por nuestro prócer José Simeón Canas y que ahora podríamos respetuosamente parafrasear como oración propia: "Vengo arrastrándome y si agonizando estuviera, agonizando viniera para contribuir definitivamente al progreso democrático y social de mi país". Esa debe ser nuestra intención personal.

Este proyecto se presenta como una política de centro donde deben converger los extremos porque la población entera contiene factores extremos, pobreza y no pobreza. La derecha y la izquierda salen sobrando a quien se acuesta sin cenar. Ahora bien, las extremas polarizan y como tales son injustas para la mayoría. Esta es una propuesta enteramente nacionalista que puede realmente ejecutarse para permitir el total surgimiento de la nación, sin los prejuicios de alguna doctrina política extraña.

Tenemos la capacidad para renovar nuestra intelectualidad y premiar el ímpetu que demostremos en conseguirlo. Pero debemos saberlo, estar conscientes de ello.

## ME ENORGULLEZCO DE EL SALVADOR

Cuando el ser humano tiene un objetivo sano y si para lograrlo utiliza un método positivo y de conveniencia, especialmente para nuestro prójimo, se produce una atracción singular dentro de la vibración particular del objetivo. Funciona igual para cada cosa pues el universo contiene solo una vibración con diferentes intensidades, según el grado de certeza de quien desea algo.

El objetivo es inevitable y si un conglomerado lo persigue, esa conjunción de almas buscando un mismo fin, lo consiguen y se comprueba. De allí el gran mérito de emplear LA ALMUESTRA como expresión mística de la voluntad salvadoreña.

De allí también el valor de la FE.

Y siendo que con certeza habremos de conseguir nuestros mejores objetivos de nación al mismo tiempo que basamos nuestro porvenir en la conjunción de sentimientos sanos y deseos de superación; podemos por tanto elevar nuestras aspiraciones de manera extraordinaria, con actitud visionaria de elementos mayores.

Por tal razón, exponemos acá nuestra propia visión:

a) Apelar a la consciencia individual para eliminar la CORRUPCION.

b) Invitar a los votantes salvadoreños a ser más exigentes cuando de procurarse un mejor gobierno se trata.

c) Invitar al "salvadoreño internacional" para invertir directamente o los 3/8 de sus remesas en un mercado de valores y creación de industrias, avalado y supervisado por el gobierno de El Salvador.

d) Siendo que en los últimos años el total de remesas aproxima a los 4 billones de dólares anuales, este proyecto calcula la inversión de $ 1.5 billones (equivalente a 3/8) para nuevas industrias propiedad de nuevos socios que incrementarían su capital. Se incentivaría el ahorro y posiblemente se incrementaría aún más la inversión.

e) Se estiman 30 empresas nuevas de $ 50 millones o 50 empresas de $ 30 millones, cada una, cada año.

f) El tipo de industrias, según nuestra visión, automotriz o aeronáutica, cinematográfica o metal-mecánica, eléctrica o tecnológica, agrícola, turística o pesquera. Se podrían fabricar sistemas de filtración de agua, inclusive del mar o paneles solares y aspas de viento con turbinas generadoras de electricidad y otros proyectos más.

g) Se sugiere la construcción –completa en el país- y la operación en el área metropolitana de San Salvador, de un monorriel eléctrico a base de celdas solares, silencioso y efectivo, que pueda llevar de 5 a 10 vagones (de fibra de vidrio y aluminio). El sistema recorrería de Apopa a San Marcos y de Colón o Las Delicias (Sta. Tecla) hasta San Martin. Buses transportarían pasajeros en cada cuadrante de la periferia.

h) Se ha de practicar la austeridad y con ella, elevar la capacidad para construir escuelas y hospitales que son una prioridad.

i) Para confirmar la austeridad urge recortar a la mitad el número de diputados a la Asamblea Legislativa.

j) Urge también eliminar a todos los funcionarios suplentes de toda entidad del Estado.

k) Eliminar así mismo toda medida populista, especialmente los subsidios de cualquier clase y para cualquier gremio. Eso genera pereza y el nuevo país merece gente emprendedora. No más "pescado gratis" hay que enseñarles a pescar. Cuando la persona gana su bienestar, aumenta su auto-estima.

l) Para evitar esa dependencia del Estado (subsidios), lo más importante y recomendable es un salario mínimo de $ 3.00 por hora de trabajo. Esto generaría grandes críticas pero ellas se disiparían tan pronto como los empleados receptores de tales aumentos, se conviertan en participantes directos de la economía de consumo e inversionistas con sus ahorros, los cuales el Estado deberá canalizar. Claro, los asalariados corresponden a otra escala, según capacidad.

m) Eliminar la barrera de la edad para empleos regulares.

n) Para establecer la seguridad se necesita: escuelas, trabajos, asistencia psicológica a jóvenes inadaptados socialmente y hasta un sistema carcelario en isla del Golfo de Fonseca, sin ninguna clase de privilegios.

o) Visión máxima de seguridad de este proyecto es LA PENA DE MUERTE establecida por un período renovable de cinco años.

p) Otra visión importante es el desarrollo de las islas frontales a la bocana del Golfo de Fonseca −aparte de la isla prisión escondida.
Debe haber construcciones tipo Mediterráneo por todas partes en esas islas, unidas eventualmente por un puente colgante desde tierra firme −alto para el paso de barcos o de apertura ocasional por misma razón.

q) Desarrollar completamente el puerto y ciudad de La Unión.

r) Construir una ciudad nueva frente a La Unión y al lado o desembocadura del Rio Goascorán. Una ciudad moderna, ordenada, progresiva y tecnológicamente avanzada. Una ciudad rodeada de agua, árboles y fuentes debería lucir ciudad bonita. Posiblemente una ciudad nueva absorbería gran sector poblacional viviendo en edificios altos. Sugiero el nombre "Gracias" (obviamente a Dios).

s) El gobierno, en su afán de promover la función industrial de la nación en prosperidad, debe ante todo reactivar el Aeropuerto de Ilopango e industrializar la ciudad. Se cuenta con suficiente espacio para edificar y constituir pequeñas o medianas industrias que fabriquen precisamente partes para aviones. L a Universidad Don Bosco cuya sede es en Soyapango, bien podría mantener allí su Escuela de Mantenimiento de Aviación y especialmente trasladar el avión que recientemente les fuera obsequiado para sus enseñanzas.

Aplicando esa sugerencia se aumentaría la capacidad económica de la población joven de esa ciudad, habría mayor incentivo en base a nuevos trabajos y por tanto se reduciría el factor crimen que ahora es constante. Al mismo tiempo se podría re-inaugurar tal aeropuerto para su uso internacional y también reactivar la Fuerza Aérea que en tiempos modernos solo ha cosechado desprestigio al ser mencionada como puente de narcotráfico internacional lo cual en este caso no es de nuestra incumbencia. Pero si puedo reiterar tantas veces, hagamos labor positiva, sin CORRUPCION.

t)

La eficiencia será resultado de nuestra motivación. La última visión es establecer que cada salvadoreño es capaz de contribuir su tenacidad y conocimiento tanto que no existan límites para nuestras propuestas. Para crecer como nación, no hay límites, obstáculos ni excusas. ¡Las excusas sobran!

## ME ENORGULLEZCO DE EL SALVADOR

San Salvador 14 de enero, 2014.

## CANTARO ROTO

Y "tanto va el cántaro al agua que al fin se rompe"....

O será que Arena "tanto llevó el cántaro al agua que al fin llegó el Fmln".

No es para sorprenderse, el votante independiente y pensante, posiblemente clase media, se cansó de ser cómplice  de la ceguera e insensibilidad social de quienes habían gobernado veinte años y muchos de sus parientes, indirectamente, aún más.

La expresión clave ha sido utilizada anteriormente sin reconocer porqué hemos de tener cántaro roto si eso se puede evitar y mantenerlo lleno.

Bien, a tan solo 18 días de la próxima y muy importante elección presidencial de El Salvador, existe al momento una campaña política pendiente de la ilusión y las expectativas pero no definida, pues los candidatos siguen siendo eso pero no muestran candor en sus opiniones. Buscan por todos sus escasos medios protegerse del error sin darse cuenta que al ocultar verdades conocidas caen en una mentira o al menos en una cobertura de intenciones.

## ME ENORGULLEZCO DE EL SALVADOR

Las intenciones políticas no son exponentes de la verdadera ilusión del pueblo. Poco a poco nuestra vasija empieza a gotear desde adentro, incapaz de sostener la cantidad de esperanzas recogidas en el río de la fantasía nacional.

En el país de la visión parcial, solo el gobierno ve todos esos cambios que anuncia mas en el país del sordo, solo el gobierno no escucha que su deber era hablar menos y hacer más para validar las tantas críticas de las que durante muchos años, la izquierda acusaba a la oligarquía de pasmosa inactividad social. Y cuando llegaron ellos al poder, todo ha sido similar excepto con la experiencia de la observación, debidamente aplicada. Si, hubiese sido el colmo que aun con el aporte de las redes sociales no se enterara la izquierda que su margen de error era menor y que por tanto debía cubrirse. Sin embargo, su ceguera no les permite admitir el error.

Valga aclarar, es un mal de todos. No les interesa ser inclusivos de sus rivales políticos porque gobiernan para proveer empleos a sus miembros únicamente. Por ello los gobiernos son ineficaces; si gobernaran por el país lo hicieran con sus mejores cartas.

Pero eso no es todo. Se trata de avanzar pero se imaginan andar en empedrado cuando podría ser en plano, fácil. Es como inventarse obstáculos y luego decir lo siento.

Exacto, es lo que hacen también arena y todos. Se van a la montaña y no la pueden escalar. Da la impresión que no tienen un plan real sino respuestas mediáticas como si hubiese tiempo para esperar. Algunas de las expresiones de los políticos actuales —ellos no se dan cuenta- son las mismas de aquellos de hace 40 o 50 años. ¿Y la lección, donde quedó? Ni siquiera leyeron las efemérides.

"Qué asco y que tristeza comenzar a bajar" decía el poeta pero en este caso la realidad llegó al cambiar canal despúes del debate presidencial que aunque de algún valor, dejó mucho que desear.  Fue evidente la displicencia de investigación o al menos de la meditación seria sobre los asuntos tratados.

El Salvador no es un país comunista, somos emprendedores y nos gusta tomar nuestras propia decisiones por tanto creo que Arena y Fmln (2 de los clones de la CORRUPCION), si cualquiera de ellos gana, recibirá el chance de subirse a su último tren o quedar extraviado. De lo contrario, llegará gente verdaderamente pensante a quienes se les exigirá aún más porque nuestra ruta de libertad está trazada. Igual es el caso del otro clon –Saca- y de los otros señores quienes evidentemente no estudiaron bien la situación.

Quizás el expresidente Saca haya estado mejor en tal debate televisivo hace 2 días pero su craso error es no admitir que él es igual a cualquier salvadoreño con ilusión ya que él tuvo la oportunidad que terminó en entredicho; y si el río suena……el no funcionó.

Este viaje al país querido me está dejando la impresión del querer ser por inclusión, de la continua insatisfacción social o de la triste frustración generada por la CORRUPCION como madre de la inseguridad ciudadana.

A este respecto, ya lo he mencionado, es urgente eliminar toda imagen de poca transparencia e insisto, se debe empezar por los diputados y demás miembros de gobierno.

Las excusas no son buenas. Criticaban a la oligarquía y ahora son ricos nuevos entre el mismo pueblo pobre. Fmln ha sido el único beneficiado con los acuerdos de paz porque su PNC - integrada por muchos exguerrilleros- protege muchos de los intereses de sus allegados, mientras los militares han sido los más relegados a la inacción. Indudablemente eso dio más poder al partido izquierdista y con ello vinieron las componendas de media noche para modificar leyes que permitieran la intromisión de Alba de Chávez, la internacional venezolana que es quizás aún más intrusiva que la Standard Oil Co. ESSO. Así cayeron en la sartén y en lugar de reivindicar a una nación sedienta de justicia, se podría decir que convirtieron su táctica en la misma del verdugo, en este caso con sutileza pero siempre verdugo.

De esta forma han dado lugar a que el pueblo, de nuevo desconcertado, considere ya cambiar de cántaro...porque se rompe.

Y de ganar el fmln estas elecciones 2014, se verán obligados a gobernar en incuestionable democracia o su tren se descarrilara en la estación 2019. El Salvador no permitirá una dictadura, aunque sea de nuevo estilo.

Las metas deben ser altas y en vez de querer emular a países en decadencia deberíamos tratar de simular los logros científicos, culturales, agrícolas e industriales de Israel y Corea, los países nórdicos de Europa o los logros futbolísticos y culturales de Uruguay; todos ellos países pequeños.

## ME ENORGULLEZCO DE EL SALVADOR

Que quede claro, Estados Unidos no es el mejor ejemplo social pero si nuestro mejor referente económico. Si podemos aclarar esta situación con nuestro mayor aliado, asimismo podemos excluir otras influencias non-gratas. El Salvador debe mantener su soltería como nación.

Y para lograr tal independencia, hay que hacer énfasis en la producción industrial, agrícola y tecnológica del país. Por ello reiteramos la propuesta de inclusión de inversión de los 3/8 del total de las remesas anuales –equivalente a 1.5 billones de dólares- para generar anualmente 50 empresas de $ 30 millones c/u o 30 empresas de $ 50 millones c/u.

También se debe fomentar el ahorro social con fines de inversión en industrias creadas en todo el territorio.

Solo fomentando la producción y todo tipo de negocio se podrá obtener el beneficio fiscal apropiado para el crecimiento del PIB y el bienestar de la sociedad salvadoreña.

Por orgullo nacional, dispongámonos a no depender de subsidios –domésticos o internacionales- ni de remesas, fomilenios etc. Todo ello sería parte del superávit estatal.

Tal financiamiento nunca fue esclarecido por ningún candidato durante el debate antes aludido. Por eso también insistimos en un salario mínimo de $ 3.00/ hora. Eso es básico y esencial. No es demagogia sino responsabilidad.

Si todo esto fuese ejecutado, el cántaro se sellaría y la impermeabilidad seria perenne.

Pero durante ese único debate nadie hizo alusión real a la seguridad o al financiamiento de la educación o salud. Nadie

## ME ENORGULLEZCO DE EL SALVADOR

hizo énfasis a la creación de fuentes de empleo y, parece
mentira, todos buscan ayuda en Washington pero nadie
incluye a la diáspora como factor económico de inversión.

Este libro estaría a la venta mucho antes de la inauguración
del próximo periodo presidencial y para entonces deseamos
haber contribuido con sensatez y sinceridad al futuro social
de El Salvador. El bienestar social de un pueblo es
representativo de todo su progreso, por eso es prioridad
nuestra, sin ego.
DIOS BENDIGA A EL SALVADOR Y A TODOS SUS HIJOS.

Sinceramente,


Mario.

ME ENORGULLEZCO DE EL SALVADOR

Abril 7, 2010. Fredericksburg, VA.

## EPILOGO

Como salvadoreños conscientes de nuestros inmensos problemas de nación, podríamos influir cívicamente en el progreso de nuestro futuro, mejorando nuestra valiosa aunque "nada elegante" democracia, esto es, por el abuso de la pega de propaganda que ensucia al país durante una campaña política; usando, en cambio, medios limpios y respetuosos.

Ello causa sentimientos encontrados. Orgullosos por las votaciones pero decepcionados por esos medios arcaicos de publicidad y controversia sin par.

Manifestamos el orgullo de ser salvadoreños cuando visitamos un lugar lindo en nuestro terruño o porque alguno entre nosotros en algo se destacó.

El título de este proyecto es ME ENORGULLEZCO DE EL SALVADOR porque ahí queda expresado nuestro sentimiento.

Ahora bien, preguntémonos qué hemos hecho nosotros que nos haya satisfecho sobremanera, algo que redunde en la prosperidad nacional. Y si hicimos algo,

¿Podríamos haber contribuido de mejor forma?

¿Estamos la mayoría de acuerdo y listos a combatir la CORRUPCION vigente? ¿Mostraremos mejor conducta social?

## ME ENORGULLEZCO DE EL SALVADOR

¿Hemos sido suficientemente sinceros respecto a nuestro esfuerzo de ciudadanos?

¿Estamos dispuestos a intentar más y hacerlo con tolerancia y placer?

¿Podríamos mejorar nuestra actitud con relación a nuestros hermanos en ciudadanía, evitando ofensas o lesiones?

Esta es la alternativa. Estar dispuestos a modificar nuestra conducta tradicional de continua festividad por una que sea mesurada aunque aún llena de alegría, para gozar verdadera felicidad. No es lo mismo expresar alegría que estar feliz.

Si logramos un cambio en nuestro ser íntimo, podríamos contestar positivamente a las preguntas más importantes:

¿Es probable que El Salvador este tan orgulloso de los salvadoreños?

¿Estamos preparados de una vez por todas para asegurarnos un mejor porvenir?

Quiero pensar que sí porque por medio de nuestra Voluntad Salvadoreña, conseguiremos practicar LA ALMUESTRA y de esa forma, lograremos nuestro objetivo.

Este proyecto no ha sido escrito por ego personal sino por el verdadero deseo de contribuir a la mejor solución y para ese efecto, si se requiere que otra persona pula estos conceptos, sea cualquiera bienvenido. Lo importante es no solo mejorar sino lograr las metas de satisfacción social.

Gracias por tu atención y ¡ATREVETE!

# ME ENORGULLEZCO DE EL SALVADOR

## DEDICATORIAS

Esta pequeña contribución a la sensatez nacional solo ha sido posible por amor.

Ante todo el amor al Creador Universal por ser inspiración constante y guía invaluable de mis actos que siendo tan imperfectos, al menos intentan no estar contaminados de injusticia.

A mis padres Napoleón López Rodezno y Emma de López tanto como a Sonia Yanira y Wilfredo Benjamín, mis hermanos, de quienes he recibido siempre ejemplo y afecto lo cual es una satisfacción importante para manifestarles también mi cariño, de toda forma incondicional.

El mejor legado que mi padre dejó es la honradez y mi madre muestra siempre su lucha tenaz y vive felizmente agradecida de Dios.

Y siendo que "Eres Tu", ese mismo amor lo hemos transmitido a Mario Benjamín, Karen Elizabeth y Sergio Mario, nuestros hijos, quienes con sus cónyuges Vikki, Héctor y Nancy respectivamente, han podido complementar mi felicidad con Bella, Tessa y Milania, Deseo Benjamín, Noah y Caiden. Les amo profundamente porque además me han brindado íntimas satisfacciones por su nobleza y rectitud que espero sean igualmente adquiridas por los pequeños.

Mi mayor respeto a todas las mujeres que de una u otra forma son seres dispuestos al sacrificio por los suyos; y cuando los hombres salvadoreños entendamos a plenitud nuestra misión, seremos igualmente reconocedores de ellas y de nuestra obligación de exaltarlas por su gran voluntad.

Existe en mi mente un cariño especial por la memoria de una exquisita persona quien siempre me invitaba a escribir mis opiniones, como ella lo hacía, en un periódico. Ella las compartía y todavía se lo agradezco pues así nació esta idea.

Era la Dra. Doña Lidia Turcios de Hernández quien con su jovialidad y sabiduría era definitivamente fuente de inspiración a quienes la conocíamos.

Pero no podría emitir mis deseos especiales por el futuro bienestar de la pujante nación sin saludar a sus jóvenes generaciones a quienes les pido fuerza mental y convicción de principios morales para obtener ¡UN FELIZ PORVENIR!

A todos, mil bendiciones. Amen.

Mario

ME ENORGULLEZCO DE EL SALVADOR

Escrito por:

Mario N. López

mariomnlopez@aol.com

ME ENORGULLEZCO DE EL SALVADOR

www.ingramcontent.com/pod-product-compliance
Lightning Source LLC
Chambersburg PA
CBHW071029290526
45795CB00004B/1153